GUIDE PRATIQUE
DE
L'ÉTAT CIVIL
2011

Chez le même éditeur

Droit de la nationalité française, Jean-Philippe Thiellay, 3e édition, 2011.

Cimetières, sites cinéraires et opérations funéraires – Guide pratique, Emmanuel Aubin, Isabelle Savarit-Bourgeois, 6e édition, 2011.

Code général des collectivités territoriales, 2011.

Questions/Réponses État civil, Marguerite Quidelleur, Martial Guarinos, 2e édition, 2010.

La commune et les gens du voyage, Emmanuel Aubin 3e édition, 2008.

Filiation et nom – Guide pratique, Marianne Schulz, 2008.

Rédiger un texte normatif – Loi, décret, arrêté, circulaire..., Catherine Bergeal, Renaud Denoix de Saint-Marc, 6e édition, 2008.

Pratique de rédaction des comptes rendus de procès-verbaux administratifs, Pierre Lièvre, 2007.

Base de données

Légibase État civil, *www.legibase-etatcivil.fr*

Marguerite Quidelleur
Martial Guarinos

Guide pratique de L'ÉTAT CIVIL 2011

9e édition

Berger-Levrault

104, avenue du Président Kennedy, 75016 Paris
ISBN : 978-2-7013-1700-7

TABLE DES MATIÈRES

PREMIÈRE PARTIE
NAISSANCE

DEUXIÈME PARTIE
MARIAGE

TROISIÈME PARTIE
DÉCÈS

QUATRIÈME PARTIE
MENTIONS MARGINALES

CINQUIÈME PARTIE
TABLES, REGISTRES, ACTES

SIXIÈME PARTIE
COPIES, EXTRAITS D'ACTES

SEPTIÈME PARTIE
LIVRETS DE FAMILLE

HUITIÈME PARTIE
ORGANISATION D'UN SERVICE D'ÉTAT CIVIL

NEUVIÈME PARTIE
ÉTAT CIVIL ET ÉTRANGER

DIXIÈME PARTIE
DÉMARCHES ET FORMALITÉS ADMINISTRATIVES

Avertissement : les interprétations et propositions éventuelles qui figurent dans cet ouvrage n'engagent que les auteurs.

1

NAISSANCE

Le présent titre traite des actes du registre des naissances, c'est-à-dire des actes de naissance mais également des autres actes, déclarations et jugements qui trouvent leur place dans ce registre : acte de reconnaissance, jugement d'adoption plénière, jugement déclaratif de naissance ainsi que procès-verbal de découverte, et déclaration parentale conjointe de changement de nom d'un enfant mineur.

Si la création de l'acte ou la transcription du jugement sont la formalité première et essentielle de l'état civil, ces actions sont nécessairement suivies de l'accomplissement de formalités postérieures permettant la publicité, l'information d'organismes concernés, la mise en œuvre de prestations diverses et la mise à jour des situations.

Les principes d'établissement d'un acte sont les mêmes mais tous les cas possibles ou presque seront passés en revue pour permettre une rédaction correcte et l'accomplissement des formalités particulières.

La réforme de la filiation a réduit les cas de reconnaissances : il ne devrait s'agir que de reconnaissances paternelles sauf cas particuliers qui sont vus également.

En ce qui concerne les jugements d'adoption plénière et les jugements déclaratifs de naissance, le rôle de l'officier d'état civil consiste à transcrire sur le registre des naissances les décisions de justice qui lui sont transmises, ainsi qu'à accomplir les formalités annexes.

Bien que l'établissement d'un procès-verbal de découverte d'enfant soit très exceptionnel, il convient toutefois de l'évoquer.

Enfin, l'officier de l'état civil doit maîtriser les règles d'attribution et de choix du nom, règles nouvelles depuis le 1er juillet 2006 (lois de 2002, de 2003, ordonnance de 2005, circulaire de 2006 et loi n° 2009-61 du 16 janvier 2009), et posséder des connaissances approfondies sur la filiation et l'autorité parentale.

CHAPITRE 1

Naissance

Section 1
Déclaration de naissance

1 **Qui doit déclarer une naissance ?** Le Code civil prévoit que la responsabilité de la déclaration incombe au père, aux médecins, sages-femmes ou autres personnes ayant assisté à l'accouchement ou chez qui l'accouchement a eu lieu : responsable de maternité ou son préposé (C. civ., art. 56).

Il est fréquent que le déclarant soit un membre de la famille, personne majeure, porteur du certificat constatant l'accouchement et du livret de famille lorsque celui-ci existe.

2 **Où déclarer une naissance ?** Toute naissance doit être déclarée à l'officier d'état civil du lieu où l'événement s'est produit (IGREC, n° 269).

La personne qui reçoit la déclaration de naissance doit être habilitée : maire, adjoint, conseiller délégué, fonctionnaire communal délégué officier d'état civil.

C'est cette habilitation qui confère à l'acte son authenticité.

Lorsque l'organisation du service le prévoit, l'officier d'état civil prend la déclaration en se rendant auprès de l'accouchée (IGREC, n° 94).

Lorsqu'une naissance intervient en cours de voyage, la déclaration est faite au lieu où l'accouchée a interrompu son voyage (IGREC, n° 270).

Le lieu de naissance énoncé dans l'acte est le lieu de l'expulsion de l'enfant (IGREC, n° 269).

3 **Quand doit être déclarée une naissance ?** Dans les trois jours de l'accouchement (C. civ., art. 55). Le jour de l'accouchement n'est pas compté dans le délai de trois jours ; de plus, lorsque le dernier jour

dudit délai est un samedi, un dimanche ou un jour férié ou chômé, ce délai est prorogé jusqu'au premier jour ouvrable suivant (IGREC, n° 272).

Ainsi une naissance intervenue le mercredi avant Pâques sera déclarée au plus tard le mardi d'après. Elle peut évidemment être déclarée dès le premier jour.

Pour une naissance aux armées, le délai de déclaration devant l'officier de l'état civil militaire est de dix jours.

Enfin dans quelques communes de Guyane, le délai de déclaration est porté à trente jours.

4 **Quels documents pour déclarer une naissance ?** Un acte de naissance est dressé sur déclaration et sur présentation des pièces suivantes, dans toute la mesure du possible :

– le certificat d'accouchement (établi par le médecin ou la sage-femme) ;

– le livret de famille ou une pièce d'identité de la mère ;

– une copie de la (ou des) reconnaissance(s) anténatale(s) ;

– une pièce d'identité du déclarant ;

– la déclaration conjointe du choix du nom de famille de l'enfant si les parents peuvent faire ce choix. Si la déclaration de choix de nom n'est pas en tout point conforme aux indications données dans le décret n° 2004-1159 du 29 octobre 2004, l'officier d'état civil ne peut la prendre en compte et sollicite les instructions du procureur ;

– le cas échéant les copies intégrales des actes de naissance des précédents enfants du couple parental. Ces pièces permettent à l'officier d'état civil de vérifier que le nom sous lequel les parents veulent déclarer leur enfant est acceptable, en conformité avec les nouvelles règles de dévolution du nom.

En l'absence des pièces justifiant d'une reconnaissance prénatale et dans l'impossibilité de l'obtenir dans le délai de déclaration, l'acte n'en fera pas référence. Une mention ultérieure assurera la mise à jour.

Section 2
Établissement de l'acte de naissance

5 **Rédaction.** L'acte sera rédigé immédiatement en présence du déclarant qui produira l'attestation de l'accouchement établie par la sage-femme ou le médecin, fournira tous les renseignements nécessaires à l'établissement de l'acte et remettra le cas échéant la déclaration parentale de choix de nom et/ou le livret de famille et/ou les copies des actes de naissance des aînés.

La lecture immédiate de l'acte permettra aussi la correction rapide des erreurs éventuelles.

Enfin l'acte est signé sur-le-champ par le déclarant et par l'officier d'état civil qui a reçu la déclaration.

Un acte ne doit jamais être signé « en blanc » (IGREC, n° 97).

6 **Analyse marginale (IGREC, n° 105-1).** Dans la marge de l'acte ou bien précédant le texte de l'acte, une indication est portée, destinée à faciliter le travail de recherche : il s'agit du nom et des prénoms de l'enfant.

Elle sera corrigée en étant barrée et remplacée par le nouveau nom ou prénom chaque fois qu'une mise à jour viendra modifier le nom de famille précédent. Elle n'a pas la valeur authentique du texte de l'acte ni des mentions marginales.

7 **Nom et prénoms – orthographe.** Les noms de famille seront en majuscules sauf les lettres accentuées ou cédillées qui seront écrites en minuscules, y compris la première lettre, si le système d'impression ne porte pas les accents sur les majuscules (IGREC, nos 106, 112-2 et 195).

1 – Le nom de famille : les noms de famille ne sont pas toujours des noms simples formés d'un seul vocable. En effet, il existe des noms composés comportant soit des tirets simples ou traits d'union, soit des espaces, soit des apostrophes.

La loi n° 2002-304 du 4 mars 2002 relative au nom de famille modifiée a créé le double nom qui, contrairement au nom composé, peut être scindé lors de sa transmission à l'enfant.

Le double nom est identifiable par le séparateur « – – » créé par la circulaire CIV/18/04 du 6 décembre 2004 relative à la dévolution du nom de famille.

Mais, par une décision en date du 4 décembre 2009, le Conseil d'État a considéré que ce double tiret ne pouvait être imposé aux parents sur le seul fondement d'une circulaire.

Dans une réponse ministérielle publiée au *Journal officiel* du Sénat le 5 mai 2011 [(1)], le ministère de la Justice a indiqué que les dispositions de la circulaire CIV/18/04 seraient prochainement modifiées pour tenir compte de la décision du Conseil d'État.

Une nouvelle rubrique sera créée, dans les actes d'état civil et dans le livret de famille, pour qu'il soit possible, à la lecture de l'acte, de différencier les noms composés des doubles noms.

Cette rubrique se situera après le nom de famille de l'enfant et prendra la forme suivante :

« (première partie : ... seconde partie : ...) »

Le ministère précise que, « dans l'attente de la mise en place de ce nouveau dispositif, les officiers d'état civil ont reçu pour instructions de poursuivre l'enregistrement du double nom avec la mention du double tiret lorsque les parents le sollicitent ou ne s'y opposent pas ».

Les actes de naissance qui comportent des doubles tirets (« – – »), dressés entre le 1er janvier 2005 et l'édition de la nouvelle circulaire, pourront faire l'objet d'une rectification administrative soit lors d'un évènement d'état civil soit à la demande spontanée des intéressés.

2 – Les prénoms : les prénoms seront écrits en minuscules excepté la première lettre qui sera en majuscule.

Les prénoms sont inscrits à la suite, les prénoms simples sont séparés par une virgule, les prénoms composés comportent un trait d'union (IGREC, n° 111). Les prénoms précèdent toujours le nom.

L'officier d'état civil qui rencontre des difficultés à traduire en alphabet romain les noms et prénoms étrangers peut demander la présentation de documents : cartes de séjour, passeports ou consulter les consulats ou les interprètes concernés (IGREC, n° 106).

(1) Rép. min., n° 17100, JO *Sénat, 5 mai 2011.*

8 **Contenu de l'acte.** L'acte relate l'événement (la naissance), le situe dans l'espace, dans le temps et dans la famille :

1 – date : jour, mois, année, heure et minutes, le tout écrit en lettres. Ces indications sont sur le certificat d'accouchement. L'heure de naissance est l'heure de l'expulsion de l'enfant (IGREC, n°s 269 et 274) ;

2 – lieu : adresse où la naissance a eu lieu, numéro et nom de la rue, la nature de l'établissement ne doit pas être précisée ;

3 – désignation de l'enfant : prénoms ; nom de famille, éventuellement l'indication qu'il s'agit d'un double nom (lorsque la circulaire sera publiée, voir **n° 7**), suivi dans ce cas de la référence à la déclaration conjointe parentale concernant le nom (choix actuel ou fait pour une naissance antérieure ou encore adjonction faite pour l'aîné) ;

4 – sexe : lorsque le médecin, exceptionnellement, n'a pu mentionner le sexe de l'enfant, l'acte sera rédigé en omettant toute indication sur ce point (IGREC, n° 288). Le procureur sera avisé par courrier ;

5 – filiation : le ou les parents sont désignés dans l'acte ; nom, prénoms au complet dans l'ordre de l'état civil, date et lieu de naissance du père et de la mère. Leur domicile ainsi que leur profession sont indiqués également.

La dénomination des lieux est celle en vigueur le jour de l'évènement, ou celle qui figure dans l'acte de l'état civil original même si un changement ultérieur est intervenu.

Après l'identité de la mère, l'indication « son épouse » est portée lorsque les parents sont mariés.

Si les parents ne sont pas mariés, le père sera indiqué s'il a reconnu l'enfant antérieurement à la naissance ou s'il le fait dans l'acte même.

9 **Paragraphe de la déclaration, ou « paragraphe du dressé ».** Le dernier paragraphe précise la date et l'heure de la déclaration, l'identité du déclarant (nom suivi le cas échéant du nom d'épouse), les prénoms, l'âge en années, la profession et le domicile, ainsi que l'identité de l'officier d'état civil : nom, prénoms, qualité, à savoir maire, adjoint, conseiller municipal ou fonctionnaire territorial délégué (IGREC, n° 123).

10 **Où et comment enregistrer l'acte ?** L'acte est enregistré à la date, sur les deux exemplaires du registre des naissances :

- un exemplaire reste en mairie 100 ans minimum ;

- l'autre est destiné au greffe du tribunal.

L'acte peut être :

- manuscrit, donc écrit à la plume ou au crayon feutre ou bille mais en utilisant une encre indélébile ou de très bonne tenue et de couleur noire (IGREC, n° 98) ;

- dactylographié : encre ou carbone ;

- imprimé : par machine imprimante, mécanique à jet d'encre, à laser, etc.

L'acte doit être établi avec soin et rigueur : orthographe correcte, écriture lisible et soignée en langue française. L'alphabet utilisé doit être celui de l'écriture du français : l'alphabet romain avec les accents, les points, les cédilles. On ne doit pas retenir d'autres signes comme le tilde espagnol qui sera traduit en français par n ou gn.

Le K barré breton n'est pas accepté, son orthographe est « Ker » (IGREC, n° 106).

11 **Signature de l'acte.** Après avoir lu et fait relire l'acte par le déclarant l'officier d'état civil fait signer l'intéressé puis signe lui-même, ce qui authentifie l'acte ainsi dressé.

Les deux exemplaires du registre sont imprimés ou écrits et signés à l'identique.

12 **Vérifications.** L'état civil des parents est vérifié à partir des documents présentés. Leur adresse et leur profession sont prises sur les dires du déclarant (IGREC, n° 275).

Le déclarant justifie de son identité (IGREC, n° 94).

En cas de non-présentation du livret de famille d'époux, il y a lieu de dresser un acte d'enfant né de parents mariés si le déclarant le mentionne (IGREC, n° 274). Il est d'ailleurs possible de faire la vérification sur l'acte de naissance de l'un ou l'autre des parents.

Il importe aussi de vérifier sur le livret de famille ainsi que sur les actes de naissance des enfants précédents, le nom de famille attribué au nouveau-né (voir, pour les règles de dévolution du nom de famille, **n°s 82 et s.**).

13 **Que faire en cas d'erreur dans l'acte sur le registre ?**

1 – Si la lecture de l'acte aux comparants révèle des erreurs ou des omissions, l'officier de l'état civil procède aux ratures et renvois en marge (IGREC, n° 175). Le renvoi concernant une rature précise le nombre de mots rayés : « trois mots rayés nuls ». Le renvoi concernant un rajout peut se présenter sous la forme du signe de la racine carrée sous la barre duquel sont indiqués les mots ajoutés « √son épouse » ; l'emplacement du rajout est signalé par le même signe « √ ».

La mention de correction est signée.

Cette procédure s'applique sur le registre papier. L'acte stocké dans la mémoire informatique est rectifié et ne fera pas apparaître l'erreur d'origine.

2 – Si l'erreur est constatée tardivement, il convient de solliciter l'autorisation de rectification auprès du procureur.

14 **Désignation de la mère et du père.** L'ordonnance n° 2005-759 du 4 juillet 2005 portant réforme de la filiation établit la filiation maternelle par la seule indication du nom de la mère dans l'acte de naissance. La reconnaissance maternelle ne se justifie plus pour établir la filiation.

Le mari est présumé père lors de la déclaration de naissance lorsque le couple parental est marié, mais si la mère veut écarter la filiation paternelle à l'égard de son époux, elle fait déclarer la naissance sous son seul état civil.

Le père qui n'est pas dans les liens du mariage avec la mère fait établir sa paternité par une reconnaissance souscrite soit avant la naissance soit dans la déclaration de naissance soit encore après la naissance.

Le mari dont la paternité est écartée devra faire une reconnaissance pour rétablir sa paternité.

Section 3
Formules d'actes de naissance

15 **Enfant de parents mariés.**

n° ... Prénoms ... NOM (appelé analyse marginale)

« Le ..., à ... heures, ... minutes, est né à Commune, n°, rue, ... (Prénoms, NOM de l'enfant, *éventuellement (première partie : ... seconde partie : ...)* [1], suivant déclaration conjointe en date du ..., de sexe ..., de ... (Prénoms, NOM du père), né le ... à ..., profession ..., et de ... (Prénoms, NOM de la mère), née le ... à ..., profession ..., son épouse, domiciliés à ...

« Dressé le ... à ... heures ... minutes, sur la déclaration du père (ou de : Prénoms, NOM, âge, profession, domicile du déclarant) qui, lecture faite et invité à lire l'acte, a signé avec Nous ... (Prénoms, NOM et qualité de l'officier d'état civil). »

(signatures)

(1) L'ajout des rubriques « première partie » – « seconde partie » a été annoncé par le ministère de la Justice dans une réponse ministérielle du 5 mai 2011. Une circulaire est actuellement en préparation pour tenir compte de la décision du Conseil d'État du 4 décembre 2009 (voir ***n° 7****). Pour l'heure, il convient donc de ne pas insérer ces rubriques dans les actes d'état civil et les livrets de famille.*

16 **Enfant posthume.** Lorsque la naissance de l'enfant est postérieure au décès de son père, il n'y a plus lieu de porter les termes « posthume et veuve » :

« ... du sexe ..., fils (fille) de ... (Prénoms, NOM du père), né le ... à ... et décédé le ... à ..., et de ... mère ... »

17 **Enfant mère seule désignée.** L'enfant portera le nom de sa mère.

« ... du sexe ..., de ... (Prénoms, NOM de la mère), née le ... à ..., (profession) ... ..., domiciliée à ... »

18 **Enfant reconnu par son père avant sa naissance.**

« ... du sexe ... de ... (Prénoms, NOM du père), né le ... à ... (profession) ..., domicilié à ... qui l'a reconnu en mairie de ... et de ... (Prénoms, NOM de la mère), (profession) ..., domiciliée à ... ».

Si les deux parents ont le même domicile, celui-ci sera porté après désignation de la mère « ... domiciliés à ... ».

19 **Enfant reconnu avant la naissance, successivement par la mère puis le père.** Le seul intérêt est que la mère pourrait ainsi imposer son nom.

« Le ..., à ... heures, ... minutes, est né à Commune, n°, rue, ... (Prénoms, NOM de l'enfant, *éventuellement (première partie : ... seconde partie : ...)* (1), suivant déclaration conjointe en date du ..., de sexe..., ... de (Prénoms, NOM du père) né à ..., le ..., (profession) ..., domicilié à ..., qui l'a reconnu en mairie de ..., le ..., et de ... (Prénoms, NOM de la mère), née à ... le ..., (profession) ... domiciliée à ..., qui l'a reconnu en mairie de ..., le ... »

*(1) L'ajout des rubriques « première partie » – « seconde partie » a été annoncé par le ministère de la Justice dans une réponse ministérielle du 5 mai 2011. Une circulaire est actuellement en préparation pour tenir compte de la décision du Conseil d'État du 4 décembre 2009 (voir **n° 7**). Pour l'heure, il convient donc de ne pas insérer ces rubriques dans les actes d'état civil et les livrets de famille.*

20 **Enfant reconnu lors de la déclaration de naissance :**

« Le ..., à ... heures, ... minutes, est né à Commune, n°, rue, ... (Prénoms, NOM de l'enfant *éventuellement (première partie : ... seconde partie : ...)* (1), suivant déclaration conjointe en date du ..., de sexe..., ... de ... (Prénoms, NOM du père) né à ..., le ..., (profession) ..., domicilié à ..., qui déclare le reconnaître et être informé du caractère divisible du lien de filiation ainsi établi et de (Prénoms, NOM de la mère), née à ... le ..., (profession) ..., domiciliée à ...

Si les deux parents ont le même domicile, celui-ci sera porté après désignation de la mère « ...domiciliés à ... ».

*(1) L'ajout des rubriques « première partie » – « seconde partie » a été annoncé par le ministère de la Justice dans une réponse ministérielle du 5 mai 2011. Une circulaire est actuellement en préparation pour tenir compte de la décision du Conseil d'État du 4 décembre 2009 (voir **n° 7**). Pour l'heure, il convient donc de ne pas insérer ces rubriques dans les actes d'état civil et les livrets de famille.*

21 **Enfant posthume, reconnu avant sa naissance.**

« Le ..., à ... heures, ... minutes, est né à Commune, n°, rue, ... (Prénoms, NOM de l'enfant, *éventuellement (première partie : ... seconde partie : ...)* (1), suivant déclaration conjointe en date du ..., de sexe ... fils (fille) de ... (Prénoms, NOM du père), né le ... à ... et décédé le ... à ... qui l'a reconnu en mairie de ... le ..., et de (mère) ... »

*(1) L'ajout des rubriques « première partie » – « seconde partie » a été annoncé par le ministère de la Justice dans une réponse ministérielle du 5 mai 2011. Une circulaire est actuellement en préparation pour tenir compte de la décision du Conseil d'État du 4 décembre 2009 (voir **n° 7**). Pour l'heure, il convient donc de ne pas insérer ces rubriques dans les actes d'état civil et les livrets de famille.*

22 **Enfant posthume dont la filiation est établie par la possession d'état.**

« Le ..., à ... heures, ... minutes, est né à Commune, n°, rue, ... (Prénoms, NOM de l'enfant), de sexe ..., fils (fille) de ... (Prénoms, NOM du père), né le ... à ... et décédé le ... à ..., par acte de notoriété constatant la possession d'état en date du ... délivré par le juge d'instance de ..., et de (mère) ... »

23 **Enfant sans filiation (père et mère non désignés).**

« Le ... jour, mois, année, à ... heures, minutes, est né(e) à Commune, n°, rue, ... (Prénoms de l'enfant), de sexe ... »

« Dressé le ... »

☞ *Les prénoms attribués à un enfant abandonné sont au nombre de trois. Ils peuvent être choisis par la mère même si elle a demandé le secret de son identité (IGREC, n° 280-1), ils peuvent également le cas échéant être proposés par le déclarant (fonctionnaire des services départementaux de la Prévention et de l'Action sociale, Aide à l'enfance ; loi n° 96-604 du 5 juillet 1996) ou par l'officier d'état civil (IGREC, n° 281).*

Le dernier des trois prénoms est le nom de famille de l'enfant, il est écrit en majuscules.

24 **Enfant trouvé.** Un acte de naissance sur le modèle de l'acte d'un enfant sans filiation ci-dessus est dressé immédiatement après et à la suite du procès-verbal de découverte.

25 **Enfant jumeau.** Jumeau se dit de deux ou plusieurs enfants nés du même accouchement (*Petit Larousse*).

Un acte distinct est dressé pour chaque enfant (IGREC, n° 285).

Il n'y a plus lieu de faire paraître le mot « jumeau » dans les actes de naissance, cette indication n'étant d'ailleurs pas prévue par l'article 57 du Code civil.

26 **Enfant sans vie.** Depuis le décret n° 2008-800 du 20 août 2008 et la circulaire du 19 juin 2009, un acte d'enfant sans vie est établi, à la demande des parents, sur présentation du certificat d'accouchement

délivré par un médecin ou une sage-femme, celui qui a effectué l'accouchement ou celui qui dispose des éléments cliniques permettant d'en affirmer l'existence.

27 **Embryons, fœtus.** Ne peuvent faire l'objet d'un certificat médical d'accouchement et donc ne permettent pas l'établissement d'un acte d'enfant sans vie, les situations d'interruption volontaire de grossesse et les situations d'interruption spontanée précoce de grossesse, communément désignées par les praticiens comme les « interruptions du premier trimestre de grossesse », survenant en deçà de la quinzième semaine d'aménorrhée (circulaire susvisée).

Un laps de temps de 22 semaines d'aménorrhée ou un poids du fœtus de 500 grammes ne constituent plus le seuil de déclaration.

28 **Enfant dont l'acte de décès est dressé avec l'acte de naissance.** Situation tout à fait possible lorsque, par exemple, le nouveau-né est transporté vers un hôpital dans une autre ville, et que son décès survenu rapidement a pu être déclaré sur place, avant que la naissance ne soit enregistrée à l'état civil...

Cette situation ne pose pas de problème majeur dans la mesure où les formalités peuvent toujours être faites.

L'acte de décès précisera après l'identité de l'enfant.

« ... de sexe ..., dont la naissance n'a pas encore été déclarée, de ... père ... etc. »

Section 4
Formalités postérieures

29 **Compléter le livret de famille.** Qu'il soit français ou étranger, le livret de famille doit être complété (IGREC, n° 293-3).

Les livrets délivrés antérieurement au 1er juillet 2006 (anciennes présentations) restent valables et sont complétés à chaque nouvelle naissance d'un enfant du couple. Un livret « nouveau modèle » ne sera établi qu'à l'occasion du mariage des parents non mariés ou d'une demande de duplicata.

Dans le cas du livret étranger, cette formalité est accomplie si la présentation du livret le permet et sur demande du déclarant (IGREC, n° 637-1). Le consulat est compétent également pour la mise à jour du livret. Cette solution est d'ailleurs préférable pour la plupart des pays.

30 **Établir un livret de famille.** Si le livret de famille n'existe pas, c'est-à-dire lors de la naissance du premier enfant d'un couple non marié, un livret de famille doit être établi.

Après avoir inscrit l'extrait de naissance du nouveau-né, adresser le livret aux mairies des lieux de naissance des père et/ou mère afin que soient portés les extraits de naissance des parents. Le livret sera complété ensuite à l'occasion des naissances des cadets communs.

Lorsque l'un des parents est de nationalité française et l'autre de nationalité étrangère, un livret sera établi au nom du parent français. La filiation, le cas échéant, par mention de reconnaissance paternelle figurera en mention marginale sur l'extrait de l'acte de naissance de l'enfant. Si la mère est de nationalité étrangère avec acte de naissance à l'étranger, la filiation maternelle est indiquée dans la zone mentions sous la forme suivante : « La mère est ... (Prénoms, NOM), née le ... à ... ». La page concernant le parent étranger sera complétée lorsqu'il acquerra la nationalité française ou lors du mariage des parents.

En revanche, lorsque les deux parents d'un enfant sont étrangers, ou lorsque seul un parent est connu et qu'il est étranger, l'officier d'état civil ne peut pas établir de livret de famille. En effet, les actes de naissance des parents étant à l'étranger, les extraits ne peuvent pas être portés sur un livret. Pour obtenir un livret de famille, les parents doivent s'adresser à leur consulat. Comme justificatif de la naissance, une copie intégrale sera remise au(x) parent(s).

31 **Délivrer copie de l'acte de naissance.** Même si seule la mère est désignée dans l'acte, une copie de l'acte de naissance doit être délivrée. Elle sera nécessaire au père afin qu'il aille reconnaître son enfant dans la mairie de son choix ou chez un notaire.

32 **Délivrer le carnet de santé.** S'il n'a pas déjà été remis par la maternité, l'officier d'état civil délivre un carnet de santé.

33 **Compléter le certificat d'accouchement.** Après avoir complété le certificat d'accouchement, il convient de donner au déclarant la partie détachable qui doit être remise à la maternité pour justifier de la déclaration ou, à défaut, remettre un extrait d'acte de naissance barré.

34 **Établir et délivrer un certain nombre d'extraits de naissance.** En ajouter quelques exemplaires dans le livret de famille existant, à l'intention des :

- employeurs du père et de la mère (congé de naissance, supplément familial...) ;
- caisses de mutuelle ;
- organismes de prêts ;
- compagnies d'assurances ;
- cantines des frères et sœurs ;
- inscription en crèche, etc.

35 **Adresser un extrait de naissance avec filiation.** L'officier d'état civil envoie, dans les quarante-huit heures, un extrait d'acte de naissance avec filiation au service de Protection maternelle et infantile (PMI) pour permettre la surveillance à domicile des enfants, en application du Code de la Santé publique.

36 **Déclaration aux autorités consulaires.** Si l'enfant est étranger (deux parents étrangers nés à l'étranger), il appartient aux parents, s'ils le souhaitent, de déclarer également la naissance à leurs autorités consulaires.

37 **Avis de naissance.** En vue de l'établissement des tables annuelle et décennale (IGREC, n° 293), un avis de naissance ou une copie de l'acte de naissance est envoyé dans les trois jours à la mairie du domicile. L'envoi se fera au lieu de domicile de la mère si les parents ont des domiciles séparés.

38 **Compléter le bulletin INSEE n° 5.** Le bulletin INSEE n° 5 est expédié immédiatement si celui-ci n'est pas transmis par un moyen télématique.

Depuis 1999, les services d'état civil expédient quotidiennement les renseignements prévus dans le bulletin n° 5, par système de transmission à distance : Tédéco, Minitel ou Internet...

Cette transmission quotidienne permet l'attribution du numéro d'identification au Répertoire national d'identification des personnes physiques (RNIPP) et l'immatriculation aux organismes sociaux (Sécurité sociale, carte santé).

39 **Établir la liste des naissances destinée à la presse locale.** Généralement, seul le premier prénom des enfants est porté dans la rubrique état civil.

De plus, les parents doivent être d'accord sur la parution du nom de leur enfant dans le journal ; il convient, pour éviter toute réclamation ultérieure, que l'accord des parents soit obtenu par écrit.

CHAPITRE 2

Reconnaissance

Section 1

Déclaration de reconnaissance

40 **Définition.** La reconnaissance d'un enfant est une démarche volontaire et officielle ayant pour but d'établir la filiation.

Une reconnaissance peut être faite devant tout officier d'état civil, quels que soient le lieu de naissance de l'enfant ou le domicile du père et de la mère ; elle peut l'être également devant un notaire.

Une reconnaissance peut être faite en personne ou par procuration.

La reconnaissance se fait soit avant la naissance, soit dans l'acte de naissance, soit encore après la naissance, sans limite de délai (IGREC, n° 294).

41 **Qui peut reconnaître un enfant ?** La filiation maternelle étant établie par l'indication du nom de la mère dans l'acte de naissance, en principe seul le père est amené à faire une reconnaissance lorsque la présomption de paternité n'existe pas, c'est-à-dire hors mariage.

Néanmoins une reconnaissance faite par la mère non mariée, avant la naissance, doit être acceptée dans la mesure où elle a un effet sur le nom de l'enfant à naître (course au nom). Cependant, rien n'interdit à l'officier d'état civil d'accepter également une reconnaissance conjointe avant naissance si cela relève de la volonté des père et mère.

☞ *L'officier de l'état civil doit accepter la reconnaissance effectuée par le représentant de l'auteur de cette reconnaissance (IGREC, n° 295).*

Le mandataire doit être porteur d'une procuration spéciale et authentique (C. civ., art. 36).

Cette procuration, dont l'objet doit être précisé, est établie devant le notaire (C. civ., art. 1317).

Un testament pourrait également contenir une reconnaissance qui serait révélée au décès de son auteur, mais s'il s'agit d'un testament olographe, la reconnaissance ne peut être valable car ne satisfaisant pas aux exigences de l'article 335 du Code civil qui prévoit un acte authentique.

L'officier d'état civil doit accepter les reconnaissances émanant d'un mineur ou d'un majeur en tutelle ou en curatelle, agissant sans leur représentant légal ou leur curateur (IGREC, n° 295).

Il ne doit refuser de recevoir la déclaration que lorsque le comparant lui apparaît manifestement hors d'état de comprendre la portée de ses actes.

Une reconnaissance peut être contestée devant les tribunaux par toute personne qui y a intérêt, même par son auteur.

42 **Divisibilité de la filiation établie par reconnaissance (IGREC, n° 294-1)**. Depuis la loi n° 96-604 du 5 juillet 1996, l'officier d'état civil qui reçoit une déclaration de reconnaissance doit informer l'auteur de cette reconnaissance du caractère divisible du lien de filiation ainsi établi. L'exécution de cette formalité est inscrite dans l'acte de reconnaissance.

La reconnaisssance parentale n'établit pas de lien entre les parents qui restent, aux yeux de la loi, étrangers l'un pour l'autre. De plus, un parent ne peut pas s'opposer à la reconnaissance par l'autre parent.

43 **À quel moment la reconnaissance peut-elle se faire ?**

– Avant la naissance, dès sa conception et surtout dès que la grossesse est confirmée, le futur enfant peut être reconnu.

– Lors de la déclaration de naissance, dans l'acte.

– Après la naissance.

– La reconnaissance concernera, en cas de naissances multiples, tous les enfants d'un même accouchement, et chacun par un acte distinct (IGREC, n° 294).

44 **Reconnaissance de l'enfant incestueux.** L'enfant incestueux peut faire l'objet d'une reconnaissance mais dans des limites strictes (IGREC, n°s 304 à 306).

1 – Inceste absolu : « s'il existe entre les père et mère de l'enfant un des empêchements à mariage prévus par les articles 161 et 162 pour cause de parenté, étant déjà établie à l'égard de l'un, il est interdit d'établir la filiation à l'égard de l'autre par quelque moyen que ce soit » (C. civ., art. 310-2 et IGREC, n° 304).

L'enfant dont la mère est désignée ne pourra pas être reconnu par son père.

S'il est informé de la situation, l'officier d'état civil doit refuser la reconnaissance paternelle.

Si au moment de l'apposition de la mention de reconnaissance en marge de l'acte de naissance, l'officier de l'état civil constate une situation d'inceste, il devra refuser de porter cette mention et devra en aviser aussitôt le procureur de la République afin de permettre à celui-ci d'agir en nullité contre l'acte de reconnaissance.

2 – Inceste relatif : rien ne s'oppose à l'établissement de la filiation en cas d'inceste relatif, c'est-à-dire lorsque l'empêchement à mariage existant entre les parents est susceptible de dispense (collatéraux au troisième degré, oncle et nièce, tante et belle-sœur..., ou lorsque l'empêchement à mariage entre le père et la mère, bien que non susceptible de dispense, est fondé sur l'alliance (IGREC, n°s 305 et 306).

45 **Reconnaissance mensongère.** L'officier de l'état civil ne peut en principe se faire juge de la sincérité d'une reconnaissance.

En revanche, lorsque les éléments de l'acte révèlent le caractère mensonger de la reconnaissance, l'officier d'état civil peut refuser de la recevoir. C'est ainsi, par exemple, lorsque la différence d'âge entre l'enfant et l'auteur de la reconnaissance rend peu vraisemblable la paternité. Le Code civil fixe à douze ans cette différence d'âge. Il précise toutefois que si la différence d'âge, bien que supérieure à douze ans rendait peu vraisemblable la paternité, l'officier d'état civil devrait, après avoir mis en garde le déclarant contre les sanctions auxquelles il s'expose en cas de fausse déclaration, recevoir l'acte et aviser le procureur (IGREC, n° 307).

46 **Reconnaissance de complaisance.** L'instruction générale relative à l'état civil n'évoque la possibilité de fausse déclaration que pour des raisons d'âge, ou de capacités physiques, ou faite sous une fausse identité. Or il est notoire qu'un certain nombre de reconnaissances sont faites par complaisance.

Quelle doit être l'attitude de l'officier de l'état civil ? Celle-ci lui est guidée par l'article 307 de l'Instruction relative à l'état civil :

« Si l'acte devait révéler par lui-même le caractère invraisemblable. »

En effet, il faut que l'indice ou les indices révélant le caractère mensonger soient tirés de l'acte.

Une simple déclaration, confidence ou aveu, faite par l'auteur de la reconnaissance ne suffit pas pour refuser de dresser l'acte.

D'ailleurs, des reconnaissances de complaisance ne sont pas rares : un homme qui s'apprête à épouser la mère, prend solennellement et juridiquement en charge l'enfant qu'elle aurait eu précédemment et dont le père biologique n'a pas assumé sa paternité.

Il est cependant conseillé à l'officier de l'état civil dans ces cas, d'appeler l'attention du déclarant sur les conséquences si la reconnaissance devait être annulée. En effet, il pourrait être condamné à des dommages et intérêts.

47 **Reconnaissance d'un enfant décédé.** La reconnaissance d'un enfant décédé doit être reçue (IGREC, n° 296). Elle peut être incluse dans l'acte de décès ou faire l'objet d'un acte séparé. La mention sera portée sur l'acte de naissance et sur l'acte de décès.

Un enfant sans vie ne peut pas faire l'objet d'une reconnaissance (IGREC, n° 467).

48 **Désignation du père de l'enfant sans vie.** Bien que la filiation ne puisse pas être établie, le nom du père peut être porté dans l'acte.

L'article 79 du Code civil précise en effet que l'acte comprend les renseignements relatifs aux père et mère.

Les nouveaux actes d'enfant sans vie permettent de les inscrire dès lors que l'officier d'état civil dispose des renseignements les concernant.

49 **Reconnaissance paternelle lorsque la mère n'est pas désignée.** Dans le cas où la mère aurait demandé l'anonymat lors de son accouchement, l'acte de reconnaissance par le père ne devra pas mentionner l'identité de la mère.

Mais si l'officier d'état civil qui reçoit la déclaration de reconnaissance paternelle ignore le souhait de la mère, il sera procédé à la rectification administrative de l'acte en question sur instructions du procureur saisi.

Si la reconnaissance faite par le père ne désigne pas la mère (ce qui est normal dans ce cas), le père sera invité à saisir le procureur pour instructions avant mention en marge d'acte.

Section 2
Établissement de l'acte de reconnaissance

50 **Rédaction de l'acte.** L'acte sera rédigé immédiatement, en présence de l'auteur de la reconnaissance qui, dans sa déclaration, fournira les renseignements nécessaires à son établissement.

L'acte sera inscrit sur le registre des naissances, à sa date.

La loi n° 2002-305 du 4 mars 2002 relative à l'autorité parentale fait obligation dorénavant à l'officier d'état civil de porter à la connaissance de l'auteur d'une reconnaissance les articles 371-1 et 371-2 du Code civil.

En outre, il est judicieux de faire remarquer aux parents que ces textes figurent dans les livrets de famille (arrêté du 1er juin 2006).

51 **Énoncé de l'acte.** L'analyse marginale comportera, après le numéro d'ordre, le nom du déclarant.

Le texte du premier paragraphe sera rédigé en respectant les règles indiquées pour un acte de naissance :

- date : jour, mois, année, heures et minutes en toutes lettres ;
- lieu : mairie de ... ;
- identité du parent qui déclare reconnaître l'enfant...

et déclare être informé du caractère divisible du lien de filiation ainsi établi.

Le paragraphe suivant concerne l'enregistrement de la déclaration, le dressé de l'acte.

Suivent les signatures qui sont donc au nombre de deux, celle de l'officier d'état civil et celle du déclarant.

52 **Double nom.** Dans une réponse ministérielle publiée au *Journal officiel* du Sénat le 5 mai 2011, le ministère de la Justice a indiqué que les dispositions de la circulaire CIV/18/04 seraient prochainement modifiées pour tenir compte de la décision du Conseil d'État du 4 décembre 2009 (voir **n° 7**).

Une nouvelle rubrique sera ainsi créée, dans les actes de reconnaissance suite à la suppression du « double tiret ».

Cette rubrique a pour objet de connaître les modalités de transmission du nom de famille du ou des déclarants.

Elle se présentera sous la forme suivante :

« (première partie : ... seconde partie : ...) »

Section 3
Formules d'actes de reconnaissance

53 **Reconnaissance anticipée faite par la mère (cas peu fréquent dorénavant).**

Acte n° ... X (NOM de la mère) (Reconnaissance anticipée)

« Le ... (date, heure et minutes de la déclaration), X ... (Prénoms, NOM, *éventuellement (première partie : ... seconde partie : ...)* (1), date et lieu de naissance, profession et domicile) a déclaré reconnaître pour son ou ses enfants le ou les enfants dont elle se déclare actuellement enceinte et être informée du caractère divisible du lien de filiation ainsi établi.

« Lecture faite et invitée à lire l'acte, la déclarante a signé avec Nous ... (Prénoms, NOM et qualité de l'officier d'état civil). »

(1) L'ajout des rubriques « première partie » – « seconde partie » a été annoncé par le ministère de la Justice dans une réponse ministérielle du 5 mai 2011. Une circulaire est actuellement

*en préparation pour tenir compte de la décision du Conseil d'État du 4 décembre 2009 (voir **n° 7**). Pour l'heure, il convient donc de ne pas insérer ces rubriques dans les actes d'état civil et les livrets de famille.*

54 Reconnaissance anticipée faite par le père.

« Le ... (date, heure et minutes de la déclaration) X ... (Prénoms, NOM, *éventuellement (première partie : ... seconde partie : ...)* (1), date et lieu de naissance, profession et domicile), a déclaré reconnaître pour son ou ses enfants, le ou les enfants dont il affirme que Y ... (Prénoms, NOM, *éventuellement (première partie : ... seconde partie : ...)* (1), date et lieu de naissance, profession et domicile de la future mère, dans la mesure où le déclarant peut donner ces renseignements) est actuellement enceinte et est informé du caractère divisible du lien de filiation ainsi établi.

« Lecture faite et invité à lire l'acte, le déclarant a signé avec Nous ... »

*(1) L'ajout des rubriques « première partie » – « seconde partie » a été annoncé par le ministère de la Justice dans une réponse ministérielle du 5 mai 2011. Une circulaire est actuellement en préparation pour tenir compte de la décision du Conseil d'État du 4 décembre 2009 (voir **n° 7**). Pour l'heure, il convient donc de ne pas insérer ces rubriques dans les actes d'état civil et les livrets de famille.*

55 Reconnaissance dans l'acte de naissance. À la suite de l'indication du domicile :

« ... qui déclare le reconnaître et être informé du caractère divisible du lien de filiation ainsi établi. »

56 Reconnaissance après naissance, par le père.

« Le ... (date, heure et minutes de la déclaration), X ... (Prénoms, NOM, *éventuellement (première partie : ... seconde partie : ...)* (1), date et lieu de naissance, profession et domicile) a déclaré reconnaître pour son fils (sa fille) ... » (Prénoms et NOM de l'enfant), né(e) à ..., le ..., de ... (Prénoms et NOM, *éventuellement (première partie : ... seconde partie : ...)* (1) de la mère de l'enfant) et être informé du caractère divisible du lien de filiation ainsi établi... »

*(1) L'ajout des rubriques « première partie » – « seconde partie » a été annoncé par le ministère de la Justice dans une réponse ministérielle du 5 mai 2011. Une circulaire est actuellement en préparation pour tenir compte de la décision du Conseil d'État du 4 décembre 2009 (voir **n° 7**). Pour l'heure, il convient donc de ne pas insérer ces rubriques dans les actes d'état civil et les livrets de famille.*

57 **Reconnaissance faite au vu d'une procuration** (C. civ., art. 36).

« Le ... (date, heure et minutes de la déclaration) X ... (Prénoms, NOM et domicile du mandataire) agissant en vertu d'une procuration spéciale et authentique, reçue le ..., par Maître ..., notaire à ..., a déclaré que ... (Prénoms, NOM, *éventuellement (première partie : ... seconde partie : ...)* [(1)], date et lieu de naissance, profession et domicile du mandant), reconnaît pour son fils (sa fille), ... (Prénoms, NOM), né(e) à ... le ... est informé du caractère divisible du lien de filiation ainsi établi.

« Lecture faite ... »

(1) L'ajout des rubriques « première partie » – « seconde partie » a été annoncé par le ministère de la Justice dans une réponse ministérielle du 5 mai 2011. Une circulaire est actuellement en préparation pour tenir compte de la décision du Conseil d'État du 4 décembre 2009 (voir ***n°* 7***). Pour l'heure, il convient donc de ne pas insérer ces rubriques dans les actes d'état civil et les livrets de famille.*

58 **Reconnaissance d'un enfant décédé.** La reconnaissance peut toujours être faite quel que soit le délai après décès.

« ... a déclaré reconnaître pour son fils ..., (Prénoms et NOM de l'enfant) né le ... à ... de ... (mère), et décédé le ... à ...

« Lecture faite ... »

59 **Reconnaissance d'un enfant dont la naissance n'a pas encore été déclarée.**

« ... a déclaré reconnaître pour son fils, un enfant dont l'acte de naissance n'a pas été dressé, né le ... à ..., et désigné jusqu'ici sous les Prénom(s) et NOM de ..., et être informé du caractère divisible du lien de filiation ainsi établi... »

Le père voudra certainement que le nom de la mère soit désigné dans l'acte. Il semble possible d'accéder à sa demande.

60 **Reconnaissance d'un enfant lorsque le père n'a été informé ni de l'identité de l'enfant ni du lieu de la naissance.**

« ... a déclaré reconnaître pour son enfant, un enfant dont il affirme que ... Prénoms, NOM, date et lieu de naissance, profession, domicile), (le tout, autant qu'il pourra le savoir) a accouché, entre ... (telle date et telle autre date) et être informé du caractère divisible... »

L'officier d'état civil transmettra cet acte au procureur pour suite à donner.

☞ *Comme pour tout acte, l'officier d'état civil invitera le déclarant à justifier de son identité. Mais en l'absence de pièces d'identité, l'acte sera néanmoins dressé.*

Une mère ne peut s'opposer à une reconnaissance par le père.

L'officier d'état civil ne peut exiger un certificat attestant la grossesse de la mère pour accepter la reconnaissance.

Une reconnaissance doit être prise sur-le-champ, l'officier d'état civil ne doit pas différer l'acte pour quelque motif que ce soit. En effet, si des circonstances empêchaient le père de déclarer la reconnaissance ultérieurement – accident, décès –, les conséquences pourraient en être regrettables.

61 **Reconnaissance en France d'enfants étrangers.** La convention CIEC n° 5 portant extension de la compétence des autorités qualifiées pour recevoir les reconnaissances d'enfants naturels, signée à Rome le 14 septembre 1961, prévoit la possibilité, pour les étrangers, de souscrire en France, en faveur des enfants, des reconnaissances avec filiation (classique) mais aussi des reconnaissances dites « sans filiation », c'est-à-dire n'établissant pas de lien juridique. Elles doivent alors, uniquement dans ce cas, mentionner la nationalité du déclarant, comme suit, entre le 1er et le 2e paragraphe de l'acte :

« Le déclarant s'est prévalu de la nationalité ... ».

Section 4
Formalités postérieures

62 **Reconnaissance avant naissance.**

– Délivrer au déclarant copie de l'acte dressé à remettre à l'officier de l'état civil qui enregistrera la déclaration de naissance de l'enfant.

– Renseigner les questions INSEE relatives à la reconnaissance (soit par Internet, soit par télétransmission, soit par le bulletin n° 4).

63 **Reconnaissance après naissance.**

– Mettre à jour l'acte de naissance concerné par apposition de la mention en marge.

Le cas échéant, adresser dans les trois jours un avis de mention à l'officier de l'état civil du lieu de naissance.

– Informer sans délai la mère de la reconnaissance paternelle (voir **n° 64**).

Cette information est faite par l'officier de l'état civil qui détient l'acte de naissance, au moment où il appose la mention. Une lettre est expédiée, en recommandé avec accusé de réception, au domicile indiqué dans l'acte ou précisé par le père dans le cas où l'adresse précédente a changé. Si le courrier ne parvient pas à son destinataire, il est adressé, dès retour en mairie, au procureur qui fera rechercher l'adresse de la mère (IGREC, n° 311-3 ; voir **n° 65**).

Cette information peut également être donnée verbalement à la mairie. Une attestation sera alors signée par l'intéressée.

L'information de la mère ne peut avoir lieu qu'une fois l'enfant né.

À l'occasion de la reconnaissance paternelle après naissance, et durant toute la minorité de l'enfant les parents pourront, si les conditions sont remplies, demander à changer le nom devant l'officier d'état civil.

64 **Modèle de lettre d'information de la mère.**

« Conformément à la loi, j'ai l'honneur de vous informer de la reconnaissance de votre enfant.

« Vous trouverez ci-joint copie de l'acte de naissance portant mention de cette reconnaissance.

« Je vous prie d'agréer, Madame, l'expression de ma considération distinguée. »

Le Maire ... ou ... l'officier d'état civil

65 **Modèle de lettre au procureur.**

« Conformément à la loi, nous avons adressé un courrier pour informer la mère de la reconnaissance de son enfant faite par le père.

« Le courrier nous revient avec la mention “n'habite pas à l'adresse indiquée”.

« J'ai donc l'honneur de vous faire parvenir ce courrier avec son enveloppe, afin que vous puissiez procéder aux diligences utiles. »

66 **Établir ou compléter le livret de famille.** S'il s'agit du premier enfant, établir un livret de famille. Si la mère détient un livret, il sera complété par l'extrait de naissance du père, formalité demandée auprès de la mairie de sa naissance.

Si la mère détient un livret de père et mère non mariés ancien modèle, il sera complété par l'acte de naissance de l'enfant dans le cas où sa filiation serait la même que celle figurant dans le livret.

S'il s'agit d'un livret de mère seule, la reconnaissance du père sera portée en mention marginale de l'extrait de naissance de l'enfant ; la circulaire du 30 juin 2006 ne prévoit pas le remplacement automatique par un livret nouveau modèle.

Si l'enfant est de nationalité étrangère, c'est-à-dire si aucun de ses parents n'est né en France et n'est Français : délivrer uniquement un extrait de naissance ou une copie de l'acte de naissance avec la (les) mention(s) de reconnaissance(s).

67 **Bulletin INSEE n° 4.** L'officier d'état civil renseigne enfin l'INSEE au moyen du bulletin n° 4.

CHAPITRE 3

Adoption

Section 1

L'adoption simple

68 **Adoption simple.** Ce type d'adoption ajoute une nouvelle famille à la famille d'origine de l'enfant. Le jugement prononçant l'adoption simple est mentionné en marge de l'acte de naissance de l'adopté, et le cas échéant des autres actes de l'état civil de l'intéressé, de son conjoint et des enfants.

Les formalités seront vues au chapitre consacré aux mentions marginales (C. civ., art. 362 et IGREC, n° 246-4).

69 **Formule de mention d'adoption simple (IGREC, n° 246-4).** Apposée sur réquisition du procureur, une mention d'adoption simple est portée sur l'acte de naissance de la personne concernée ainsi que le cas échéant sur les autres actes où cette personne figure.

« Adopté(e) en la forme de l'adoption simple par ... (Prénoms, NOM de l'adoptant), né le ... à ... et par ... (Prénoms, NOM de son conjoint) née le ... à ..., son épouse.

« Le nom de l'adopté est désormais ... (le choix du nom est fait auprès du tribunal qui peut aussi décider que le nom de l'adoptant remplace purement et simplement le nom d'origine).

« Jugement du tribunal de grande instance de ... rendu le ... »

70 **Formalités postérieures.**

1 – Sur les autres actes concernés et indiqués dans le jugement d'adoption, adapter le texte de la mention :

« L'époux a été adopté en la forme de l'adoption simple par ... (Prénom(s) NOM, *éventuellement (première partie : ... seconde partie : ...)* (1). »

« Dans la mention de mariage célébré le ... l'époux se nomme (Prénom(s) NOM, *éventuellement (première partie : ... seconde partie : ...)* (1) ... Jugement du ... »

« L'intéressé et son père se nomment désormais (Prénom(s) NOM, *éventuellement (première partie : ... seconde partie : ...)* (1) ... Jugement du tribunal ... »

2 – Mettre à jour le livret de famille des parents d'origine par la mention d'adoption simple sur l'extrait de naissance de l'enfant.

3 – Porter l'enfant sur le livret de famille du ou des adoptants.

L'extrait de naissance de l'enfant adopté simple devra se trouver placé à son rang par ordre chronologique des naissances ; ce qui amènera souvent à refaire le livret.

L'extrait sera ainsi porté :

« Est né : Prénoms ... NOM (résultant de l'adoption), *éventuellement (première partie : ... seconde partie : ...)* (1). »

il sera précisé, dans la partie réservée aux mentions marginales :

« Fils de ... (Prénoms, NOM du père d'origine), né à ... le ... et de ... (Prénoms, NOM de la mère d'origine), née à ... le ...,

« adopté en la forme de l'adoption simple par jugement du tribunal ... rendu le .... »

Dans la mention, les parents adoptifs ne seront pas indiqués car ils sont les titulaires du livret concerné.

☞ *Le jugement d'adoption entraînant un changement de nom pour l'adopté pour devenir un nom composé, doit faire état de tous les actes concernés par ce changement.*

Il peut ainsi s'agir de l'acte de mariage de l'adulte adopté, de l'acte de naissance de son conjoint comportant une mention de mariage, actes de naissance des enfants mineurs, actes de naissance des enfants majeurs dont le consentement est requis pour un changement de nom, et parfois leurs actes de mariage, etc.

Si le jugement a omis d'intégrer les différents actes, l'officier ou les officiers d'état civil concernés doivent saisir leur procureur en rectification d'actes. Il est possible de faire une seule démarche, un officier d'état civil fait une requête globale à son procureur qui fera suivre le cas échéant à ses collègues concernés.

(1) L'ajout des rubriques « première partie » – « seconde partie » a été annoncé par le ministère de la Justice dans une réponse ministérielle du 5 mai 2011. Une circulaire est actuellement en préparation pour tenir compte de la décision du Conseil d'État du 4 décembre 2009 (voir ***n° 7****). Pour l'heure, il convient donc de ne pas insérer ces rubriques dans les actes d'état civil et les livrets de famille.*

Section 2
L'adoption plénière

71 **Adoption plénière.** Créée en 1966, l'adoption plénière institue une nouvelle famille en rompant tous liens avec la famille d'origine.

Elle résulte d'un jugement.

La transcription sur les registres est requise par le procureur (C. civ., art. 354 et IGREC, n° 211) qui adresse à l'officier de l'état civil le dispositif du jugement.

La transcription se fait sur le registre des naissances de l'année en cours et à la date de réception.

72 **Formule de transcription d'adoption plénière** (IGREC, n° 217-1).

N° ... Prénoms, NOM (Adoption plénière)

« Par transmission en date du ..., le procureur de la République près le tribunal de grande instance de ... a requis de Nous la transcription du dispositif d'un jugement d'adoption plénière prononcé le ... par le tribunal de grande instance de ...

« De ce jugement, dont la transcription tiendra désormais lieu d'acte de naissance, il résulte que :

« Le ... à ... heures ... minutes, en notre commune, est né un enfant de sexe ..., dénommé ... (Prénoms, NOM, *éventuellement (première partie : ... seconde partie : ...)* (1), ... fils de ... (Prénoms et NOM du père adoptif) né le ... à ... profession ... et de ... (Prénoms et NOM de la mère adoptive), née le ... à ... profession..., son épouse, domiciliés à ...

« Acte transcrit par Nous ... (officier d'état civil) ... le ... »

☞ *Le jour, le mois, l'année, l'heure sont identiques à ceux de l'acte d'origine.*

En règle générale, le jugement est transcrit au lieu de naissance de l'enfant sauf circonstances exceptionnelles.

La filiation peut être établie à l'égard du seul parent adoptif : enfant adopté par une personne seule.

Le jugement d'adoption plénière par le nouveau mari de la mère englobe les deux parents. En effet, le premier acte de naissance étant annulé, il est indispensable d'indiquer la filiation complète de l'enfant adopté.

Le nom de l'enfant adopté par un couple sera indiqué dans le jugement ; en effet la possibilité de choix du nom de famille s'applique aussi dans ce cas lorsque l'enfant est né à compter du 1er janvier 2005.

Un nouveau modèle d'acte de naissance pour l'enfant adopté est également proposé par la circulaire présentant la réforme de la filiation : voir en fin d'ouvrage.

*(1) L'ajout des rubriques « première partie » – « seconde partie » a été annoncé par le ministère de la Justice dans une réponse ministérielle du 5 mai 2011. Une circulaire est actuellement en préparation pour tenir compte de la décision du Conseil d'État du 4 décembre 2009 (voir **n° 7**). Pour l'heure, il convient donc de ne pas insérer ces rubriques dans les actes d'état civil et les livrets de famille.*

73 **Formalités postérieures.**

1 – En marge de l'acte d'origine désormais annulé, ou de l'acte de naissance provisoire si un tel acte a été dressé, apposer la mention suivante :

« Acte annulé »

« Adoption plénière – pièces annexes n° ... »

« Mention apposée le ... ».

2 – Sur l'une des pages utilisées pour l'inscription des naissances survenues à la même date (en évitant si possible la page où figure l'acte annulé) il y a lieu de porter le renvoi suivant (IGREC, n° 217-1) :

« Acte de naissance de ... (NOM et Prénoms de l'enfant adopté). Voir transcription n° ... (n° de l'acte sur le registre de l'année courante), en date du ... (date de la transcription). »

Ce renvoi peut être positionné en partie haute de la page de registre, encadré pour qu'il soit immédiatement repérable et isolé du reste de la page.

Cette inscription est dite « mention en marge du registre ».

3 – La mise à jour sera faite sur les tables des registres.

4 – Ouvrir une chemise spéciale indiquant le numéro d'ordre de l'acte, le nom de l'enfant, la date de l'acte et le nombre de pièces incluses dans le dossier.

Cette chemise sera déposée au greffe avec les registres, courant janvier de l'année suivante.

5 – Aviser le procureur de l'exécution de ses réquisitions en lui faisant parvenir une expédition (photocopie) de la transcription et lui indiquant le numéro des pièces annexes où le document sera classé.

6 – Renseigner l'INSEE (bulletin n° 1a transcription).

7 – Informer les parents adoptifs de l'exécution de la formalité de transcription du jugement d'adoption et les inviter à venir mettre à jour leur livret de famille.

☞ *Le numéro de l'acte sur le livret de famille est celui de la transcription accompagné de l'année.*

8 – Délivrer aux parents les extraits de naissance comme après une déclaration de naissance.

☞ *À partir de l'acte annulé, aucun document ne pourra plus être délivré. Seul le procureur peut demander et obtenir copie de cet acte.*

La transcription du jugement devient l'acte de naissance.

La délivrance de la copie intégrale à l'intéressé (ou aux personnes habilitées à l'obtenir) révélera l'existence d'une adoption mais pas de renseignements sur la famille d'origine.

74 **Effets de l'adoption plénière.** La transcription du jugement d'adoption plénière qui est l'acte de naissance de l'intéressé produit tous les effets comme s'il était le seul à avoir existé depuis la naissance.

L'adoption plénière est irrévocable (C. civ., art. 359). Elle substitue de manière définitive les liens de filiation juridique adoptive aux liens de sang.

CHAPITRE 4

Jugement déclaratif de naissance

75 **Définition.** Lorsqu'une naissance n'aura pas été déclarée dans le délai légal, l'officier de l'état civil ne pourra la relater sur les registres qu'en vertu d'un jugement rendu par le tribunal du lieu de naissance de l'enfant.

La transcription du jugement sur les registres tiendra lieu de l'acte omis (C. civ., art. 55 et IGREC, n° 273).

76 **Démarches.** L'officier d'état civil saisi d'une déclaration de naissance faite tardivement doit, dans tous les cas, se refuser à recevoir la déclaration après l'expiration du délai (IGREC, n° 273).

Il invite le déclarant à formuler une requête auprès du procureur pour déclaration judiciaire de naissance.

L'officier d'état civil informe également le procureur par lettre et transmet un dossier comportant original du certificat d'accouchement, photocopie du livret de famille, noms, adresses et professions des parents et, suivant le cas, copie des actes de reconnaissance, photocopie des pièces d'identité, copie des actes de naissance des parents...

En aucun cas, la place n'est laissée sur le registre, à la date concernée, pour l'acte qui n'a pu être dressé.

Par ailleurs, l'officier d'état civil doit procéder aux démarches suivantes :

– mention provisoire est portée en marge du registre, à la date de la naissance :

« Déclaration hors délai ;

« NOM et prénoms de l'enfant, né le ...

« Parquet saisi en vue déclaration judiciaire de naissance. »

Sur la copie du certificat d'accouchement porter en rouge, à l'intention de la maternité :

« Déclaration hors délai, procureur saisi. »

(date et cachet)

– en faire des photocopies (CAF, Sécurité sociale, sachant que ces organismes peuvent refuser la photocopie du certificat d'accouchement et n'accepter que la transcription du jugement déclaratif de naissance pour prendre en compte la naissance de l'enfant) ;

– attendre notification du jugement dont le procureur requerra la transcription sur le registre des naissances de l'année en cours, sachant qu'une année civile peut séparer la date de naissance de celle du jugement ;

– veiller aussi à porter sur les tables annuelles et décennales, les deux dates concernées ;

– inviter les parents à venir compléter le livret de famille et leur délivrer tous les documents habituels après naissance ;

– renseigner l'INSEE (fiche n° 1b).

77 **Personne sans état civil connu (IGREC, n° 273-1).** Un jugement déclaratif de naissance permettra de donner un état civil, au moins à titre provisoire, à une personne amnésique dont l'identité ne peut être trouvée.

La procédure a lieu devant le tribunal de grande instance du lieu de naissance s'il est connu, sinon celui du domicile.

CHAPITRE 5

Procès-verbal de découverte

78 **Définition.** Une déclaration de découverte est reçue par l'officier d'état civil de la commune où l'enfant a été trouvé (IGREC, n° 286-1).

Il dresse procès-verbal détaillé qui, outre les indications prévues à l'article 34 du Code civil (à savoir l'année, le jour, l'heure où le procès-verbal est dressé, ainsi que les nom et prénoms de l'officier de l'état civil, les prénoms, noms, professions et domiciles de tous ceux qui y seront dénommés, l'âge des déclarants), énonce la date, l'heure, le lieu et les circonstances de la découverte, l'âge apparent et le sexe de l'enfant, toute particularité pouvant contribuer à son identification ainsi que l'autorité ou la personne à laquelle il est confié.

Ce procès-verbal est inscrit à la date sur le registre des naissances et il porte un uméro d'acte (IGREC, n° 286).

79 **Libellé (IGREC, n° 292).**

« Le... (date et heure de la déclaration), X... (Prénoms et NOM, âge, profession et domicile du déclarant) nous a présenté un enfant de sexe..., paraissant âgé de...(mois ou jours), qu'il déclare avoir trouvé... (date et heure de la découverte, circontances et lieu) (description de l'enfant, de ses vêtements, énumération de toutes les circonstances de nature à permettre ultérieurement son identification).

« Nous avons remis cet enfant ce jour même à M.... (personne ou autorité à laquelle l'enfant a été remis).

« Dont procès-verbal qui, lecture faite et invité à lire, le déclarant a signé avec Nous... »

80 **Acte de naissance provisoire d'enfant trouvé.** À la suite et séparément du procès-verbal de découverte, l'officier d'état civil établit un acte tenant lieu d'acte de naissance (acte provisoire) jusqu'à ce que l'enfant fasse l'objet d'une adoption ou jusqu'à ce que l'acte de naissance d'origine (s'il a été établi) soit retrouvé.

« Le … (date précise pouvant correspondre à l'âge apparent de l'enfant, ou, s'il s'agit d'un pupille de l'État, date indiquée par le service de l'aide sociale à l'enfance) est né à … (commune du lieu de la découverte, ou, pour les pupilles de l'État, du lieu de la déclaration) … (plusieurs prénoms, et, s'il s'agit d'un pupille de l'État, éventuellement le patronyme qu'il porte déjà), de sexe …

« Dressé le … »

S'il s'agit d'un pupille de l'État.

« Sur la déclaration de … (Prénoms et NOM du déclarant), fonctionnaire de l'Aide sociale à l'enfance, domicilié à …, qui, lecture faite et invité à lire l'acte, a signé avec Nous … »

Si l'acte de naissance de l'enfant vient à être retrouvé, ou si sa naissance est juridiquement déclarée, le procès-verbal de découverte et l'acte de naissance provisoire sont annulés à la requête du procureur de la République ou des parties intéressées (IGREC, n° 292).

☞ *L'enfant trouvé doit-il obligatoirement être remis au service social à l'enfance ?*

Selon l'article 58 du Code civil : « Toute personne qui aura trouvé un enfant nouveau-né est tenu d'en faire la déclaration à l'officier d'état civil du lieu de la découverte.

Si elle ne consent pas à se charger de l'enfant, elle doit le remettre, ainsi que ses vêtements et autres effets trouvés avec lui, à l'officier d'état civil. »

Il en découle que l'inventeur d'un enfant nouveau-né peut se charger de l'enfant et envisager une adoption.

81 **Acte de naissance provisoire pour les pupilles de l'État (IGREC, n° 286-2)**. Lorsque le lieu de naissance doit rester secret, ou pour tout autre motif jugé opportun, les services départementaux de l'aide sociale à l'enfance demandent qu'un acte de naissance provisoire soit établi, quel que soit l'âge de l'enfant (mineur).

L'acte d'origine portera la mention suivante :

« Acte de naissance provisoire dressé sur demande de l'ASE (Aide sociale à l'enfance). Ne plus délivrer. »

À compter de ce jour, les diverses mises à jour interviendront sur l'acte provisoire ; l'acte d'origine ne recevra plus de mentions.

Les officiers d'état civil devront être vigilants pour que l'enfant ne soit pas appelé à la « journée du citoyen » pour les jeunes dès 16 ans sous l'identité figurant dans l'acte d'origine.

En marge du registre, à la date de la naissance, une inscription indiquera le numéro et la date de l'acte provisoire ainsi que les nom et prénoms de l'enfant.

La table devra être mise à jour, c'est-à-dire complétée par le (nouveau) nom et le numéro de l'acte provisoire.

CHAPITRE 6

Nom et prénoms

Section 1
Les prénoms

82 **Définition.** Nom particulier joint au nom de famille et qui distingue chacun des membres d'une même famille (*Petit Larousse*).

Chaque individu est désigné, conformément au Code civil français, par un nom et un ou des prénoms.

Les prénoms doivent être indiqués dans l'ordre où ils sont inscrits à l'état civil.

Les prénoms précèdent toujours le nom de famille.

83 **Attribution.** La loi n° 93-22 du 8 janvier 1993 abroge la fameuse loi du 11 germinal an XI relative aux prénoms et changements de noms.

Désormais, l'article 57 du Code civil dispose que :

« Les prénoms de l'enfant sont choisis par ses père et mère.

La femme qui a demandé le secret de son identité lors de l'accouchement peut faire connaître les prénoms qu'elle souhaite voir attribuer à l'enfant. À défaut, ou lorsque les parents de celui-ci ne sont pas connus, l'officier d'état civil choisit trois prénoms dont le dernier tient lieu de nom de famille à l'enfant. »

En fait, un enfant né sous X est déclaré par un fonctionnaire de la Direction de la prévention et de l'action sociale (DPAS), et les prénoms sont proposés par lui.

« L'officier d'état civil porte immédiatement sur l'acte de naissance les prénoms choisis. Tout prénom inscrit dans l'acte de naissance peut être choisi comme prénom usuel. »

84 **Appréciation sur les prénoms : contrôle *a posteriori*.** L'officier de l'état civil ne peut pas refuser un prénom proposé par les parents. Mais la liberté du choix des parents connaît certaines limites :

– l'intérêt de l'enfant. Le procureur peut refuser des prénoms ayant une apparence ou une consonance ridicule, péjorative ou grossière, ceux difficiles à porter car complexes... ou des vocables de pure invention sous réserve de l'appréciation des tribunaux que les parents peuvent toujours saisir ;

– la préservation du droit des tiers à voir protéger leur nom de famille ;

– les règles de dévolution du nom de famille : il ne peut être attribué à l'enfant comme prénom le nom du parent qui ne lui a pas été transmis.

Dans les cas où ces limites ne paraissent pas être respectées, l'officier de l'état civil, après avoir fait part aux parents de son intention de saisir le procureur, adresse un courrier à ce dernier pour attirer son attention sur le choix fait par eux. Le procureur peut saisir le juge aux affaires familiales (IGREC, n° 277).

85 **Modèle de lettre au procureur de la République.**

« Monsieur le Procureur,

« Nous avons enregistré la déclaration de naissance d'un enfant du sexe féminin sous le prénom Mercédès choisi par les parents, M. et Mme Benz.

« Ci-joint copie de l'acte de naissance de l'enfant.

« Le rapprochement prénom-nom ne nous paraît pas respecter l'article 57 du Code civil.

« Veuillez agréer, ... »

86 **Effet du jugement.** « Si le juge estime que le prénom n'est pas conforme à l'intérêt de l'enfant ou méconnaît le droit des tiers à voir protéger leur nom de famille, il en ordonne la suppression sur les registres. Il attribue, le cas échéant, à l'enfant un autre prénom qu'il détermine lui-même, à défaut par les parents d'un nouveau choix qui soit conforme aux intérêts susvisés. Mention de la décision est portée en marge des actes de l'état civil de l'enfant. » (C. civ., art. 57).

87 **Combien de prénoms peut-on accepter pour un enfant ?** Le Code civil ne limite pas le nombre de prénoms à attribuer à un individu.

Toutefois afin de prévenir, dès la rédaction de l'acte, certaines difficultés qui motivent couramment des recours devant le tribunal, il est souhaitable que les officiers d'état civil appellent éventuellement l'attention des parents sur l'intérêt qui s'attache à l'attribution de plusieurs prénoms à l'enfant et sur les inconvénients auxquels expose l'attribution de prénoms identiques à des frères et des sœurs (IGREC, n° 280).

L'officier d'état civil suggérera aussi de limiter le nombre de prénoms à quatre, sans toutefois l'imposer aux parents.

88 **Orthographe des prénoms.** La loi n° 93-22 du 8 janvier 1993 libéralise de fait l'orthographe des prénoms.

Toutefois, l'officier de l'état civil attirera l'attention des parents d'un enfant de nationalité étrangère sur les difficultés qu'ils ne manqueront pas de connaître si l'orthographe choisie par eux n'est pas celle officiellement en vigueur dans leur pays, en particulier s'ils sont amenés à demander la transcription de la naissance dans leur pays, à établir cartes ou passeports avec le nom de l'enfant.

Les prénoms sont écrits en lettres minuscules excepté l'initiale qui sera en majuscule.

Les signes, accents, trémas, cédilles seront portés.

Les prénoms seront séparés par une virgule.

Les prénoms composés seront reliés par un tiret (IGREC, n° 111).

89 **Peut-on changer de prénoms ?** En application des articles 60 et 61-4 du Code civil, toute personne qui justifie d'un intérêt légitime peut demander à changer de prénom.

La demande est portée devant le juge aux affaires familiales par ministère d'avocat.

L'adjonction ou la suppression de prénoms peut pareillement être demandée.

Si l'enfant est âgé de plus de treize ans, son consentement personnel est requis.

90 **Francisation des prénoms.** Par ailleurs, pour les personnes qui acquièrent ou retrouvent la nationalité française, la possibilité est offerte de la francisation de leurs prénoms (IGREC, n° 191).

La francisation d'un prénom consiste dans la substitution à ce prénom d'un prénom français ou dans l'attribution complémentaire d'un tel prénom ou en cas de pluralité de prénoms, dans la suppression du prénom étranger pour ne laisser que le prénom français.

Section 2
Le nom de famille

91 **Définition.** « Mot servant à désigner une personne » (*Petit Larousse*).

Le nom de famille, appellation officielle depuis la loi n° 2002-304 du 4 mars 2002, est déterminé au sein d'une cellule familiale selon les règles nouvelles édictées par cette même loi ainsi que des textes ultérieurs dont l'ordonnance portant réforme de la filiation et sa circulaire de juin 2006.

La création du double nom est tout à fait nouvelle dans le Code civil français, double nom formé de l'adjonction de deux noms de famille existants.

Les noms donnés jusqu'au 31 décembre 2004, quelle que soit leur forme, forment une entité insécable.

La loi n° 2002-304 du 4 mars 2002 a créé le double nom sous la forme « A- -B » qui est sécable, c'est-à-dire que « A » et « B » peuvent être transmis seuls.

La circulaire d'application du 6 décembre 2004 avait introduit le double tiret (« -- ») dans ce double nom afin de le différencier des noms composés.

Mais par une décision en date du 4 décembre 2009, le Conseil d'État a considéré que ce double tiret ne pouvait être imposé aux parents sur le seul fondement d'une circulaire.

Dans une réponse ministérielle publiée au *Journal officiel* du Sénat le 5 mai 2011 [(1)], le ministère de la Justice a indiqué que les dispositions de la circulaire CIV/18/04 seraient prochainement modifiées pour tenir compte de la décision du Conseil d'État. Il s'agira ainsi de supprimer ce double tiret, le double nom de famille ne devant comporter qu'un simple espace entre les deux vocables.

92 **Nom de famille.** Le nom de famille est celui de l'état civil, indiqué dans l'acte de naissance ainsi que dans les autres actes : mariage, décès ou autres mentions ultérieures.

La loi n° 2002-304 du 4 mars 2002, applicable à compter du 1er janvier 2005, modifie de manière importante la transmission du nom au sein d'une famille.

L'ordonnance n° 2005-759 du 4 juillet 2005 a apporté une certaine simplification dans les situations de choix de nom qui ne peut plus se faire qu'à la naissance. Au-delà il s'agit de changement.

Le principe du choix donne aux parents quatre possibilités pour décider du nom de leur enfant : nom du père, nom de la mère, nom du père suivi du nom de la mère, enfin nom de la mère suivi du nom du père.

À la première génération, les enfants du couple A, B peuvent donc s'appeler « A » ou « B » ou « A--B » ou « B--A » (1).

À la génération suivante, on peut trouver : « A--B » ou « C--D » ou « A » ou « B » ou « C » ou « D » ou « A--C » ou « A--D » ou « B--C » ou « B--D » ou « C--A » ou « C--B » ou « D--A » ou « D--B » mais en aucun cas « B--A » ni « D--C ».

Entre le 1er janvier 2005 et le 30 juin 2006, était concerné par cette possibilité de choix le premier enfant commun né à partir du 1er janvier 2005. Les autres enfants communs issus du même couple parental porteront obligatoirement le même nom que le premier.

L'ordonnance portant réforme de la filiation en application le 1er juillet 2006 permet désormais le choix de nom à la naissance, lorsqu'il n'a pas encore été fait application du choix ou du changement tel que prévus par les textes. Le choix est donc possible pour le 1er enfant né à compter du 1er juillet 2006, même s'il y a des aînés mais tous nés avant 2005.

Elle concerne aussi les enfants adoptés.

L'expression des parents est faite par déclaration écrite de choix de nom ou de changement de nom.

(1) Mais par une décision en date du 4 décembre 2009, le Conseil d'État a censuré les dispositions de la circulaire du 6 décembre 2004 relatives à la séparation

obligatoire du double nom de famille sur les actes d'état civil. Le ministère, à l'occasion d'une réponse ministérielle publiée au Journal officiel du Sénat, a annoncé que de nouvelles mesures seront prochainement mises en place pour tirer les conséquences de la décision du Conseil d'État. Ainsi, indique le ministère, « les deux vocables des doubles noms seront désormais séparés par un simple espace ». Dans l'attente, les officiers d'état civil peuvent toujours procéder à l'enregistrement du double nom avec la mention du double tiret (Rép. min., n° 17100, JO *Sénat, 5 mai 2011).*

93 **« Le non-choix vaut choix. »** Par cette formule, la circulaire de décembre 2004 d'application de la loi sur le nom de famille indique que le choix, lorsqu'il est possible, ne peut être fait qu'une fois au cours de la vie de l'enfant, et que, lorsque la possibilité de choix existe, l'absence de choix fait obstacle à toute autre possibilité de choix ultérieur.

De plus, le changement devant l'officier d'état civil n'est pas possible non plus.

94 **Nom de famille de l'enfant né dans le mariage.** Jusqu'au 31 décembre 2004, l'enfant prenait le nom de son père. C'est également le cas au-delà de cette date :

– lorsqu'il s'agit de premier-né et que les parents ne font pas de choix ;

– lorsqu'il s'agit d'un cadet et que l'aîné né depuis le 1er janvier 2005 porte le nom du père ;

– lorsqu'il s'agit d'un cadet, que l'aîné est né avant 2005, et que les parents ne font pas de choix.

La loi n° 2002-305 du 4 mars 2002 dispose qu'à compter du 1er janvier 2005, le père et la mère pourront transmettre, par déclaration conjointe, leur nom ou le double nom à leur enfant premier-né. De plus, l'ordonnance permet également aux parents mariés ayant déjà des enfants tous nés avant 2005, de faire un choix de nom en faveur du premier enfant qui naîtra à compter du 1er juillet 2006.

Ce nom s'appliquera ensuite aux frères et sœurs à naître.

Le nom sera porté dans l'acte de naissance avec mention de la déclaration ; à défaut de choix exprimé ou d'accord entre parents, l'enfant portera le nom du père.

95 **La déclaration conjointe de choix de nom à l'occasion de la naissance du premier enfant.** Lorsqu'il s'agit du premier enfant d'un couple (C. civ., art. 311-21), né à compter du 1er janvier 2005, la déclaration de choix de nom est faite par écrit et remise à l'officier d'état civil lors de la déclaration de naissance ; elle est référée dans l'acte et dans le livret de famille ; enfin la déclaration est annexée à l'acte (voir **n° 423**).

Elle concerne les enfants dont le nom des 2 parents est dans l'acte et permet le choix complet du nom.

Si la naissance est intervenue à l'étranger, la déclaration conjointe de choix de nom peut être faite par les parents lors de la demande de transcription de l'acte auprès de l'officier de l'état civil du ministère des Affaires étrangères (consul...), au plus tard dans les 3 ans de l'enfant.

La déclaration relative au nom est donc une pièce qui s'ajoute aux autres documents remis par le déclarant lors de la déclaration de naissance. Une remise à un autre moment n'est pas recevable.

Dans des circonstances tout à fait exceptionnelles (incarcération des parents, hospitalisation de longue durée...) la déclaration parentale peut être faite par écrits séparés mais conformes ; la date retenue par l'officier d'état civil sera la date la plus récente.

Mairie concernée : celle du lieu de naissance donc les mairies sièges de maternités, exceptionnellement une autre mairie.

96 **La déclaration conjointe de changement de nom (C. civ., art. 311-23).** Elle est possible pour chaque enfant mineur, né avant comme après 2005, dès lors que son double lien de filiation a été établi de façon différée et que l'un d'eux au moins l'a été postérieurement à la déclaration de naissance. Elle est enregistrée dans les formes d'un acte, par l'officier d'état civil du lieu où demeure l'enfant ; la présence des déclarants est obligatoire. Le consentement de l'enfant est requis s'il a plus de 13 ans.

Le nom de l'enfant deviendra soit celui du parent qui ne lui a pas donné le sien à la naissance, soit un double nom.

L'acte est enregistré sur le registre des naissances ou sur le registre unique selon le cas ; l'acte porte indication de la remise de l'écrit portant le consentement du mineur de 13 ans.

Un avis de mention du changement de nom est adressé à la mairie de naissance pour mise à jour de l'acte de naissance ; le livret de famille est mis à jour ainsi que le duplicata le cas échéant.

Mairie concernée : celle du lieu où demeure l'enfant c'est-à-dire toute mairie.

97 **Modèle de déclaration de changement de nom.**

N° de l'acte ...

« Y ... (*nom résultant du changement*) ... Prénom » (changement de nom.)

« Le ... (date et heure de la déclaration), ... (Prénom(s) NOM, *éventuellement première partie : ... seconde partie : ...*) [(1)], lieu, date de naissance et domicile du père) et ... (Prénom(s) NOM, *éventuellement (première partie : ... seconde partie : ...*) [(1)], lieu, date de naissance et domicile de la mère) ... ont déclaré changer le nom de leur enfant ... (Prénoms, NOM, lieu, date de naissance et domicile) ... en celui de ..., en application de l'article 311-23 du Code civil.

(L'intéressé a consenti au changement de nom par écrit en date du ... ou présent et consentant)

Lecture faite et invités à lire l'acte, les déclarants ont signé avec Nous ... (l'officier d'état civil) ».

*(1) L'ajout des rubriques « première partie » – « seconde partie » a été annoncé par le ministère de la Justice dans une réponse ministérielle du 5 mai 2011. Une circulaire est actuellement en préparation pour tenir compte de la décision du Conseil d'État du 4 décembre 2009 (voir **n° 7**). Pour l'heure, il convient donc de ne pas insérer ces rubriques dans les actes d'état civil et les livrets de famille.*

98 **La déclaration conjointe d'adjonction de nom (L. n° 2002-304 du 4 mars 2002, art. 23).** Elle était remise par l'un ou l'autre parent entre le 1er janvier 2005 et le 30 juin 2006 à l'officier d'état civil afin d'ajouter en deuxième position au nom de l'enfant le nom de l'autre parent sans qu'ils puissent modifier cet ordre.

L'adjonction s'applique alors à toute la fratrie née ou à naître.

99 Détermination du nom de l'enfant premier né (à partir du 1er janvier 2005) d'une famille.

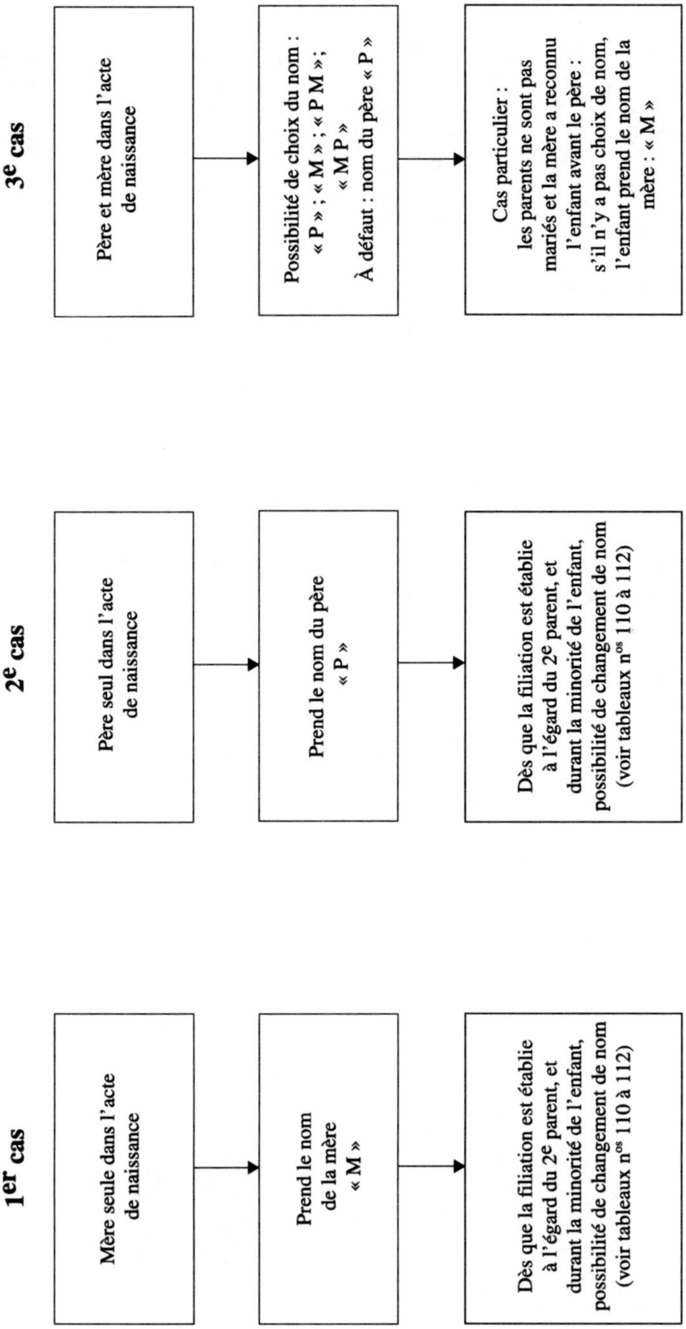

100 Détermination du nom de l'enfant de rang 2 dans une famille : l'aîné est né avant le 1er janvier 2005.

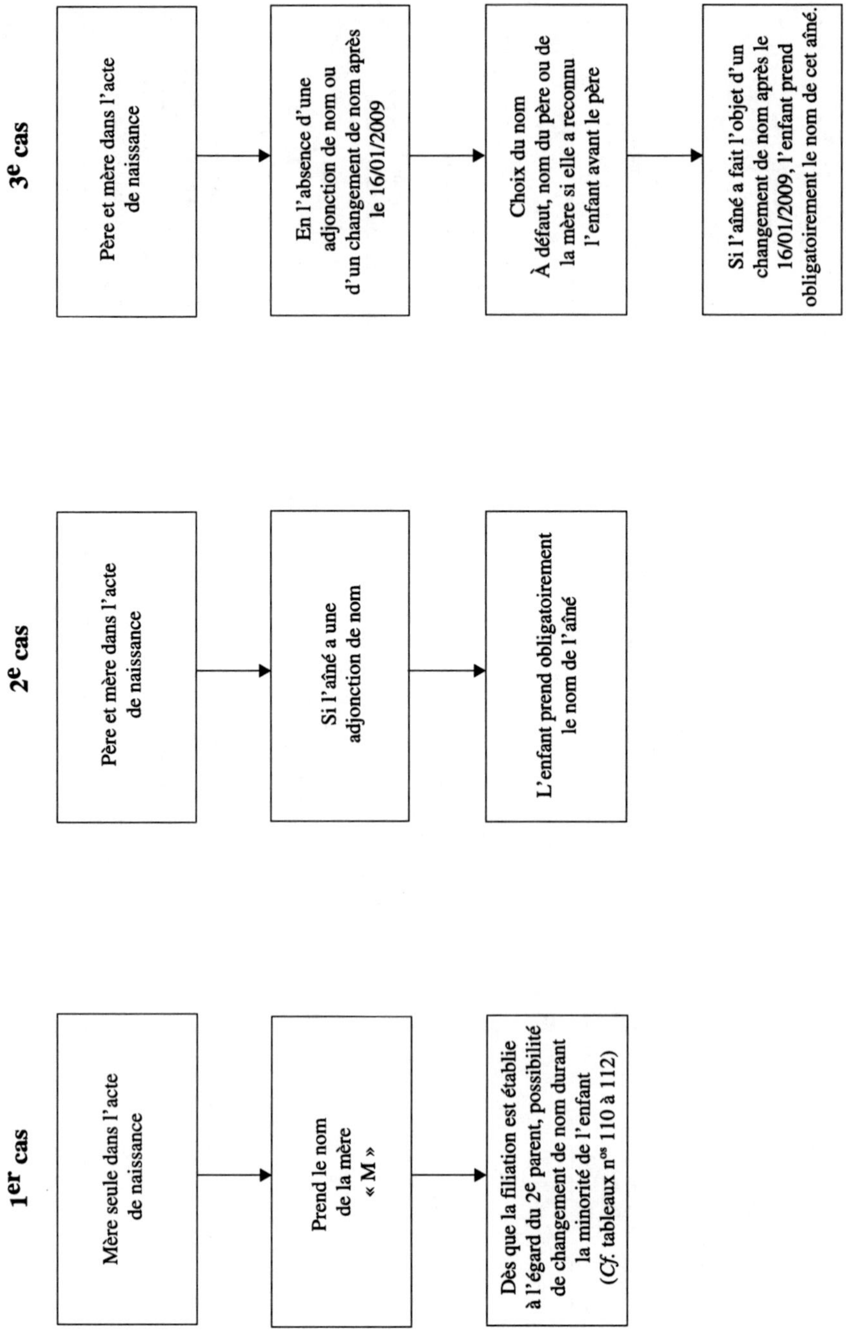

101 Détermination du nom de l'enfant de rang 2 dans une famille : l'aîné est né entre le 1er janvier 2005 et le 1er juillet 2006.

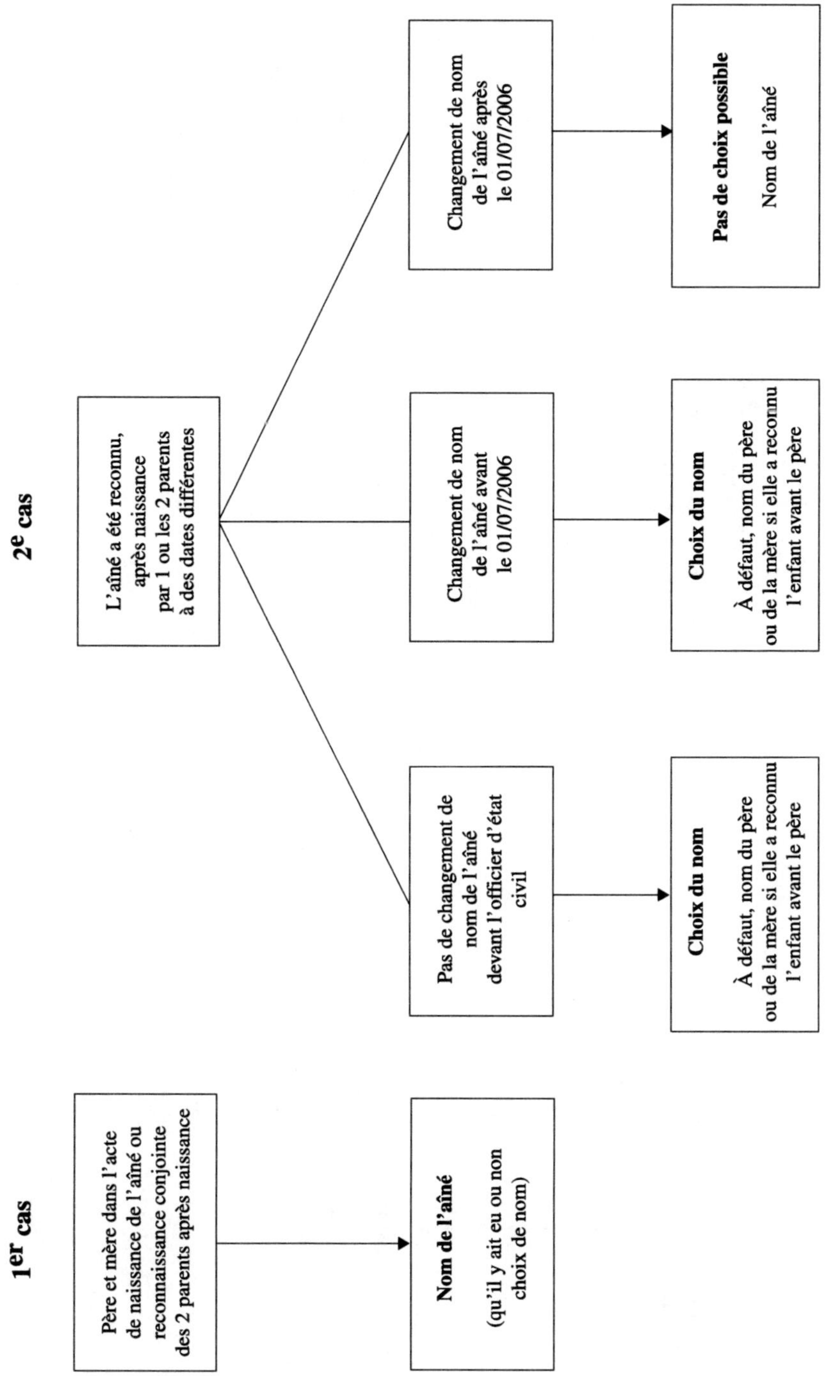

102 Détermination du nom de l'enfant de rang 2 dans une famille : l'aîné est né depuis le 1er juillet 2006.

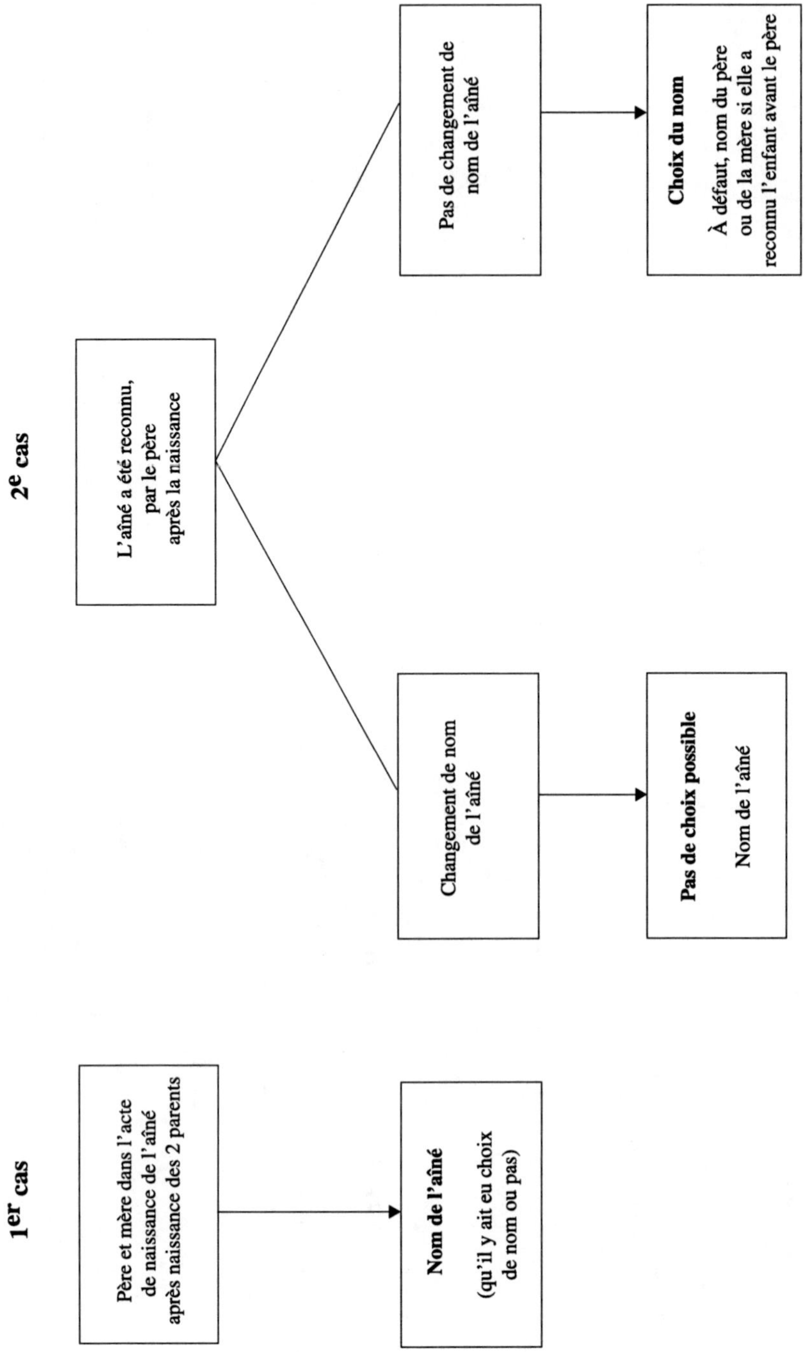

103 Détermination du nom de l'enfant de rang 3 dans une famille (en l'absence d'une adjonction de nom) : les aînés sont nés avant 2005.

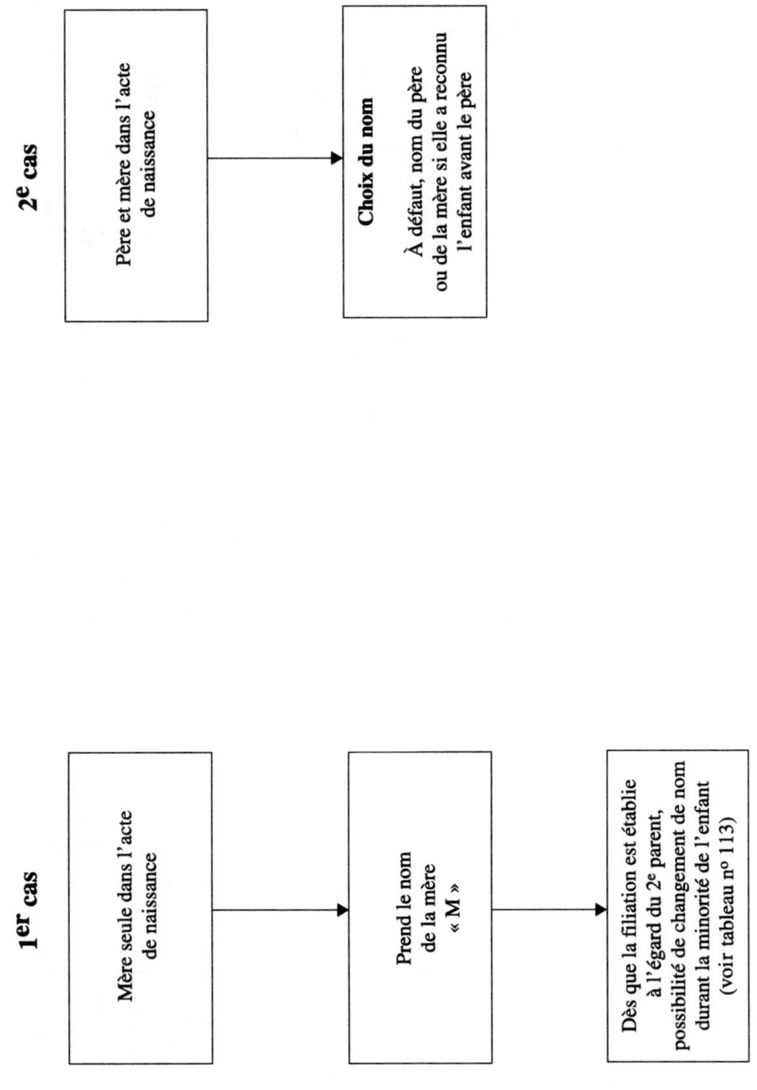

104 Détermination du nom de l'enfant de rang 3 dans une famille (en l'absence d'adjonction de nom) : l'aîné est né avant 2005 et le cadet entre le 1er janvier 2005 et le 1er juillet 2006. Il faut tenir compte de la situation de l'aîné et du cadet.

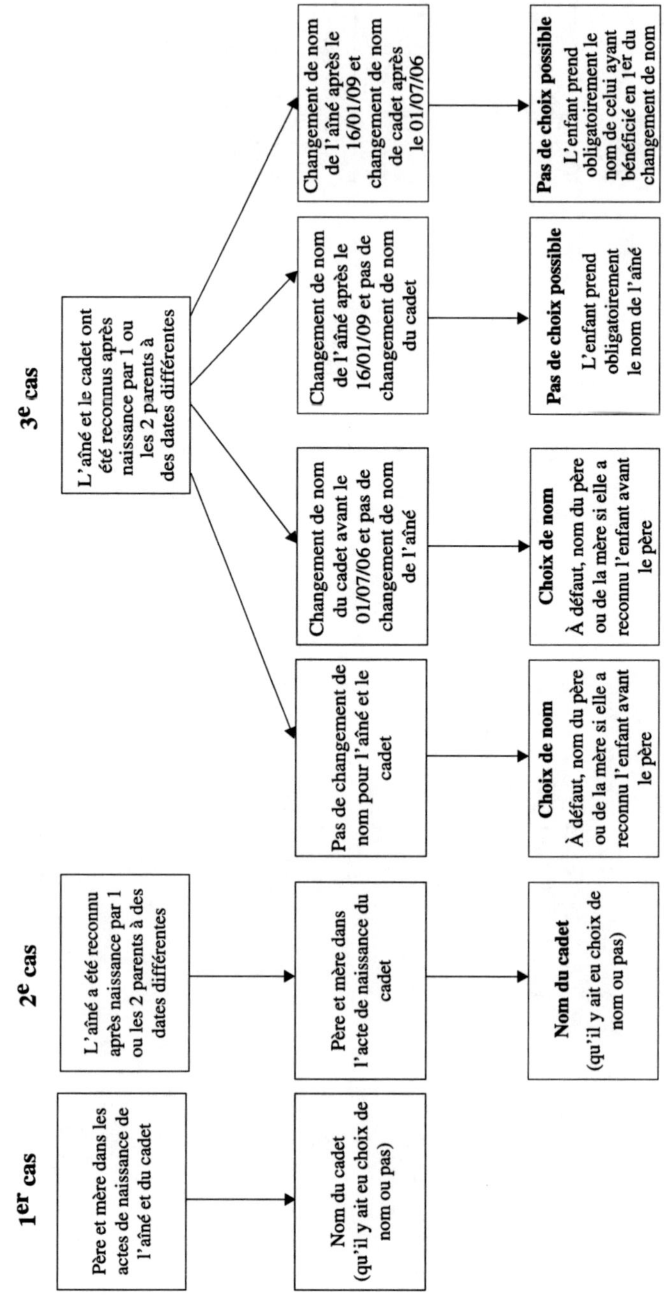

105 Détermination du nom de l'enfant de rang 3 dans une famille (en l'absence d'une adjonction de nom) : les deux aînés sont nés à compter du 1er janvier 2005 (la situation des 2 aînés est prise en considération).

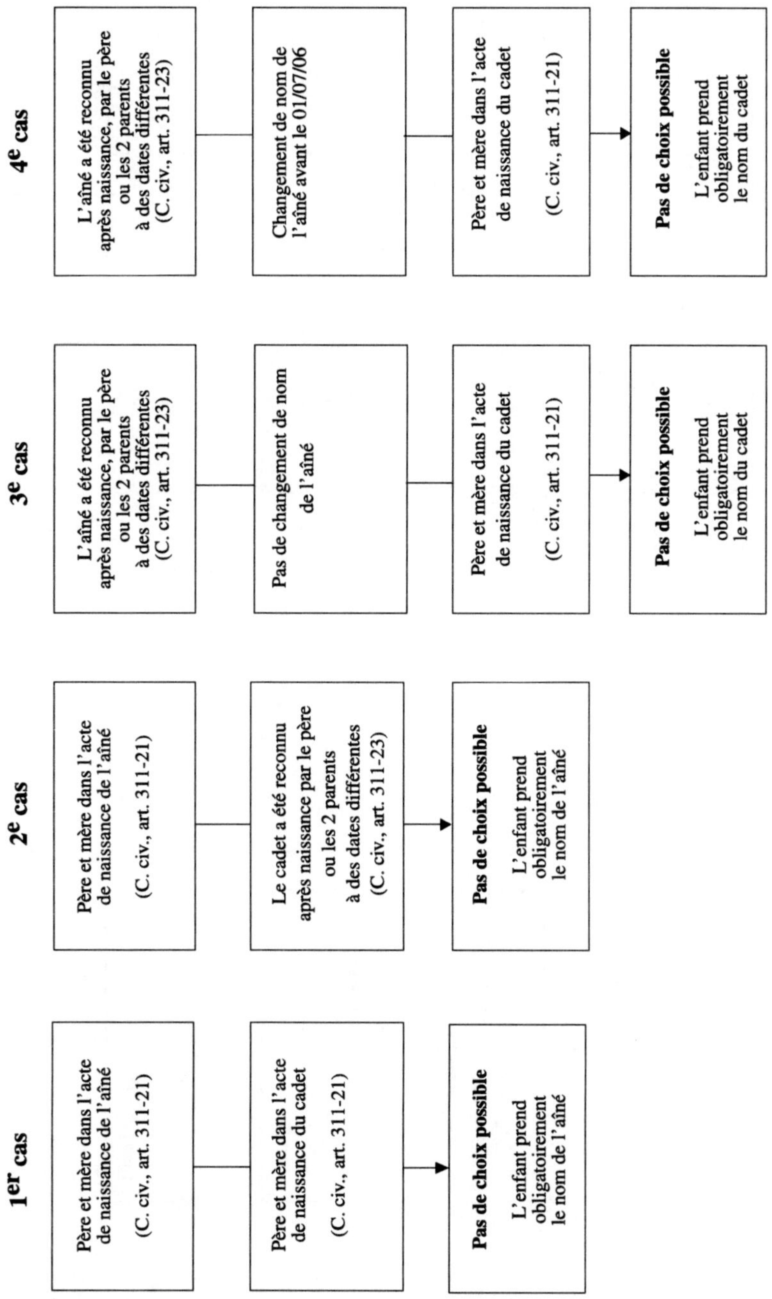

5e cas

L'aîné a été reconnu après naissance par le père ou les 2 parents à des dates différentes (C. civ., art. 311-23)

Changement de nom de l'aîné après le 01/07/06

Père et mère dans l'acte de naissance du cadet

(C. civ., art. 311-21)

→ **Nom de l'aîné/Cadet**

(nom de l'aîné = nom du cadet)

6e cas

L'aîné a été reconnu après naissance par le père ou les 2 parents à des dates différentes (C. civ., art. 311-23)

Pas de changement de nom de l'aîné

Le cadet a été reconnu après naissance par le père ou les 2 parents à des dates différentes (C. civ., art. 311-23)

Pas de changement de nom du cadet

→ **Choix du nom**

7e cas

L'aîné a été reconnu après naissance par le père ou les 2 parents à des dates différentes (C. civ., art. 311-23)

Pas de changement de nom de l'aîné

Le cadet a été reconnu après naissance par le père ou les 2 parents à des dates différentes (C. civ., art. 311-23)

Changement de nom du cadet avant le 01/07/06

→ **Choix du nom**

8e cas

L'aîné a été reconnu après naissance par le père ou les 2 parents à des dates différentes (C. civ., art. 311-23)

Pas de changement de nom de l'aîné

Le cadet a été reconnu après naissance par le père ou les 2 parents à des dates différentes (C. civ., art. 311-23)

Changement de nom du cadet après le 01/07/06

→ **Pas de choix possible**

L'enfant prend obligatoirement le nom du cadet

9ᵉ cas

L'aîné a été reconnu après naissance par le père ou les 2 parents à des dates différentes (C. civ., art. 311-23)

Changement de nom de l'aîné avant le 01/07/06

Le cadet a été reconnu après naissance par le père ou les 2 parents à des dates différentes (C. civ., art. 311-23)

Pas de changement de nom du cadet

↓

Choix du nom

10ᵉ cas

L'aîné a été reconnu après naissance par le père ou les 2 parents à des dates différentes (C. civ., art. 311-23)

Changement de nom de l'aîné avant le 01/07/06

Le cadet a été reconnu après naissance par le père ou les 2 parents à des dates différentes (C. civ., art. 311-23)

Changement de nom du cadet avant le 01/07/06

↓

Choix du nom

11ᵉ cas

L'aîné a été reconnu après naissance par le père ou les 2 parents à des dates différentes (C. civ., art. 311-23)

Changement de nom de l'aîné avant le 01/07/06

Le cadet a été reconnu après naissance par le père ou les 2 parents à des dates différentes (C. civ., art. 311-23)

Changement de nom du cadet après le 01/07/06

↓

Pas de choix possible

L'enfant prend obligatoirement le nom du cadet

12e cas

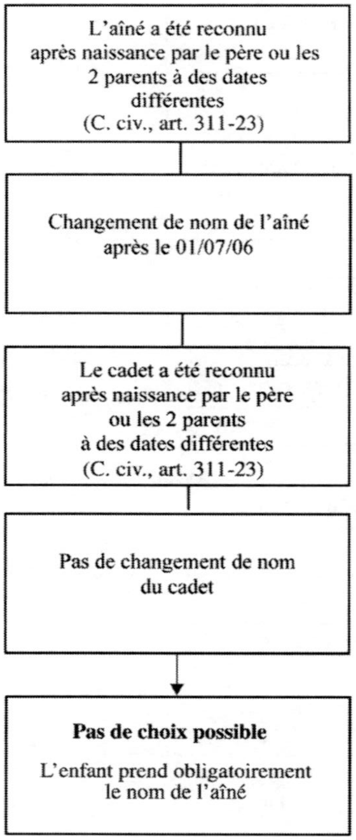

13e cas

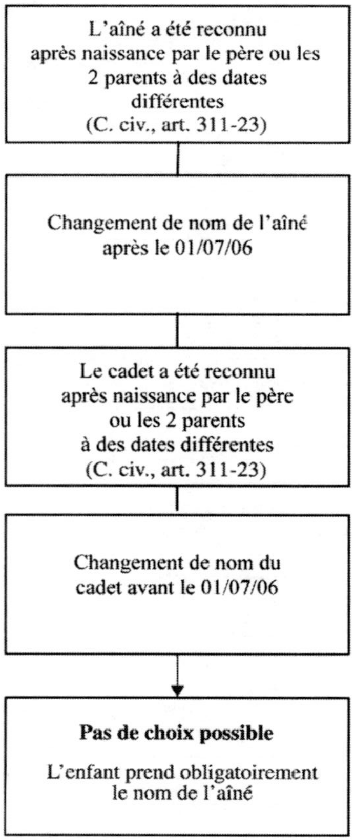

14e cas

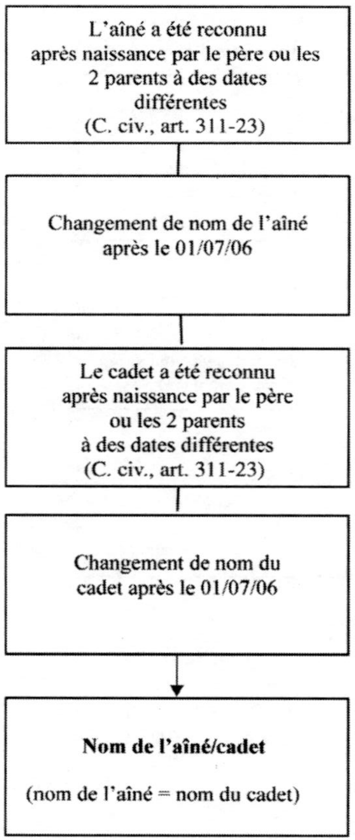

106 Détermination du nom de l'enfant de rang 3 : les aînés sont nés à compter du 1er juillet 2006.

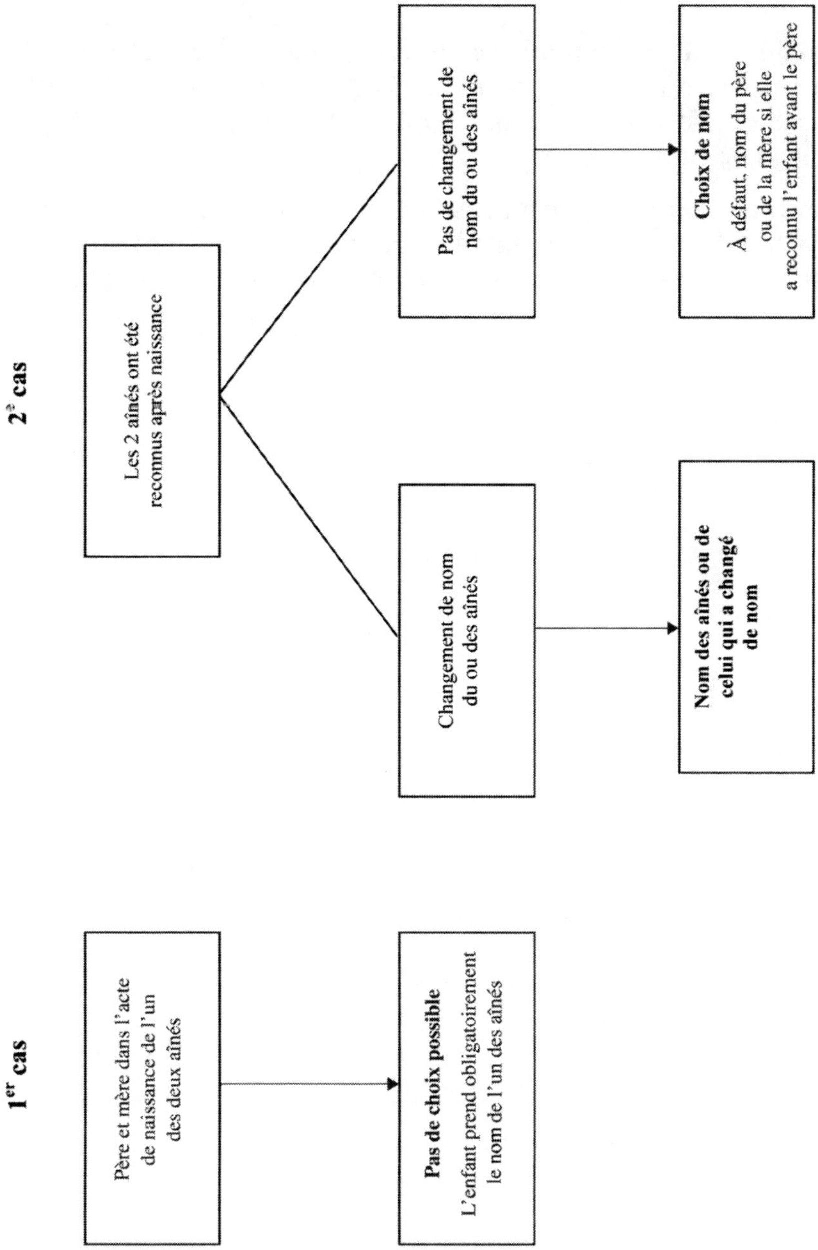

107 **Détermination du nom de l'enfant de rang N (3 + X) dans une famille.** La détermination du nom de l'enfant N qui vient de naître est fonction de la situation des aînés (voir **n°s 99 et s.**).

108 **Nom de famille de l'enfant né hors mariage mais dont les parents se marient.** Les enfants nés avant 2005 et qui n'ont pas fait l'objet d'une adjonction de nom prenaient, durant leur minorité, par l'effet du mariage, le nom du père.

Désormais, le mariage est sans effet sur le nom des enfants déjà nés en raison de la suppression de la légitimation par l'ordonnance portant réforme de la filiation, en application depuis le 1er juillet 2006.

109 **Résumé pour le choix de nom.**

Recevabilité du choix de nom pour un enfant (article 311-21 du Code civil)

Article 311-21 du Code civil = Filiation établie à l'égard des deux parents à la date de la déclaration de naissance

Rappel : L'enfant de l'article 311-23 du Code civil est un enfant dont le double lien de filiation a été établi de façon différée et l'un d'eux au moins l'a été postérieurement à la déclaration de naissance.

	Cas 1	***Cas 2***	***Cas 3***	***Cas 4***	***Cas 5***	***Cas 6***
Situation de l'enfant	*Il est enfant unique*	*Il a un aîné ayant bénéficié de l'adjonction de nom*	*Il a au moins un aîné 311-21, né après le 1er janvier 2005 (qu'il y ait eu choix du nom ou pas)*	*Il a un aîné 311-23 ayant bénéficié d'un changement de nom avant le 1er juillet 2006* *mais pas d'aîné 311-21 né après le 1er janvier 2005 (sinon cas 3) ni d'aîné 311-23 ayant bénéficié d'un changement de nom depuis le 1er juillet 2006 (sinon cas 5)*	*Il a un aîné 311-23, né avant ou après 2005, ayant bénéficié d'un changement de nom depuis le 1er juillet 2006* *mais pas d'aîné 311-21 né après le 1er janvier 2005 (sinon cas 3)*	*Il a un (ou des) aîné(s) 311-23, né(s) avant ou après 2005, dont les parents n'ont pas utilisé la possibilité du changement de nom* *mais pas d'aîné 311-21 né après le 1er janvier 2005 (sinon cas 3)*
	↓	↓	↓	↓	↓	↓
Choix du nom possible ?	**OUI** P ; M ; P M ; M P	**NON** **prend obligatoirement le nom de cet aîné**	**NON** **prend obligatoirement le nom de cet aîné**	**OUI** P ; M ; P M ; M P	**NON** **prend obligatoirement le nom de cet aîné**	**OUI** P ; M ; P M ; M P

Le non-choix vaut choix, c'est-à-dire qu'il produit les mêmes effets que le choix de nom.
Ce tableau tient compte de la loi n° 2009-61 du 16 janvier 2009 qui a instauré la possibilité du changement de nom pour les enfants mineurs nés avant 2005.

110 Changement de nom de l'enfant né à compter du 1er janvier 2005 reconnu après la naissance par le père : famille avec un seul enfant.

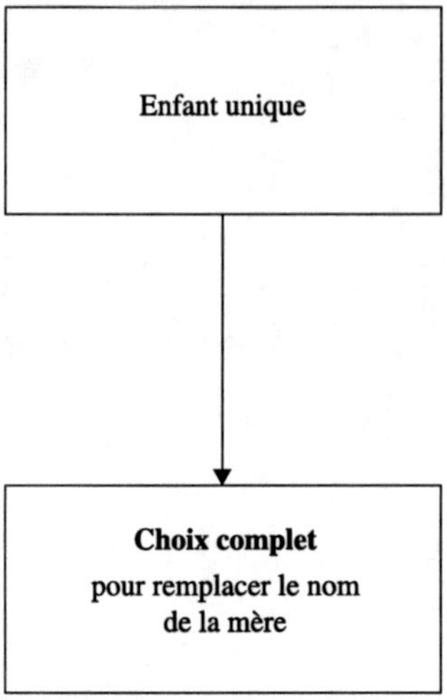

111 **Changement de nom de l'enfant de rang 2 né à compter du 1er janvier 2005 reconnu après sa naissance par son père : famille avec 2 enfants (situation du cadet).**

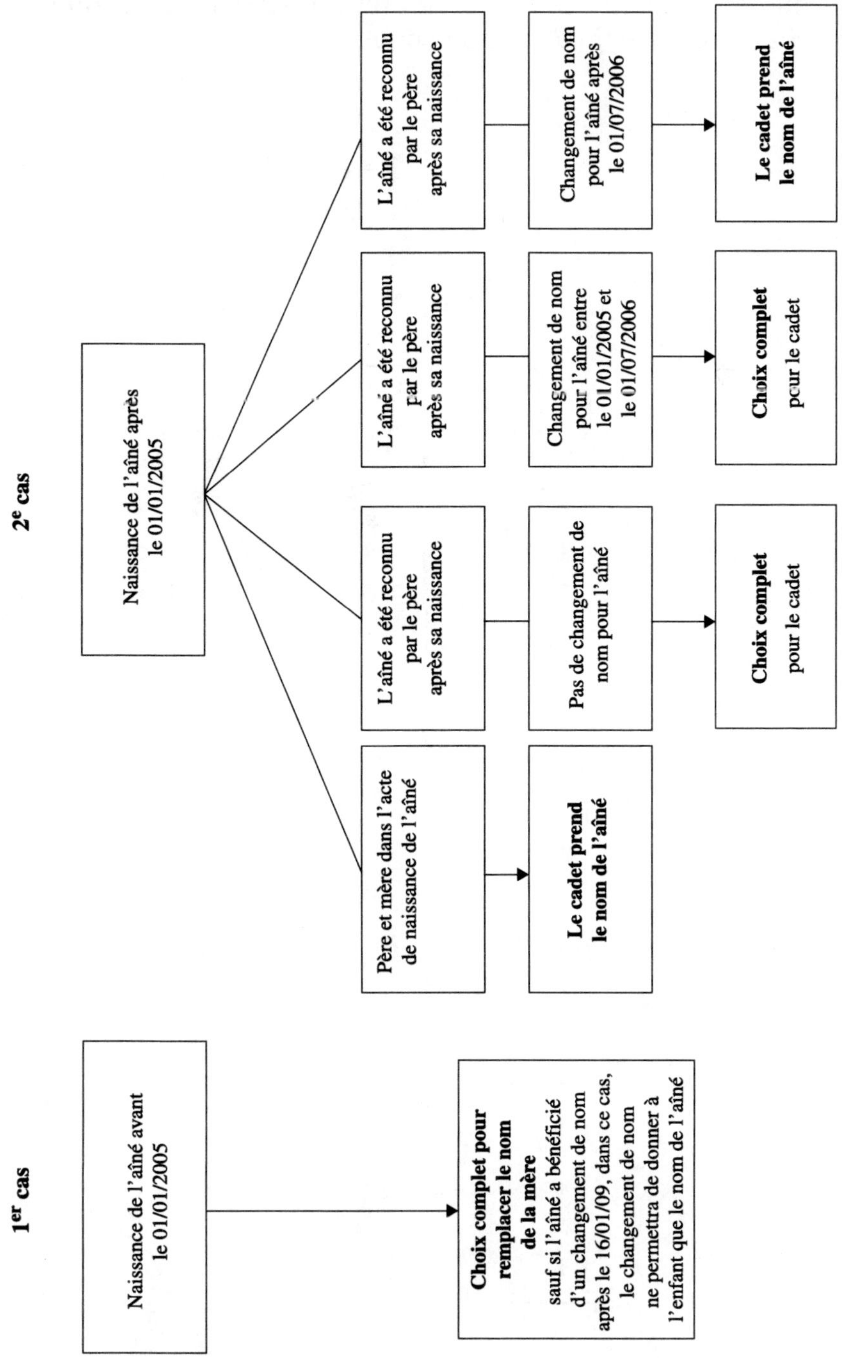

112 **Changement de nom de l'enfant de rang 1 né à compter du 1er janvier 2005 : famille avec 2 enfants (situation de l'aîné).** Si les parents décident d'un changement de nom pour l'aîné après la naissance du cadet, il convient de prendre en considération l'ordre d'établissement des filiations du cadet.

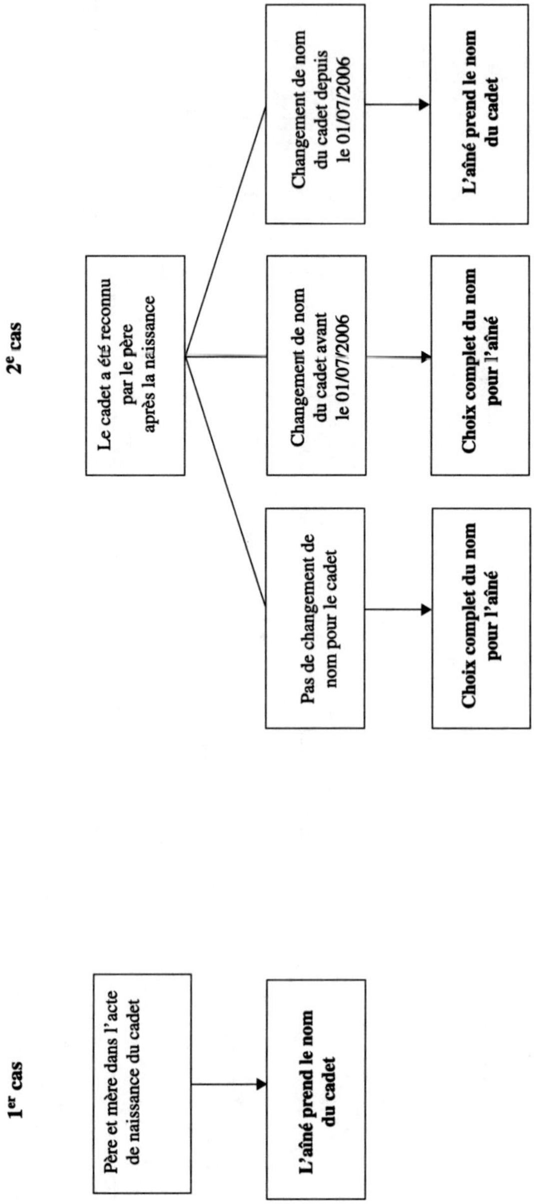

113 Résumé pour le changement de nom.

Recevabilité du changement de nom pour un enfant mineur (article 311-23 du Code civil)

Art. 311-23 du Code civil = le double lien de filiation a été établi de façon différée et l'un d'eux au moins l'a été postérieurement à la déclaration de naissance

Rappel : L'enfant de l'article 311-21 du Code civil est un enfant dont la filiation est établie à l'égard des deux parents à la date de la déclaration de naissance ou simultanément après naissance.

	Cas 1	***Cas 2***	***Cas 3***	***Cas 4***	***Cas 5***	***Cas 6***
Situation de l'enfant	*Il est enfant unique*	*Il a un aîné ayant bénéficié de l'adjonction de nom*	*Il a au moins un aîné ou puîné 311-21 né après le 1er janvier 2005 (qu'il y ait eu choix du nom ou pas)*	*Il a un aîné 311-23 ayant bénéficié d'un changement de nom avant le 1er juillet 2006* *mais pas d'aîné ou puîné 311-21 né après le 1er janvier 2005 (sinon cas 3) ni d'aîné ou puîné 311-23 ayant bénéficié d'un changement de nom depuis le 1er juillet 2006 (sinon cas 5)*	*Il a un aîné ou un puîné 311-23, né avant ou après 2005, ayant bénéficié d'un changement de nom depuis le 1er juillet 2006* *mais pas d'aîné ou puîné 311-21 né après le 1er janvier 2005 (sinon cas 3)*	*Il a un (ou des) aîné(s) ou puîné(s) 311-23, né(s) avant ou après 2005, dont les parents n'ont pas utilisé la possibilité du changement de nom* *mais pas d'aîné ou puîné 311-21 né après le 1er janvier 2005 (sinon cas 3)*
Changement de nom possible ?	***OUI*** *P ; M ; P M ; M P*	***OUI mais*** *prend obligatoirement le nom de cet aîné*	***OUI mais*** *prend obligatoirement le nom de cet aîné ou du puîné*	***OUI*** *P ; M ; P M ; M P*	***OUI mais*** *prend obligatoirement le nom de cet aîné ou du puîné*	***OUI*** *P ; M ; P M ; M P*

Ce tableau tient compte de la loi n° 2009-61 du 16 janvier 2009 qui a instauré la possibilité du changement de nom pour les enfants mineurs nés avant 2005 (cas 5 et 6).

L'enfant de l'article 311-23, légitimé avant le 1er juillet 2006, ne peut pas changer de nom ; en revanche, l'enfant de l'article 311-23 dont les parents se sont mariés après le 1er juillet 2006 peut bénéficier du changement de nom (conséquence de la suppression de la légitimation).

114 **Changement de nom (IGREC, n°s 190 et 190-2).** En dehors de tous les cas cités plus haut, les demandes tendant à changer un nom doivent être présentées, sous forme de requête motivée, au garde des Sceaux, par l'intermédiaire du procureur compétent en raison du domicile.

Les changements de noms sont publiés sous forme de décrets au *Journal officiel* (décret n° 94-52 du 20 janvier 1994).

En application des articles 61 à 61-3 du Code civil :

« Toute personne qui justifie d'un intérêt légitime peut demander à changer de nom de famille » : nom ridicule, nom à consonance étrangère, nom pouvant porter préjudice ou survivance d'un nom illustré de manière éclatante sur le plan national.

Sur le site *www.service-public.fr*, sous la rubrique « changement de nom », est indiquée la démarche à engager.

La demande de changement de nom peut avoir aussi pour objet d'éviter l'extinction du nom porté par un ascendant ou un collatéral du demandeur jusqu'au quatrième degré.

Le changement de nom s'étend de plein droit aux enfants du bénéficiaire lorsqu'ils ont moins de treize ans.

Tout changement de nom de l'enfant de plus de treize ans nécessite son consentement personnel lorsque ce changement ne résulte pas de l'établissement ou d'une modification d'un lien de filiation.

Les parents doivent dorénavant être informés que le nom attribué à leur enfant en application des textes sur le nom de famille et la filiation ne pourrait être changé que par décret avec la procédure du premier alinéa ci-dessus.

Toutefois, le changement de nom d'un majeur suite à l'établissement ou à la modification d'une filiation est prévue par le Code civil sous forme de déclaration à l'officier d'état civil : consentement à la modification de son patronyme.

115 **Changement de nom d'un enfant majeur.** Un enfant majeur peut demander à modifier son patronyme après établissement ou modification d'un lien de filiation.

La loi n° 93-22 du 8 janvier 1993 relative à l'état civil, à la famille et aux droits de l'enfant et instituant le juge aux affaires familiales a néanmoins apporté un tempérament à ce principe en subordonnant le changement de nom au consentement des enfants majeurs, en vertu du deuxième alinéa de l'article 61-3 du Code civil.

L'article 61-3 du Code civil stipule en effet que :

« Tout changement de nom de l'enfant de plus de treize ans nécessite son consentement personnel lorsque ce changement ne résulte pas de l'établissement ou d'une modification d'un lien de filiation.

L'établissement ou la modification du lien de filiation n'emporte cependant le changement du nom de famille des enfants majeurs que sous réserve de leur consentement ».

L'IGREC (rubrique 119-3) précise les formalités pour ce changement de nom : le consentement pourra prendre la forme d'une déclaration devant tout officier d'état civil quel que soit le lieu de naissance de l'intéressé, devant un notaire ainsi que le cas échéant devant le juge.

116 **Formule de recueil de consentement.**

« Le ... (date et heure de la déclaration), ... (Prénoms, NOM, lieu et date de naissance, profession et domicile du déclarant) a déclaré consentir à la modification de son nom de famille en celui de ..., par suite de l'établissement de sa filiation à l'égard de ... (Prénoms, NOM), par acte de reconnaissance reçu le ... (date) à ... (lieu).

« Lecture faite et invité à lire l'acte, le déclarant a signé avec nous, ... (Prénoms, NOM et qualité de l'officier d'état civil) ».

(signatures)

117 **Nom de l'enfant adopté par adoption plénière.** L'adoption plénière confère à l'enfant le nom de l'adoptant.

1 – Adoption par deux époux :

En cas d'adoption par deux époux, le nom peut être conféré à l'enfant par une déclaration conjointe de choix de nom (nom du père, nom de la mère ou le nom accolé de chacun des deux parents dans l'ordre qu'ils choisissent et dans la limite d'un seul nom pour chacun).

En cas de désaccord ou en l'absence de choix de nom, le tribunal attribue à l'adopté le seul nom du mari dans ses diverses composantes lorsqu'il s'agit d'un double nom ou d'un nom composé.

2 – Adoption par le conjoint du parent biologique :

L'adoption plénière de l'enfant du conjoint produit pour le surplus les effets d'une adoption par deux époux (C. civ., art. 356, al. 2).

En l'absence de déclaration conjointe de choix de nom, l'enfant portera le nom du père, que l'adoptant soit le mari de sa mère ou l'épouse de son père.

118 **Nom de l'enfant adopté simple.** En cas d'adoption simple, le nom de l'adoptant est adjoint au nom de l'adopté.

En cas d'adoption par deux époux, le nom ajouté au nom de l'adopté est à la demande des adoptants, soit celui du mari, soit celui de la femme.

Le tribunal peut toutefois, à la demande de l'adoptant, décider que l'adopté ne portera que le nom de l'adoptant. En cas d'adoption par deux époux, le nom de famille substitué à celui de l'adopté peut, au choix des adoptants, être soit celui du mari, soit celui de la femme, soit les noms accolés des époux dans l'ordre choisi par eux. Cette demande peut également être formée postérieurement à l'adoption.

Si l'adopté est âgé de plus de 13 ans, son consentement personnel à cette substitution du nom de famille est nécessaire.

Lorsque l'adoptant et (ou) l'adopté ont un double nom (à la génération suivante) la détermination du nom de l'adopté simple fait intervenir un choix plus grand.

En cas de désaccord entre les parents adoptifs, le nom adjoint au nom de l'enfant sera le nom du mari ou le premier nom du nom du mari.

119 **Nom de l'enfant sans filiation connue.** Un enfant déclaré sans indication de père et mère (enfant abandonné à la naissance ou acte de naissance provisoire) est enregistré à l'état civil par trois prénoms, le troisième prénom servant de nom est donc écrit en lettres capitales.

Ces trois prénoms peuvent d'ailleurs avoir été proposés par la mère ayant demandé le secret de son identité lors de l'accouchement (L. n° 93-22 du 8 janvier 1993).

Si cet enfant, dont la mère a accouché sous X, vient à être reconnu, le dernier prénom ne disparaît pas mais devient alors son troisième prénom.

120 **Nom de l'enfant d'origine étrangère (IGREC, n°s 106, 531 à 531-2).** L'officier d'état civil doit respecter l'orthographe usitée dans le pays d'origine même si la prononciation est impossible en français.

Les caractères employés doivent toujours être ceux de l'alphabet romain et ceux-là uniquement.

Les formes du droit français s'appliquent aux actes d'état civil des étrangers en France (IGREC, n° 530).

En ce qui concerne les conditions de fond, il appartient à l'étranger qui se réclame de la loi de son pays de justifier de son contenu par la production d'un certificat de coutume qui sera versé aux pièces annexes. À défaut, la loi française sera applicable (IGREC, n° 531).

Toutefois, à titre d'indication, voir ci-après les règles de dévolution du nom définies par la loi espagnole et la loi portugaise.

121 **Nom de l'enfant espagnol.** Le nom peut être formé du premier nom du père suivi du premier nom de la mère (IGREC, n° 531).

Si les parents souhaitent l'attribution d'un seul nom à leur enfant, en application de la loi française, le nom sera le nom transmissible c'est-à-dire celui venant du grand-père paternel.

Cette possibilité de se voir attribuer soit le double nom, soit le nom transmissible, est ouverte également pour les enfants de nationalité française et dont le père est espagnol ou portugais.

122 **Nom de l'enfant portugais.** Le nom sera généralement constitué du second nom de la mère suivi du second nom du père (IGREC, n° 531).

Mais la loi portugaise admet que les vocables constituant des noms ne soient pas nécessairement les noms des père et mère mais peuvent être choisis parmi ceux appartenant aux familles en ligne directe (grand-mère...).

L'ordre indiqué ci-dessus n'est pas non plus d'application absolue.

À l'état civil français, un enfant portugais peut être désigné par quatre vocables : deux prénoms et deux noms. Aussi les déclarants devront, dans tous ces cas, produire un document émanant des autorités portugaises.

123 **Nom des enfants d'autres nationalités.** En règle générale, il est conseillé de faire application de la loi française, sauf si les déclarants produisent un document émanant des autorités (consulat, ambassade) de leur pays indiquant les règles de fond applicables à leurs ressortissants.

Lorsque le père est dépourvu de nom patronymique conformément à son statut personnel, l'enfant doit néanmoins porter en France un tel nom. Celui-ci sera constitué par l'élément d'identification sous lequel le père est connu (prénoms, nom de la tribu, surnom...).

Les vocables « Ben, Bent ou Thi, Van » ne doivent pas figurer devant le vocable du nom du père, sauf s'ils font partie intégrante du nom patronymique (IGREC, n° 531-2).

Enfin une personne étrangère, née ailleurs que dans le pays dont elle est nationale, peut, avec un certificat de coutume, justifier que sa loi personnelle lui attribue un autre nom que celui de son acte de naissance.

C'est son nom national qui est inscrit dans l'acte (IGREC, n° 532).

124 **Nom d'usage.** Le nom d'usage n'est pas remis en cause par la loi n° 2002-304 du 4 mars 2002, il reste non-transmissible et ne donne pas lieu à mention à l'état civil.

Le mariage confère à chacun des époux un droit d'usage sur le nom du conjoint. Ce droit, né de la coutume, donne à chacun des époux l'usage du nom de famille de l'autre, soit par adjonction, soit par substitution. La femme peut ajouter à son nom celui de son mari, mais aussi le substituer au sien.

La loi a également créé un droit d'usage sur le nom du parent qui n'est pas transmis à l'enfant.

Tout descendant peut ajouter au nom du parent qui lui est transmis, celui de l'autre parent, que les parents soient mariés ou non.

Ce droit est mis en œuvre, pour un enfant mineur, par le parent qui exerce l'autorité parentale.

Le nom d'usage peut être mentionné sur les documents administratifs ainsi que sur la carte nationale d'identité (IGREC, nos 674 et 675).

125 **Surnom.** Assigné par des tiers à un individu pour le distinguer d'autres individus homonymes, le surnom peut être porté dans l'acte.

Le surnom suit le nom et est précédé de « dit ». Sur les registres antérieurs le mot « alias » était parfois utilisé. Le surnom n'est pas transmissible (IGREC, n° 125).

126 **Pseudonyme.** Nom de fantaisie choisi par une personne souvent dans le domaine artistique ou littéraire, il ne doit pas figurer dans l'acte, à quelque titre que ce soit (IGREC, n° 126).

127 **Titres.** Le titre d'une personne ne pourra être porté dans un acte, ou dans une mention marginale, que sur présentation de l'arrêté d'investiture et d'une justification après vérification par le garde des Sceaux (IGREC, n° 127-1) et à la requête expresse du procureur.

Enfin, l'officier d'état civil sollicitera les instructions du procureur s'il est saisi d'une demande relative à l'inscription d'un titre étranger.

128 **Décorations (IGREC, n° 128).** Sur demande expresse et en justifiant par un document officiel, peuvent figurer dans les actes à la suite des noms des titulaires les décorations suivantes en tenant compte de l'ordre ci-dessous s'il y a plusieurs décorations :

1 – Chevalier, officier, etc. de la Légion d'honneur ;

2 – Compagnon de la Libération ;

3 – Médaillé militaire ;

4 – Chevalier, officier, etc. de l'ordre national du Mérite ;

5 – Décoré de la Croix de guerre 1914-1918 ;

6 – Décoré de la Croix de guerre 1939-1945 ;

7 – Décoré de la Croix de guerre des théâtres d'opérations extérieures ;

8 – Décoré de la Croix de la valeur militaire ;

9 – Médaillé de la Résistance française.

Les décorations attribuées après l'établissement de l'acte ne sont pas portées.

Toutefois, les décorations accordées à titre posthume peuvent être portées dans l'acte de décès ou sa transcription, le cas échéant en mention par voie de rectification à la requête des intéressés.

CHAPITRE 7

Autorité parentale

129 **Définition.** L'autorité parentale est définie par l'article 371-1 du Code civil : « L'autorité parentale est un ensemble de droits et de devoirs ayant pour finalité l'intérêt de l'enfant. »

« Elle appartient aux père et mère jusqu'à la majorité ou l'émancipation de l'enfant pour le protéger dans sa sécurité, sa santé et sa moralité, pour assurer son éducation et permettre son développement, dans le respect dû à sa personne. »

« Les parents associent l'enfant aux décisions qui le concernent, selon son âge et son degré de maturité. »

130 **L'exercice de l'autorité parentale.** L'autorité parentale appartient aux père et mère jusqu'à la majorité de l'enfant ou son émancipation. La séparation des parents est sans incidence sur les règles de dévolution de l'exercice de l'autorité parentale (C. civ., art. 373-2). L'exercice est donc commun que les parents soient mariés unis, séparés, divorcés ou non mariés.

Néanmoins, lorsque la reconnaissance paternelle intervient plus d'un an après la naissance de l'enfant, seule la mère exerce l'autorité parentale.

Toutefois, elle est exercée en commun par les deux parents s'ils en font la déclaration conjointe au greffe du tribunal de grande instance, ou par ordonnance du juge aux affaires familiales.

Dans la famille monoparentale : un seul parent, après veuvage ou après reconnaissance ou adoption par un seul parent, ce parent exerce l'autorité parentale.

Une décision judiciaire peut toujours modifier l'attribution ou l'exercice de l'autorité parentale soit par ordonnance du juge aux affaires familiales soit lors du jugement de divorce ou de séparation.

131 **Absence d'effet du mariage sur l'exercice de l'autorité parentale.** Depuis la loi n° 2002-305 du 4 mars 2002, l'article 372, alinéa 1er du Code civil ne fait plus apparaître la notion de mariage dans l'exercice de cette autorité : « Les père et mère exercent en commun l'autorité parentale ».

Si les époux ont un ou des enfant(s) né(s) avant mariage dont la filiation a été établie à l'égard de l'un d'eux plus d'un an après leur naissance, seul le premier parent exerce l'autorité parentale

Si ce n'est pas le cas, ils devront faire une déclaration conjointe devant le greffe du tribunal de grande instance.

132 **Exercice de l'autorité parentale dans la famille adoptive.** L'adoptant, en adoption simple comme en adoption plénière, est seul investi à l'égard de l'enfant, de l'autorité parentale.

Une exception cependant, l'adoptant, conjoint du père ou de la mère de l'adopté, partage avec ce parent l'autorité parentale sur l'enfant (C. civ., art. 365), mais ce dernier en a seul l'exercice.

Par déclaration conjointe au greffe du tribunal de grande instance, l'exercice conjoint peut être demandé.

133 **Délégation de l'autorité parentale.** Elle peut être demandée par les parents ou par les services départementaux de l'aide sociale ou par la personne qui a recueilli l'enfant. Elle est décidée par le juge.

La délégation partielle ou totale résultera du jugement rendu par le juge aux affaires familiales (C. civ., art. 377 et 377-1).

CHAPITRE 8

Filiation

134 **Définition.** La filiation est le lien de droit qui unit un enfant à sa mère (filiation maternelle) et à son père (filiation paternelle).

Ce lien juridique crée la parenté d'où résulte la composition de la famille.

L'ordonnance n° 2005-759 du 4 juillet 2005 a supprimé la distinction entre famille légitime et famille naturelle qui n'avait plus lieu d'être, les droits et les devoirs au sein de chacune de ces familles étant identiques.

Il reste la famille adoptive dont l'établissement est purement judiciaire.

Section 1
Établissement de la filiation

135 **Vocabulaire.** Suppression des mots « naturel, légitime, légitimation » du Code civil, par l'ordonnance susvisée.

On parle désormais de simple filiation : pour un enfant dont un seul parent est désigné à l'état civil : mère seule désignée dans l'acte et pas de reconnaissance paternelle, et de double filiation, père et mère, quand les 2 parents sont désignés, quel que soit leur mode de conjugalité (mariés ou pas) et quelle que soit la date de la reconnaissance.

136 **Établissement de la filiation.** La filiation s'établit :

1 – Par l'effet de la loi ;

2 – Par la reconnaissance ;

3 – Par la possession d'état ;

4 – Par jugement.

137 **La filiation par l'effet de la loi (C. civ., art. 311-25).** La filiation maternelle est établie par l'indication du nom de la mère dans l'acte de naissance, que la mère soit mariée ou pas.

La filiation paternelle dans le cadre du mariage (C. civ., art. 312) s'établit par la présomption de paternité du mari, découlant des obligations du mariage : communauté de vie et fidélité.

138 **La filiation par reconnaissance (C. civ., art. 316).** La filiation paternelle hors mariage s'établit par reconnaissance faite soit avant ou lors de la déclaration de naissance soit postérieurement à la déclaration de naissance.

La reconnaissance maternelle après naissance peut se présenter lorsque la mère a accouché sous X et qu'elle revient sur sa décision d'abandonner son enfant.

139 **La filiation par possession d'état (C. civ., art. 311-1 et 317).** La possession d'état est un mode d'établissement de la filiation maternelle et paternelle. Elle est constatée par le juge d'instance qui établit un acte de notoriété.

L'officier d'état civil est simplement requis par le procureur de la République pour porter mention marginale sur l'acte de naissance de l'enfant lorsqu'un acte de notoriété a été délivré.

Il n'a pas qualité pour apprécier si un enfant a ou non la possession d'état (IGREC, n° 299).

Mais la filiation par possession d'état peut être établie par acte de notoriété avant la naissance d'un enfant en cas de décès prématuré du père. Elle est intégrée dans l'acte de naissance de l'enfant au vu de cet acte de notoriété.

140 **La filiation par jugement.** Le tribunal de grande instance prononce la filiation soit en constatation de possession d'état soit lors d'une procédure en recherche de maternité ou de paternité. La mention sur l'acte de naissance est faite également sur réquisition du procureur.

L'adoption est également l'établissement de filiation(s) par jugement : filiation de cœur et non filiation de sang.

141 **Définition de la possession d'état (C. civ., art. 311-1).** La possession d'état s'établit par une réunion suffisante de faits qui révèlent le lien

de filiation et de parenté entre une personne et la famille à laquelle elle est dite appartenir.

« Les principaux faits sont :

– que cette personne a été traitée par celui ou ceux dont on la dit issue comme leur enfant et qu'elle-même les a traités comme son ou ses parents ;

– que ceux-ci ont, en cette qualité, pourvu à son éducation, à son entretien ou à son installation ;

– que cette personne est reconnue comme leur enfant, dans la société et par la famille ;

– qu'elle est considérée comme telle par l'autorité publique ;

– qu'elle porte le nom de celui ou ceux dont on la dit issue. »

142 **Enfant incestueux.** Le Code civil interdit d'établir un lien de filiation qui créerait une situation d'inceste, c'est-à-dire lorsqu'il existe entre les auteurs ou les parents de l'enfant un lien de parenté créant un empêchement à mariage.

1 – Inceste absolu : le père et la mère sont soit des ascendants ou descendants, soit des collatéraux du deuxième degré, frère et sœur.

Il est interdit à l'officier d'état civil de prendre la deuxième reconnaissance quelle qu'elle soit (paternelle ou maternelle).

Néanmoins, l'officier d'état civil qui reçoit la déclaration n'est pas toujours en mesure de vérifier si cette reconnaissance crée une situation d'inceste.

L'officier d'état civil qui s'apprêtait à apposer la mention se refusera à le faire et sollicitera du procureur l'annulation de l'acte de reconnaissance incestueuse (IGREC, n° 304).

2 – Inceste relatif : l'empêchement à mariage entre les deux auteurs est susceptible de dispense ou l'empêchement, même absolu, est créé par l'alliance.

L'interdiction s'applique aussi dans le cas de l'adoption simple : si l'adoption est susceptible de créer une situation d'inceste, elle est refusée par le tribunal... ; un grand-père ne peut pas adopter son petit-fils.

Section 2
Filiation adoptive

143 **Adoption plénière.** L'adoption plénière annule la filiation d'origine en se substituant à elle. Elle est irrévocable et crée tous les droits et les devoirs au sein de la famille.

144 **Adoption simple.** La filiation d'origine est maintenue. L'adopté reste dans sa famille d'origine, mais certains droits sont transférés sur la famille adoptive : autorité parentale.

L'adopté et l'adoptant sont tenus l'un envers l'autre à l'obligation alimentaire et celle-ci continue d'exister entre l'adopté et ses parents par le sang. L'adopté a des droits successoraux dans ses deux familles. L'adoption simple est révocable. La filiation adoptive, qu'elle soit plénière ou simple crée des empêchements à mariages (voir **n°s 207 et 208**).

145 **Inscription sur livret de famille.** Les enfants adoptés sous la forme plénière comme les enfants adoptés sous la forme simple sont inscrits sur le livret de famille des adoptants, à leur place par ordre chronologique de leur date de naissance.

CHAPITRE 9

Présentation civique d'enfant ou baptême républicain

146 **Définition.** Il s'agit d'une cérémonie au cours de laquelle, devant le maire ou un élu, les parents d'un enfant désignent publiquement un tuteur (appelé encore protecteur ou parrain) et une tutrice (ou protectrice ou marraine) de leur enfant qu'ils placent sous la protection de la République.

Les fonctions de « parrain » et « marraine » ainsi désignées ne sont pas légalement reconnues.

Cette « présentation civique » s'est inspirée, lors de son institution, du baptême religieux catholique qui était un des fondements, avec les mariages et les sépultures, de l'état civil tenu par le clergé, et ce avant la révolution française.

147 **Liberté de célébration.** Aucune obligation légale n'existe pour un maire de célébrer un baptême républicain.

Rien n'interdit non plus une telle célébration.

Le maire peut très bien n'accorder cette célébration qu'à ses administrés, s'inspirant en cela des conditions de domicile exigées pour un mariage.

148 **Cérémonie.** Le maire, un adjoint ou un conseiller municipal, ceint de son écharpe tricolore, officie dans la salle des mariages.

Il y accueille la famille, présente l'historique et la signification du baptême républicain, et donne lecture d'un texte tel que proposé ci-après. Ce texte, non officiel, peut être modifié et adapté par le maire.

Présentation civique de l'enfant :

– aux parents :

« Monsieur X. et Madame Y., vous êtes les parents de…, vous avez souhaité que votre enfant, qui est déjà placé sous la protection des lois de la République française, soit déclaré publiquement et solennellement « citoyen de la République française ».

Vous êtes accompagné de M. ... et Mme ... qui s'engagent à vos côtés, dans la mesure de leurs forces et de leurs moyens, à aider votre enfant à progresser dans la voie de la fraternité, de la solidarité et du respect des institutions, afin qu'il soit, toute sa vie et en tous lieux, un citoyen motivé par le respect des droits de l'Homme et dévoué au bien public.

Est-ce bien ce que vous demandez ? »

« Oui. »

– aux parrain et marraine :

« Déclarez-vous accepter le rôle et la charge que viennent de vous demander de partager avec eux M. X. et Mme Y. ? »

« Oui. »

« Je vous donne acte de l'engagement que vous venez de prendre ce jour et ... »

Éventuellement, signature d'un document.

149 **Dossier et certificat de présentation civique.** Afin d'établir le certificat de présentation civique présenté comme acte, un certain nombre de renseignements sont nécessaires.

Le dossier de préparation de la cérémonie peut donc contenir :

– un extrait ou une copie intégrale de l'acte de naissance de l'enfant ;

– des renseignements concernant le parrain et la marraine ainsi qu'une photocopie de leur pièce d'identité.

Le certificat signé par les parents, le parrain, la marraine et l'officier de l'état civil sera remis aux intéressés.

Le contenu dudit certificat est libre.

Certaines mairies en conservent un exemplaire dans un registre spécial.

2

MARIAGE

Le mariage est l'union officielle d'un couple homme et femme ; il donne un statut et un régime matrimonial aux époux.

Les droits et devoirs découlant du mariage sont d'ordre public. C'est ce qui justifie le caractère public et solennel de la célébration, au cours de laquelle l'acte est authentifié par les différentes signatures.

Le mariage doit être librement consenti.

Le concubinage est entré dans le Code civil le 15 novembre 1999, livre premier, titre XIII.

Libre ou organisé par convention dans le cadre du PACS (pacte civil de solidarité), il ne requiert pas l'intervention de l'officier d'état civil.

Mais l'entrée comme la sortie d'un PACS sont soumises à quelques formalités.

Les époux quant à eux ne peuvent se séparer légalement qu'en recourant à une procédure judiciaire de divorce ou de séparation de corps par ministère d'avocat.

La reprise officielle de vie commune après séparation de corps fait l'objet d'un acte établi sur le registre des mariages.

CHAPITRE 1

Dossier

150 **Définition.** Ensemble de pièces permettant d'établir l'identité des époux, leur capacité à mariage et rassemblant les différents éléments nécessaires à l'établissement de l'acte et à la célébration du mariage.

Le dossier doit être complet avant la publication (C. civ., art. 63 mod. par L. n° 2006-1376 du 14 novembre 2006).

L'officier d'état civil aura le souci, lors des visites des futurs époux, en démarche pour constituer le dossier, d'expliquer la raison de l'exigence de chaque pièce. Il appartient aux intéressés de fournir toutes les pièces demandées.

De plus l'officier d'état civil remettra à chacun des futurs époux le document d'information sur le droit de la famille comme prévu par le décret n° 2002-1556 du 23 décembre 2002 actualisé.

151 **Conditions à remplir.** Les conditions minimum sont :

- sexe différent pour les deux époux ;
- âge légal (18 ans ; L. n° 2006-399 du 4 avril 2006) ;
- absence de tout lien marital ;
- absence d'empêchement ;
- réalité du consentement.

Les conditions de fond et de forme sont prévues par la loi. Les différents documents et formalités exigés, examinés ci-après, permettent en principe de vérifier qu'elles sont réunies.

152 **Dossier de mariage.** L'agent de l'état civil donne la liste des pièces à fournir par les futurs époux :

- justificatifs de domicile ;
- attestations sur l'honneur de domicile ou de résidence ;

– copies intégrales des actes de naissance ;

– pièces d'identité des futurs époux et renseignements sur les professions et domiciles ;

– pièces d'identité des témoins et renseignements sur professions et domiciles. Pour un bon déroulement de la cérémonie, les pièces d'identités doivent être demandées dès le dépôt du dossier.

Pièces introduites dans le dossier pour la célébration du mariage :

– certificat de publication et de non-opposition ;

– certificat notarial de contrat de mariage ;

– certificat relatif à l'audition ou à la non-audition préalable.

De plus, dans les cas particuliers et si un futur époux est étranger, il y a lieu d'exiger des pièces complémentaires.

153 **Pièces relatives au domicile ou à la résidence.** Elles permettent de savoir si le maire est compétent pour la célébration du mariage dans sa commune.

Et aussi de savoir où faire les publications de bans.

154 **Publication des bans.** La publication concernant le projet de mariage (IGREC, n° 329) est faite sur demande des futurs époux.

L'officier d'état civil ne pourra procéder à la publication (C. civ., art. 63) qu'après la remise des différentes pièces du dossier et l'audition commune des futurs époux sauf en cas d'impossibilité ou s'il apparaît au vu des pièces que cette audition n'est pas nécessaire : absence de tout indice pouvant laisser supposer qu'il peut s'agir d'un mariage « blanc » ou d'un mariage frauduleux. L'officier d'état civil, s'il l'estime nécessaire, peut également demander à s'entretenir séparément avec l'un ou l'autre des futurs époux.

La publication vise à porter le projet de mariage à la connaissance du public afin de susciter éventuellement la révélation d'empêchement ou de provoquer des oppositions (IGREC, n° 329).

L'absence de publication peut constituer un élément de clandestinité du mariage susceptible d'en entraîner l'annulation (IGREC, n° 341).

155 **Lieu de publication.** La publication doit être faite (IGREC, n° 334) :

- à la mairie du lieu de mariage ;
- à la mairie du domicile de chacun des futurs époux ;
- à défaut de domicile en France, la mairie du lieu de résidence.

Si la publication concerne un Français domicilié à l'étranger, l'officier d'état civil adresse directement la demande à l'ambassade ou au consulat de France territorialement compétent ou, s'il en ignore le siège, il peut adresser la demande au service de la valise diplomatique du ministère des Affaires étrangères (IGREC, n° 332).

156 **Qui se charge de la publication ?** L'officier d'état civil du lieu de mariage assure la publication dans sa mairie et adresse la demande de publication, dans les plus brefs délais, à chacun des maires ou des autorités concernés (IGREC, n° 335).

Cet envoi peut être fait par un agent municipal du service de l'état civil. Il n'est donc pas nécessaire que ce soit un élu ou un fonctionnaire délégué officier d'état civil.

Si la publication doit être faite à l'étranger et concerne un étranger, il appartient à l'intéressé de faire lui-même les diligences nécessaires auprès de l'autorité locale étrangère (IGREC, n°s 332 et 541) en fonction de sa loi nationale.

Les publications de bans ne sont plus nécessaires auprès des autorités italiennes.

157 **Forme de publication.** La publication est faite au moyen d'une affichette au format non imposé (IGREC, n° 335).

Cette publication sera apposée à la porte de la mairie, dans un lieu très apparent, à l'extérieur ou dans un vestibule.

Elle énoncera les prénoms, nom, profession, domicile et, le cas échéant, résidence des futurs époux, si le mariage a lieu à la mairie de résidence, à l'exclusion de toute autre énonciation telle que la date de mariage, l'existence d'un contrat...

Elle précise en outre le lieu où la publication est faite ainsi que la date de l'affichage.

Elle sera signée de l'agent municipal qui assure l'apposition.

158 **Formule de publication.**

« Commune de...

« Département de...

« Publication du mariage devant être célébré à la mairie de...

« entre :

« (Prénoms, NOM, profession, domicile et s'il y a lieu résidence du futur époux)

« et... (mêmes renseignements concernant la future épouse)

« Affichée le... (date) par Nous... (Prénoms, NOM et qualité du signataire) »

(signature)

159 **Durée de l'affichage.** L'affiche restera apposée dix jours.

Le mariage ne pourra être célébré avant le dixième jour, depuis et non compris celui de la publication (C. civ., art. 64). Le mariage pourra donc être célébré dès le dixième jour.

Ainsi pour un mariage devant être célébré un samedi, la publication commencera au plus tard le mercredi de la semaine précédente.

Les délais d'affichage se calculent de jour à jour et non d'heure à heure. C'est-à-dire que le décompte sera identique que les publications soient faites à 9 h 00 ou à 15 h 00 le même jour (IGREC, n° 338).

Si l'affichage est interrompu pendant ce délai, il en sera fait mention sur l'affiche, afin de garder trace de l'incident.

L'interruption rend la publication caduque et inexistante.

Si le mariage n'avait pas été célébré dans l'année consécutive à la publication, les publications seraient à recommencer avant la célébration.

Quand la publication est faite dans plusieurs communes, le délai de dix jours à observer part de la date de l'affichage effectué en dernier lieu.

Il convient donc de prendre les précautions nécessaires avant de fixer définitivement la date de mariage et de prévoir un temps raisonnable d'acheminement, de mise en place de l'affichage et de retour du certificat de publication des mairies extérieures (IGREC, n°s 337 et 338).

160 **Fin de l'affichage.** Le délai écoulé, les publications sont retirées de l'affichage.

S'il n'a pas été formé d'opposition, le certificat de publication et de non-opposition est établi par l'officier d'état civil.

Ce document est inséré dans le dossier de mariage. Il restera dans les « pièces annexes ».

La mairie où la publication est faite, mais où le mariage ne sera pas célébré, adresse sans délai son certificat de publication et de non-opposition à la mairie du lieu du mariage.

Si des perturbations dans l'acheminement du courrier n'ont pas permis l'arrivée à temps du certificat venant d'une autre mairie, il convient de s'enquérir suffisamment tôt par téléphone de l'accomplissement des formalités et de l'existence ou non d'opposition.

161 **Dispense de publication.** Le procureur de la République dispense de la publication pour des causes graves (IGREC, n° 340) :

– lorsque la célébration présente un caractère d'urgence (mariage *in extremis*, grossesse, appel sous les drapeaux, nécessité d'un déplacement immédiat, ...) ;

– pour des convenances sociales : le procureur de la République apprécie souverainement, au besoin après enquête, s'il y a lieu ou non d'accorder une dispense.

La demande de dispense est faite par un ou les futurs époux soit directement au parquet, soit par l'intermédiaire du maire.

La dispense est classée dans le dossier annexe au mariage.

162 **Date et heure du mariage.** Le jour du mariage est fixé par les demandeurs sous réserve que le dossier soit complet (IGREC, n°s 347 et 395).

Le mariage peut avoir lieu à n'importe quelle heure de la journée.

L'heure est fixée par l'officier d'état civil après entente avec les parties.

L'officier d'état civil ne peut être contraint de célébrer un mariage les dimanches et jours de fêtes légales, sauf mariage *in extremis.*

163 **Copies d'actes de naissance des futurs époux.** Les copies intégrales des actes de naissance ne doivent pas avoir plus de trois mois à la date de la publication des bans, ainsi qu'à la date du mariage (IGREC, n° 351 ; L. n° 2006-1376 du 14 novembre 2006, art. 2) si elles ont été délivrées en France).

Le délai est de six mois, si elles ont été délivrées dans un consulat ou par une autorité étrangère.

Les actes étrangers sont valables quelle que soit leur date de délivrance : pas de durée de validité. Il est cependant souhaitable de demander des documents de moins de six mois (IGREC, n° 543).

De plus, les actes doivent être traduits s'ils sont rédigés en langue étrangère (IGREC, n° 595) et, dans certains cas, légalisés ou apostillés, prouvant ainsi leur authenticité (IGREC, nos 592, 595 et 596).

164 **Qu'est-ce que la légalisation des actes ?** La légalisation est une mesure administrative qui consiste à authentifier une signature et la qualité du signataire par l'apposition d'un contreseing officiel (IGREC, n° 587).

Le consul en France du pays sur le territoire duquel l'acte a été établi est en principe compétent pour légaliser le document.

De plus, l'autorité consulaire française qui exerce ses fonctions dans le pays où l'acte a été établi est également habilitée à effectuer la légalisation.

En cas de non-connaissance de l'adresse du consulat en France du pays considéré, il convient de s'adresser au ministère des Affaires étrangères (bureau des Légalisations), 34 rue La Pérouse, 75775 Paris Cedex 16. Tél. : 01.43.17.64.64, ou de rechercher par internet les coordonnées utiles :

www.expatries.diplomatie.gouv.fr/annuaires/repdipfr.asp

La traduction d'un acte étranger n'est pas soumise à légalisation si elle est effectuée par un traducteur assermenté auprès d'une cour d'appel ou de la Cour de cassation et qu'elle est revêtue du sceau et de la signature du traducteur.

Depuis le décret n° 2007-1205 du 10 août 2007 relatif aux attributions du ministre des Affaires étrangères, des ambassadeurs et des chefs de postes consulaires en matière de légalisation d'actes, l'autorité consulaire française n'est plus tenue de procéder, à la demande des usagers, à la traduction d'actes étrangers ou à la certification de traductions effectuées par des tiers.

☞ *Les traductions qui doivent toujours être exigées lorsque l'original est établi dans une langue étrangère sont faites par un traducteur assermenté (liste auprès des tribunaux).*

Le procureur peut, quand un obstacle de force majeure empêche les intéressés d'obtenir la légalisation, émettre un avis favorable à l'utilisation de l'expédition par l'officier d'état civil, indépendamment de la légalisation.

165 **Simplification de la légalisation : apostille.** La légalisation peut dans un certain nombre de pays être remplacée par l'apostille. Celle-ci est délivrée par des autorités étrangères habilitées à cet effet pour des actes étrangers. Les postes diplomatiques et consulaires connaissent le nom de ces autorités (IGREC, n° 598-1).

Enfin, pour divers pays, existe une dispense de législation et d'apostille (IGREC, n°s 598-2 et 599).

166 **Possibilité de ne conserver qu'une copie : exemplaire unique.** Lorsque l'acte de naissance n'existe qu'en un seul exemplaire et que sa privation peut entraîner de graves inconvénients pour l'intéressé, les officiers d'état civil sont autorisés à ne conserver qu'une photocopie. Ils décrivent dans une courte note les causes qui les ont amenés à restituer l'original (IGREC, n° 134). L'original peut être restitué aussi bien avant qu'après le mariage.

167 **Acte de notoriété.** Le futur époux qui se trouve dans l'impossibilité de se procurer un extrait de naissance a la faculté de suppléer à cette pièce en produisant à l'officier d'état civil un acte de notoriété (IGREC, n° 354 à 358).

L'acte de notoriété est délivré par le juge d'instance du lieu de naissance ou du domicile de l'intéressé sur déclaration de trois témoins (IGREC, n° 355).

168 **Certificat tenant lieu d'acte.** Les réfugiés et apatrides peuvent toujours se procurer auprès de l'OFPRA (Office français de protection des réfugiés et apatrides), 201 rue Carnot, 94136 Fontenay-sous-Bois Cedex, un certificat tenant lieu d'acte d'état civil (IGREC, n°s 358-1 et 360) ; tél. 01.58.68.10.10.

Adresse internet : *www.ofpra.gouv.fr*

169 **Certificat d'origine.** Pour des enfants de l'Aide sociale départementale, il peut être suppléé, s'il y a lieu d'observer le secret de la naissance et si un acte provisoire n'a pas été établi, par un certificat d'origine dressé par le directeur de la DPAS et visé par le préfet (IGREC, n° 359).

170 **Vérifications.** Les conditions d'âge et d'état (capacité à mariage) sont prouvées par les actes de naissance, du moins ceux délivrés en France.

Certaines mentions (tutelle, curatelle, etc.) obligent à vérifier les capacités à mariage. Elles ne sont pas explicites mais se présentent sous la forme « Répertoire civil n° ... ».

171 **Preuve de l'identité.** L'officier d'état civil doit s'assurer de l'identité des futurs époux et des témoins.

Cette preuve, demandée pour les futurs époux lors de la constitution du dossier, peut être la carte nationale d'identité (en conserver une photocopie nette), mais aussi le passeport, le permis de conduire ou de chasser, la carte de résident, ..., et toute pièce délivrée par une autorité publique avec une photo.

172 **Preuve du domicile ou de la résidence.** Une attestation sur l'honneur ne suffit pas. Il y a lieu de fournir également la preuve du domicile ou de la résidence établie par tous moyens : bail de location, contrat d'assurance, taxe d'habitation, quittance de loyer, facture de gaz, électricité, téléphone...

Le mode de preuve joue pour déterminer le lieu de célébration du mariage ainsi que le ou les lieux de publication (IGREC, n° 361).

173 **Indication des témoins.** Les coordonnées des témoins sont données à l'officier d'état civil dès la constitution du dossier. Avant le mariage, les futurs époux confirment l'identité des témoins ou désignent les nouveaux témoins choisis par eux.

Les coordonnées indispensables sont : prénoms, nom, date et lieu de naissance, profession, adresse (loi n° 2006-1376 du 14 novembre 2006, art. 1) ; les témoins devant être majeurs lors de la célébration du mariage.

Leur présence a pour objet de certifier l'identité des comparants et la conformité de l'acte avec les déclarations (IGREC, n° 92).

☞ *Il n'est pas possible d'envisager un mariage si les futurs époux n'ont pu trouver de témoins, ou si ceux qui ont été choisis refusent leur concours. L'officier d'état civil ne peut pas lui-même en appeler un. Le mineur émancipé doit être admis comme témoin.*

La nationalité française n'est pas exigée des témoins.

Mari et femme peuvent être témoins ensemble.

Il y a incompatibilité entre le fait d'être officier d'état civil à un mariage et celui d'être en même temps soit témoin, soit ascendant donnant le consentement à un mineur (IGREC, n° 94).

Pour un déroulement serein de la cérémonie, il est souhaitable d'obtenir dès le dépôt du dossier les pièces d'identité des témoins.

174 **Actes des enfants nés avant le mariage.** Ces pièces ne présentent plus d'intérêt depuis la suppression de la légitimation (le 1er juillet 2006). Le livret de famille établi et remis à l'occasion du mariage, sera complété par les officiers d'état civil dépositaires des actes des enfants. Il suffira que les parents remettent leur livret de parents « naturels » (ancien modèle).

S'il s'agit d'un livret de famille délivré après le 1er juillet 2006 (livret unique), la mairie du lieu de célébration du mariage devra compléter la partie « mariage » et y apposer son cachet ainsi que la signature de l'officier de l'état civil.

175 **Pièces exigées pour le mariage des incapables majeurs (IGREC, nos 372-1 et 372-2).** Un majeur incapable est une personne pour laquelle une décision de justice a institué une mesure de protection par mise en place d'une tutelle ou d'une curatelle.

La publicité de la tutelle ou de la curatelle est assurée par l'intermédiaire du répertoire civil et des mentions en marge des actes de naissance.

Lorsqu'en marge d'un acte de naissance figurera une mention d'inscription au répertoire civil, l'officier d'état civil devra s'informer auprès du greffier en chef du tribunal de grande instance du lieu de naissance pour vérifier si une tutelle ou une curatelle est ouverte.

176 **Majeur en tutelle.** Le mariage d'un majeur en tutelle peut être autorisé par un conseil de famille spécialement convoqué pour en délibérer (à la majorité des voix). Le conseil ne peut statuer qu'après audition des futurs époux.

Mais si les père et mère donnent leur consentement, il n'y a pas lieu de réunir le conseil de famille.

En cas d'un seul consentement par le père ou la mère, que l'autre soit opposé au mariage, ou inconnu, ou décédé, ou dans l'impossibilité de manifester sa volonté, le conseil de famille est obligatoire.

Il convient aussi de noter que l'avis du médecin traitant doit toujours être recueilli. L'accomplissement de cette formalité est noté dans la délibération du conseil de famille appelé à donner son consentement.

Mais lorsque l'autorisation est donnée par les deux parents, l'officier d'état civil doit, avant de recueillir leur consentement, exiger d'eux la remise d'un certificat médical établi par le médecin de famille attestant qu'il a donné l'avis exigé par la loi (IGREC, n° 372-1).

177 **Majeur en curatelle (IGREC, n° 372-2).** Le consentement du curateur est requis par acte authentique dressé par un officier d'état civil (maire ou adjoint) ou par un notaire.

Formule d'acte de consentement :

« Le ... (date), devant Nous ... (désignation de l'officier d'état civil ou du notaire), ... (désignation du curateur) a déclaré consentir au mariage que ... (désignation du majeur en curatelle) se propose de contracter avec ... (désignation de l'autre futur conjoint). »

(signature de l'officier d'état civil ou du notaire)

À défaut de consentement du curateur, celui du juge des tutelles est transmis sous la forme d'une expédition de la décision.

Il conviendra dans ce cas d'inviter le futur époux à saisir lui-même le juge des tutelles.

178 **Mariage de veuf, divorcé ou de personne dont la précédente union a été annulée.** Le décès du précédent conjoint est prouvé par :

- une copie de l'acte de décès ;
- ou de l'acte de naissance avec mention de décès.

La dissolution du mariage par divorce ou annulation est prouvée soit par un extrait de naissance avec mentions, soit l'acte de mariage avec mentions, soit par une copie du jugement et la preuve de son caractère définitif, soit pour un mariage célébré à l'étranger, une copie de la transcription du jugement sur les registres de l'état civil ou un certificat de la conservation du jugement au répertoire civil annexe du service central d'état civil (IGREC, n° 375).

179 **Mariage entre alliés ou parents.** L'officier d'état civil doit exiger une copie du décret relatif à la dispense accordée par le président de la République.

Voir le tableau récapitulatif des empêchements, **n° 209**.

La lecture des extraits d'acte de naissance des futurs époux ne renseigne pas toujours sur leurs liens de parenté ou d'alliance.

L'officier d'état civil en aura connaissance soit par les intéressés eux-mêmes, soit par des témoignages qu'il vérifiera au vu des différents extraits d'actes (naissances, mariages) qu'il se procurera concernant les membres de la famille créant les liens de parenté ou d'alliance, soit à l'occasion des oppositions à mariage formulées par les personnes habilitées (IGREC, n°s 342-2 et 344).

180 **Mariage des militaires.** Une autorisation préalable du ministère de la Défense est exigée pour les militaires servant depuis moins de cinq ans dans la Légion étrangère.

Les autorisations sont valables six mois, elles peuvent être renouvelées (IGREC, n° 376-1).

181 **Mariage d'une personne ne maîtrisant pas la langue française, ou atteinte d'un handicap empêchant d'entendre ou de parler (IGREC, n° 396).** Le mariage est célébré en français. L'officier d'état civil, avec le concours d'un interprète choisi par les futurs époux, devra s'assurer de la parfaite compréhension par les intéressés du déroulement de la cérémonie.

Le concours de l'interprète est consigné dans l'acte de mariage. Mais si l'officier d'état civil maîtrise la langue étrangère pratiquée par le futur époux étranger, il lui est possible, après avoir prononcé les divers propos en français, de les redire dans la langue étrangère. Le maire pourra également se faire assister par un adjoint, un conseiller, un fonctionnaire municipal ou toute autre personne digne de confiance qu'il agrée, et dont le nom sera indiqué dans l'acte de mariage.

Les coordonnées de l'interprète doivent être communiquées à l'officier d'état civil avant le mariage afin qu'il intègre son nom dans l'acte après avoir vérifié son habilitation s'il s'agit d'un professionnel.

En présence du futur époux handicapé (sourd-muet), l'officier d'état civil devra, si nécessaire, demander que l'intéressé soit assisté d'une personne apte à communiquer avec lui.

182 **Mariage posthume (IGREC, n° 374-1).** Le président de la République peut, en vertu de l'article 171 du Code civil, pour des motifs graves, autoriser la célébration du mariage en cas de décès de l'un des futurs époux, dès lors qu'une réunion suffisante de faits établit sans équivoque son consentement.

Dans ce cas, les effets du mariage remontent à la date du jour précédant celui du décès de l'époux.

Toutefois, ce mariage n'entraîne aucun droit de succession *ab intestat* au profit de l'époux survivant et aucun régime matrimonial n'est réputé avoir existé entre les époux.

La requête accompagnée de tous les documents justifiant des intentions des futurs époux doit être adressée au ministère de la Justice, chargé d'instruire la demande, par l'intermédiaire du procureur.

183 **Dossier pour mariage posthume.** Le dossier de mariage sera constitué des différentes pièces normalement prévues.

Un exemplaire du décret délivré au nom du président de la République autorisant le mariage posthume sera remis à l'officier d'état civil.

L'acte de mariage fait référence à ce décret.

184 **Acte de mariage posthume.**

« Vu le décret de M. le Président de la République en date du ..., pris en application de l'article 71 du Code civil, autorisant le mariage de ... (Prénoms, NOM, *éventuellement (première partie : ... seconde partie : ...)* [1], date et lieu de naissance, profession, domicile du futur époux), décédé le ..., fils de ... et de ... avec ... (premier Prénom, NOM de la future épouse).

« Devant Nous a comparu publiquement en la maison commune, ... (Prénoms, NOM, *éventuellement (première partie : ... seconde partie : ...)* [1], date et lieu de naissance, profession et domicile de la future épouse), fille de ... et de ..., qui a déclaré vouloir prendre pour époux, ... (premier Prénom, NOM du futur époux).

« Sur ce, nous avons prononcé au nom de la loi que … (premier Prénom et NOM du futur époux), et … (premier Prénom et NOM de la future épouse), sont unis par le mariage, en présence de … (indications des témoins), témoins majeurs.

« Lecture faite, et invités à lire l'acte l'épouse et les témoins ont signé avec Nous … »

*(1) L'ajout des rubriques « première partie » – « seconde partie » a été annoncé par le ministère de la Justice dans une réponse ministérielle du 5 mai 2011. Une circulaire est actuellement en préparation pour tenir compte de la décision du Conseil d'État du 4 décembre 2009 (voir **n° 7**). Pour l'heure, il convient donc de ne pas insérer ces rubriques dans les actes d'état civil et les livrets de famille.*

185 **Célébration du mariage posthume.** Le mariage est célébré dans la salle de mariages en présence des témoins (deux, trois ou quatre).

Les formes de la célébration sont respectées, mais l'officier d'état civil s'abstient de donner lecture des articles du Code civil, et d'interpeller sur le contrat de mariage (IGREC, n°s 398-1 et 399-1).

Le consentement est recueilli :

« … (Prénom(s) et NOM de la future épouse), consentez-vous à prendre pour époux … (Prénoms et NOM du futur époux) ?

– Oui.

– Au nom de la loi, je vous déclare unie par le mariage à … (Prénoms et NOM de l'époux). »

186 **Mentions après mariage posthume.** Est apposée, sur l'acte de naissance de chacun des époux, la mention suivante :

« Marié(e) à … le … avec … (Prénoms, NOM).

« Les effets du mariage remontent à … (date du jour précédant le décès). »

187 **Mariage in extremis.** Il convient de distinguer deux situations : le mariage en cas de péril imminent de mort, et le mariage à célébrer d'urgence en raison de l'aggravation de l'état de santé d'un futur époux.

Dans ces situations, il n'est pas tenu compte pour la célébration du lieu de domicile ou de résidence.

L'officier d'état civil compétent est celui de la commune du lieu de célébration.

188 **Cas de péril imminent de mort.** L'officier d'état civil peut se transporter, de jour comme de nuit, de sa propre décision, à l'endroit où se trouvent la personne moribonde, son futur conjoint, ainsi que des témoins.

Il devra s'assurer de l'identité des parties et de la réalité du consentement. La rédaction de l'acte est obligatoire, ainsi que le recueil des différentes signatures, après avoir obtenu le consentement sans équivoque des futurs époux.

Dans cette situation exceptionnelle, l'officier d'état civil rendra compte sans délai au procureur en faisant part de la nécessité qu'il y avait à cette célébration hors de la maison commune (IGREC, n° 393).

189 **Mariage à célébrer d'urgence.** Par contre, dans ce cas l'officier d'état civil contactera le procureur qui requerra de lui le soin de se transporter à domicile ou à l'hôpital où se trouve le futur époux non valide.

190 **Dossier pour mariage *in extremis*.** Il sera exigé un certificat médical attestant de l'état grave de santé de la personne malade et de son impossibilité à se rendre dans la salle de mariage pour la célébration.

Le dossier à constituer doit contenir les pièces normalement prévues. Certaines d'entre elles peuvent être obtenues par télécopie dans un premier temps : copies d'actes de naissance..., avant que les originaux ne parviennent par la voie normale.

Si les règles relatives à la publication (délais, lieux d'apposition) ne peuvent être respectées, le procureur en sera saisi.

De plus, les justificatifs de domicile et de résidence n'ont pas dans le cas présent d'intérêt particulier.

191 **Acte de mariage *in extremis*.**

« Le ... date, à ... heures, Nous nous sommes transportés ... (adresse du lieu de la célébration), sur le vu d'un certificat de M ..., docteur en médecine (ou/et) sur réquisition de Monsieur le Procureur de la République, pour procéder au mariage de ... et de ..., les portes étant demeurées ouvertes.

« Sur notre interpellation, les futurs... »

192 **Célébration d'un mariage *in extremis*.** La célébration doit se dérouler avec toute la solennité possible et d'urgence, l'officier de l'état civil ceint de son écharpe, et en présence des témoins.

Il s'assurera que « les portes sont restées ouvertes ».

Le libre accès au lieu où le mariage est célébré doit être respecté.

Selon le cas, l'officier d'état civil indiquera ou pas que les formalités ont été respectées...

Il pourra s'abstenir (IGREC, n° 398-1) de faire lecture des articles 212 et suivants du Code civil. En revanche, l'interpellation sur le régime matrimonial reste obligatoire.

CHAPITRE 2

Qualités et conditions requises pour pouvoir contracter mariage

193 **L'âge.** Depuis la loi n° 2006-399 du 4 avril 2006, l'article 144 du Code civil est rédigé comme suit : « l'homme et la femme ne peuvent contracter mariage avant dix-huit ans révolus ».

Les énonciations des actes de naissance permettent de le vérifier.

194 **Le consentement réel.** Il n'y a pas de mariage lorsqu'il n'y a pas de consentement (C. civ., art. 146).

Lorsque le consentement réel fait défaut, on parle de mariage blanc, de mariage de complaisance, de mariage frauduleux, simulé ou forcé suivant les circonstances.

L'officier d'état civil doit être attentif à la réalité du consentement des deux époux au mariage. C'est pourquoi la loi n° 2003-1119 du 26 novembre 2003 stipule que l'officier d'état civil pourra procéder à l'audition commune des futurs époux et même demander à s'entretenir séparément avec l'un et l'autre s'il l'estime nécessaire.

Compte tenu de sa place dans les démarches amenant au mariage et lors de la célébration de celui-ci, l'officier d'état civil peut détecter les manœuvres frauduleuses.

195 **Vérification des conditions légales.** Elle est faite au vu des différentes pièces exigées pour la constitution du dossier.

Il ne peut y avoir ni célébration, ni publication tant que le dossier est incomplet ou irrégulier (IGREC, n°s 347 et 395).

L'officier d'état civil risque des sanctions s'il prête son concours à un acte qu'il sait irrégulier.

Les pièces susceptibles de poser problème sont :

– les pièces d'identité des futurs époux si la photo n'est pas nette ou reconnaissable ; c'est à l'officier d'état civil de faire les photocopies, les intéressés devant fournir l'original de leurs pièces d'identité (L. n° 2006-1376 du 14 novembre 2006, art. 1)

- les copies ou extraits d'actes de naissance anciens ;
- les extraits d'actes étrangers non traduits ;
- les extraits d'actes étrangers non légalisés alors qu'ils devraient l'être ;
- les actes étrangers dont l'authenticité, en cas de doute, peut être soumise au procureur ;
- les attestations de célibat ;
- les justificatifs de domicile et de résidence, en raison de la compétence de l'officier d'état civil liée au lieu du domicile réel ou de la résidence de durée suffisante.

196 **Vérification de la réalité du consentement.** Une rencontre avec l'agent de l'état civil en charge de la préparation du dossier est indispensable sauf lorsque le maire connaît personnellement les intéressés et qu'aucun doute ne peut exister sur le projet de mariage.

Dans tous les autres cas, cette première rencontre semble incontournable. Elle permet, le cas échéant, de relever des indices susceptibles de créer un doute sur la sincérité du projet au sens des articles 146 et 180 du Code civil.

La décision de procéder à l'audition préalable ou non découlera de l'entrevue ainsi que des pièces du dossier. L'audition préalable doit reposer sur un motif.

Le consentement de l'un et/ou l'autre des futurs époux n'est pas réel si le but ou les buts du mariage sont exclusivement étrangers à l'intention de fonder un foyer, et la seule perspective est d'obtenir un ou des avantages liés au mariage : droit de séjour, acquisition de la nationalité française, obtention d'une mutation (pour un fonctionnaire), droit de visite à un prisonnier ou encore obtenir une somme d'argent (pour une personne à court de ressources acceptant d'entrer dans une filière permettant les mariages mixtes...).

☞ *En corollaire, si l'union envisagée permet non seulement de fonder un foyer mais également d'obtenir un des avantages ci-dessus, le mariage est régulier, il ne peut être qualifié de « mariage blanc ».*

197 **Indices susceptibles de créer un doute.** Un certain nombre d'indices sérieux peuvent faire suspecter une éventuelle fraude ; un élément isolé n'a pas de valeur significative.

Une circulaire de la chancellerie en date du 22 juin 2010 a listé des indices et des indicateurs de simulation de mariage ou d'absence de liberté matrimoniale :

– aveu des conjoints sur leurs motivations (obtention d'un titre de séjour, obtention d'une mutation, ...) ;

– indication d'une adresse erronée, fausse ou incertaine ;

– distorsions sur les circonstances dans lesquelles les conjoints ou futurs conjoints déclarent s'être rencontrés, ou sur des informations personnelles (méconnaissance des familles de chacun...) ; erreurs sur leurs coordonnées respectives (nom, prénoms, date et lieu de naissance, nationalité, résidence, adresse, nature de l'activité professionnelle, lieu d'exercice de la profession, sur l'identité de leurs ascendants, ...) ;

– incompréhension entre eux en raison de l'absence de langue compréhensible par les deux ;

– absence de preuve de l'identité d'un ou des futur(s) conjoint(s) ;

– retards répétés et non justifiés pour produire les pièces du dossier de mariage ; projets de mariage successivement reportés ou annulés, comportant parfois un changement en la personne de l'un des futurs conjoints ;

– présentation du dossier de mariage et accomplissement des diverses formalités par un seul époux sans que l'autre n'y soit jamais associé ;

– projets de mariages de couples différents comportant les mêmes témoins ;

– projets de mariages multiples présentés par l'un des futurs conjoints dans plusieurs communes avec des partenaires différents, que le conjoint présent dans les différents projets soit le ressortissant étranger en situation irrégulière ou au contraire le conjoint français ;

– intervention dans plusieurs dossiers de mariage d'une même personne servant d'intermédiaire, voire d'interprète ;

– pluralité de mentions marginales sur l'acte de naissance de l'époux français de mariage, divorce et remariages multiples dissous par divorce à des dates rapprochées ;

– changement notable de train de vie d'un (futur) conjoint aux revenus modestes ou limités ;

– existence d'une contrepartie en vue du mariage en dehors des biens et sommes d'argent remis à titre de dot ou de présents d'usage ;

– personne française ou étrangère en situation régulière vulnérable, en situation personnelle ou sociale précaire (solitude, situation financière difficile, santé physique ou morale fragile, ...) ;

– connaissance par l'officier de l'état civil d'une situation personnelle ou sociale particulière qui laisse présumer que l'intéressé, compte tenu de ses conditions de vie ou d'hébergement, ne peut accepter l'union en toute liberté ;

– état d'hébétude ou existence de traces récentes de coups constatées lors du dépôt du dossier ou de la cérémonie ;

– déclaration, même rétractée du futur conjoint sur les pressions subies du fait de tiers, de l'autre conjoint, de ses parents ou de proches ;

– situation irrégulière d'un candidat au mariage, au regard des règles d'entrée et de séjour sur le territoire français.

198 **L'audition préalable prévue par l'article 63 du Code civil : déroulement.** Elle a pour but de prévenir la célébration de mariage frauduleux (circulaire du 22 juin 2010 aux procureurs).

1 – L'audition préalable peut être faite par le maire, un adjoint ou un fonctionnaire municipal, officier d'état civil spécialement délégué.

2 – L'audition des futurs époux doit être effectuée à l'exclusion de toute autre personne sauf de l'interprète dont la présence s'avèrerait indispensable.

3 – Une audition individuelle doit être menée en plus de l'audition commune en cas de suspicion de mariage forcé.

En cas de besoin, il convient de prendre contact avec le procureur pour la mise en place d'un dispositif de protection du futur conjoint auditionné.

Si l'officier d'état civil a toute liberté pour les auditions (individuelles ou communes), celles qui concernent le même couple doivent être réalisées par le même officier d'état civil :

- dans des délais raisonnables, dès l'existence d'un doute ;
- dans des locaux respectant la confidentialité des échanges.

☞*La date du mariage sera fixée lorsque le dossier sera complet, donc après la décision prise suite à ces auditions.*

4 – La circulaire CIV/09/10 du 22 juin 2010 relative à la lutte contre les mariages simulés précise que la convocation doit s'effectuer soit par lettre recommandée avec accusé de réception, soit par remise en main propre d'une copie contre récépissé, ceci afin qu'elle soit opposable aux époux. Dans la pratique, la convocation peut être faite dans un premier temps par tout moyen, même oralement. Il y aura recours à la lettre recommandée dans le cas où les futurs époux (ou l'un d'eux) ne se présenteraient pas à la première convocation.

L'audition vise à éclairer l'officier d'état civil sur l'ensemble des éléments qui ont pu faire naître le doute. Aussi l'officier d'état civil doit-il recueillir avec objectivité les éléments d'information.

5 – Un compte rendu de l'audition est obligatoire ; il est daté et signé par l'officier d'état civil et la personne entendue.

Si elle refuse, une annotation le mentionne.

Un compte rendu est fait par entretien. Il précise l'identité de l'officier d'état civil, sa qualité, la date de l'entretien, le ou les futurs époux entendus, la présence de l'interprète (la circulaire CIV/09/10 du 22 juin 2010 préconise que l'interprète ne soit pas lié à l'un ou l'autre des futurs époux mais qu'il est préférable de faire appel à une personne indépendante).

Le refus de répondre à une question doit être consigné.

Le compte-rendu doit être relu avant signatures.

☞*Pour cet entretien, l'officier d'état civil peut accepter un interprète non professionnel mais qu'il reconnaît fiable.*

Le questionnement peut s'inspirer des éléments cités au ***n° 197****.*

6 – Tout dossier transmis au procureur doit contenir cette pièce qui peut être un compte-rendu sommaire (pas un procès-verbal).

L'officier d'état civil peut également mentionner les constatations qu'il a pu faire (crainte, colère, irritation, confusion...) et susceptibles d'éclairer l'appréciation de l'intention matrimoniale.

L'officier d'état civil doit établir une note même si le(s) futur(s) conjoint(s) ne se présente(nt) pas au rendez-vous fixé.

Dans ce cas la publication ne se fera pas.

199 **Doute sur la réalité du consentement.** Lorsqu'il existe des indices sérieux laissant présumer, le cas échéant au vu de l'audition prévue par l'article 63, que le mariage envisagé est susceptible d'être annulé au titre des articles 145 et 180.

1 – L'officier d'état civil saisit le procureur en application de l'article 175-2 du Code civil et en joignant le compte rendu de l'audition et il informe les intéressés par écrit.

2 – Le procureur, dans les 15 jours :

– soit laisse faire le mariage. Il peut ne donner aucune instruction à l'officier d'état civil ;

– soit fait opposition. Il le signifie à l'officier d'état civil ;

– soit décide d'un sursis pour enquête. Il avise l'officier d'état civil et les intéressés.

3 – Le sursis est d'un mois maximum, renouvelable une fois.

4 – À la fin du sursis, le procureur :

– soit fait connaître sa décision motivée à l'officier de l'état civil de laisser procéder au mariage ;

– soit s'y oppose.

5 – L'un ou l'autre des futurs époux peut contester le sursis ou l'opposition devant le tribunal de grande instance qui répond dans les 10 jours.

6 – La réponse est susceptible d'appel ; réponse aussi dans les 10 jours (C. civ., art. 175-2).

200 **Absence d'audition préalable.** Lorsque le projet de mariage ne laisse aucun doute sur sa sincérité, il n'y a pas lieu d'auditionner les futurs époux ; néanmoins une trace est portée au dossier sous la forme de certificat de non-audition.

Aussi, si l'audition a paru nécessaire mais qu'elle n'a apporté aucun élément de suspicion, un certificat d'audition sans procès-verbal sera mis au dossier.

Voir les modèles, **n°s 718 et 719**.

201 **Qu'en est-il du consentement dans un mariage posthume ?** Le consentement est en principe sans équivoque, dès lors qu'une réunion suffisante de faits est établie, et le président de la République peut, pour motifs graves, autoriser la célébration du mariage.

202 **Le consentement lors des mariages sans comparution personnelle** (IGREC, n° 396-1). Les militaires en temps de guerre ont la possibilité de contracter mariage sans être tenus de comparaître devant l'officier d'état civil s'ils obtiennent l'autorisation du ministre de la Justice. L'officier reçoit la déclaration du futur époux non comparant qui souhaite se marier et un acte de consentement est dressé.

Si l'acte de consentement est remis par la future épouse, l'officier d'état civil saisit le procureur qui avise le ministre.

L'acte de consentement sera lu au moment de la célébration du mariage et remplace le consentement oral.

Après le mariage, l'officier d'état civil en avise le procureur qui transmet au ministre.

203 **Situation de séjour du futur conjoint étranger.** Les justificatifs de la situation de séjour en France des futurs époux de nationalité étrangère ne sont pas des pièces constituant le dossier de mariage.

Néanmoins, lorsque la situation irrégulière du ou des futurs époux sera portée à la connaissance de l'officier de l'état civil, il devra immédiatement en informer le procureur de la République (IGREC, n° 421-1).

Le maire attend alors 15 jours afin que le procureur décide ou non du sursis ou fasse opposition comme indiqué plus haut.

204 **Les futurs époux doivent être libres de tout engagement matrimonial.** Ils doivent être soit célibataires, soit veufs ou divorcés (C. civ., art. 147).

Ils doivent attester sur l'honneur qu'ils ne sont pas mariés ni remariés.

De plus, la preuve est apportée par les énonciations des actes d'état civil (naissance, décès, mariage avec mention de divorce, ou mention d'annulation...).

205 **Vérification pour les étrangers (IGREC, n° 545).** Il n'est pas toujours suffisant que le futur époux de nationalité étrangère produise les seuls documents d'état civil exigés pour un Français. Ces documents ne correspondent pas toujours aux actes de l'état civil français et risquent de manquer leur but.

Aussi, il convient de demander un certificat de coutume, contenant l'indication des actes ou des documents d'état civil qui permettent de connaître avec exactitude l'état civil de l'intéressé et notamment l'existence d'une précédente union. Ce certificat reproduit les dispositions de la loi étrangère relatives au mariage. Il appartient alors à l'officier d'état civil d'en déduire la capacité des futurs époux.

Il pourra également demander un certificat de capacité matrimoniale ou un certificat de célibat.

Toutefois, pour certains pays de la CIEC, il suffit que les pièces indiquées au paragraphe 616 soient produites.

206 **Le délai de viduité.** Il a été supprimé par la loi réformant le divorce (L. n° 2004-439 du 26 mai 2004).

207 **Vérification d'absence d'empêchement à mariage.** Les empêchements à mariage reposent sur des liens de parenté ou d'alliance.

1 – Parenté en ligne directe : empêchement absolu.

2 – Parenté en ligne collatérale : mariage prohibé entre frère et sœur (pas de dispense), mariage prohibé également entre oncle et nièce, tante et neveu, sauf dispense du président de la République.

3 – Alliance en ligne directe (par exemple beau-fils et belle-mère) : mariage prohibé, sauf possibilité de dispense par le président de la République lorsque la personne qui créait l'alliance est décédée (IGREC, n° 342).

☞ *Le PACS n'est pas un empêchement à mariage.*

208 **Liens adoptifs.** Quelle que soit l'adoption, les empêchements à l'égard de la famille d'origine subsistent. En outre, en cas d'adoption plénière : empêchement à l'égard de la famille d'adoption.

En cas d'adoption simple :

– le mariage est prohibé entre l'adoptant, l'adopté ou ses descendants ;

– le mariage est prohibé entre l'adopté et les autres enfants, sauf dispense du président de la République ;

– le mariage est prohibé entre l'adopté et l'ancien conjoint de l'adoptant ainsi qu'entre l'adoptant et l'ancien conjoint de l'adopté, sauf dispense par le président de la République, lorsque la personne qui créait l'alliance est décédée (IGREC, n° 342).

209 Récapitulatif des empêchements à mariage.

Rapport créant l'empêchement	Toute famille (sauf adoption simple)	Empêchement supplémentaire dérivant de l'adoption simple	Situation résultant de l'allocation de subside
Parenté			
Entre père et fille, mère et fils, grands-parents et petits-enfants, etc.	Interdit	Interdit	Interdit
Entre frère et sœur	Interdit	Dispense possible (1)	Interdit
Entre oncle et nièce, tante et neveu, grand-oncle et petite-nièce, grand-tante et petit-neveu, etc.	Dispense possible (1)	Autorisé	Dispense possible (1)
Entre cousins germains, etc.	Autorisé	Autorisé	Autorisé
Alliance			
Entre beau-père et bru, belle-mère et gendre, parâtre et belle-fille, marâtre et beau-fils :			
– quand le mariage qui créait l'alliance a été dissous par décès ;	Dispense possible (1)	Dispense possible (1)	Dispense possible (1)
– quand le mariage qui créait l'alliance a été dissous par divorce.	Interdit	Interdit	Interdit
Entre beau-frère et belle-sœur :			
– quand le mariage qui créait l'alliance a été dissous par décès ;	Autorisé	Autorisé	Autorisé
– quand le mariage qui créait l'alliance a été dissous par divorce.	Autorisé	Autorisé	Autorisé

(1) Les dispenses relèvent du pouvoir du président de la République.

210 **Décision judiciaire allouant des subsides à un enfant.** Le jugement qui alloue des subsides crée entre le débiteur de ceux-ci et l'enfant un empêchement à mariage (IGREC, n° 342).

211 **L'opposition à mariage.** S'il existe une opposition à mariage formée régulièrement, il est interdit à l'officier d'état civil de célébrer le mariage (IGREC, n° 345).

212 **Qui peut former opposition ?** Le procureur de la République.

Mais aussi des particuliers : une opposition est formée par des personnes ayant qualité (C. civ., art. 172 à 175) :

– le conjoint non divorcé de l'une des parties contractantes ;

– le père, la mère, ou en leur absence, les aïeux, pour le projet de mariage de leurs descendants même majeurs ;

– à défaut d'ascendant, une opposition peut être formée par le frère, la sœur, l'oncle, la tante, le cousin, la cousine, majeurs dans deux cas seulement :

1 – lorsque le consentement du conseil de famille n'a pas été obtenu pour un majeur sous tutelle,

2 – en cas de démence du futur époux.

213 **Durée de l'opposition.** L'opposition n'est plus valable au bout d'un an (IGREC, n° 344).

214 **Formes de l'opposition.** L'opposition par un particulier est faite au moyen d'un exploit d'huissier et signifiée aux futurs époux et à l'officier d'état civil. L'officier d'état civil qui la reçoit appose son visa sur l'original qui est conservé par l'huissier et fait mention sommaire de l'opposition sur le registre des mariages (sur les deux exemplaires du registre) (IGREC, n° 344).

L'acte d'opposition énonce la qualité de l'opposant, les motifs de l'opposition, le texte de loi sur lequel est fondée l'opposition (C. civ., art. 176).

215 **Mention de l'opposition.** Cette mention est apposée, à sa date sur une page du registre des mariages (IGREC, n° 344).

Une page est donc réservée à la mention d'opposition.

Mais au cas où l'acte aurait été préparé d'avance, c'est devant cet acte que devra figurer l'opposition.

La formule de mention peut être la suivante :

« Le ... (date) opposition au mariage de ... (Prénoms et NOMS des futurs époux) par ... (Prénom et NOM, âge, profession, domicile, qualité ou parenté de l'opposant) Nous a été signifiée et a été inscrite par Nous ... (Prénom, NOM, et qualité de l'officier d'état civil suivi de sa signature). »

216 **Opposition irrégulière.** Si l'opposition est irrégulière ou périmée, ou s'il s'agit d'un simple avis officieux, le mariage peut être célébré, mais l'officier d'état civil sollicite les instructions du procureur (IGREC, n° 345).

217 **Mainlevée d'opposition.** Celui qui a formulé opposition peut la retirer. La mainlevée d'opposition volontaire est faite par acte notarié ou par exploit d'huissier (IGREC, n° 346).

La mainlevée d'opposition par décision de justice fait l'objet d'une mention sur le registre selon la formule suivante :

« Mainlevée de l'opposition ci-contre par acte (ou jugement, ou arrêt) remis (ou signifié) ce jour. »

(date et signature de l'officier d'état civil)

CHAPITRE 3

Acte de mariage

218 **Rédaction de l'acte de mariage et double nom.** La loi n° 2002-304 du 4 mars 2002 relative au nom de famille a créé le double nom qui, contrairement au nom composé, peut être scindé lors de sa transmission à l'enfant.

Le double nom est identifiable par le séparateur « -- » (double tiret) créé par la circulaire CIV/18/04 du 6 décembre 2004 relative à la dévolution du nom de famille.

Mais par une décision en date du 4 décembre 2009, le Conseil d'État a considéré que ce double tiret ne pouvait être imposé aux parents sur le seul fondement d'une circulaire.

Dans une réponse ministérielle publiée au *Journal officiel* du Sénat le 5 mai 2011 [(1)], le ministère de la Justice a indiqué que les dispositions de la circulaire CIV/18/04 seraient prochainement modifiées pour tenir compte de la décision du Conseil d'État.

Afin de permettre, à la lecture de l'acte de mariage, de savoir si le nom du ou des époux est un double nom et pas un nom composé, une nouvelle rubrique sera créée. En effet, l'acte de mariage doit permettre de déterminer les modalités de transmission du nom de famille.

Cette rubrique sera positionnée après le nom des époux concernés et se présentera sous la forme suivante :

« (première partie : ... seconde partie : ...) »

Toute personne portant un double nom avec un double tiret pourra le faire rectifier afin que les deux vocables du double nom soient séparés par un simple espace.

Dans le cas où les actes de naissance des époux fournis lors de la constitution du dossier de mariage feront apparaître un double nom rectifié, la rubrique (première partie : ... seconde partie : ...) sera inscrite à la suite du nom de l'époux concerné.

Si ce n'est pas le cas, l'acte de mariage reproduira le double nom avec le double tiret sans autre indication.

L'officier de l'état civil devra informer les intéressés de la faculté et des modalités de rectification de leur nom et leur remettre le formulaire prévu à cet effet, ce qui permettra d'éviter d'avoir à rectifier ultérieurement l'acte de mariage.

(1) Rép. min., n° 17100, JO Sénat, 5 mai 2011.

219 **Énonciations.** L'acte est en général préparé avant la cérémonie par l'employé municipal en charge du dossier, afin que lors de la célébration, il soit déjà prêt à être signé.

L'acte énoncera :

1 – les prénoms, noms, *éventuellement (première partie : ... seconde partie : ...)*[1], professions, lieux et dates de naissance, domiciles et résidences des époux ;

2 – les prénoms, noms, professions et domiciles des pères et mères ainsi que des parents adoptifs ;

3 – le consentement du curateur ou celui du conseil de famille ou encore celui des parents dans le cas où ils sont requis ;

4 – les prénoms, nom du précédent conjoint de chacun des époux ;

5 – la déclaration, le cas échéant, qu'il a été fait désignation d'une loi étrangère applicable au régime matrimonial ;

6 – la déclaration des contractants de se prendre pour époux et le prononcé de l'union par l'officier d'état civil ;

7 – les prénoms, noms, professions et domiciles des témoins et leur qualité de majeurs ;

8 – la déclaration faite sur l'interpellation qu'il a été ou qu'il n'a pas été fait de contrat de mariage et, autant que possible, la date du contrat ainsi que les nom et lieu de résidence du notaire qui l'aura reçu (IGREC, n° 403).

(1) L'ajout des rubriques « première partie » – « seconde partie » a été annoncé par le ministère de la Justice dans une réponse ministérielle du 5 mai 2011. Une circulaire est actuellement en préparation pour tenir compte de la décision du Conseil d'État du 4 décembre 2009 (voir ***n° 7****). Pour l'heure, il convient donc de ne pas insérer ces rubriques dans les actes d'état civil et les livrets de famille.*

220 **Formule générale d'acte de mariage (IGREC, n° 406).**

« Le ... (date et heure de la célébration) devant Nous, est comparu publiquement en la maison commune ... (Prénoms, NOM, *éventuellement (première partie : ...*

seconde partie : ...) [1], profession, lieu et date de naissance, domicile et éventuellement résidence de l'époux) fils de ... (Prénoms, NOM, profession et domicile de ses père et mère sans préciser si les père et mère sont époux ou non) (et adopté par Prénoms, NOM, profession et domicile des parents adoptifs) ; éventuellement veuf ou divorcé de ... (Prénoms et NOM du précédent conjoint de l'époux), et mêmes indications pour l'épouse.

« Sur notre interpellation, les futurs époux ont déclaré qu'il n'a pas été fait de contrat de mariage (ou qu'un contrat de mariage a été reçu le ... par M^{e} ... notaire à ...).

« Ils ont déclaré qu'il a été fait un acte de désignation de la loi applicable, conformément à la Convention sur la loi applicable aux régimes matrimoniaux faite à La Haye le 14 mars 1978 le ... à ..., devant ... (Prénoms, NOM et qualité de la personne qui a établi l'acte).

« Les futurs époux ont déclaré l'un après l'autre vouloir se prendre pour époux et nous avons prononcé au nom de la loi qu'ils sont unis par le mariage, en présence de ... (Prénoms, NOMS, professions, domiciles des témoins), témoins majeurs.

« Lecture faite et invités à lire l'acte, les époux, et les témoins ont signé avec Nous ... (Prénoms, NOM, qualité de l'officier de l'état civil). »

(1) L'ajout des rubriques « première partie » – « seconde partie » a été annoncé par le ministère de la Justice dans une réponse ministérielle du 5 mai 2011. Une circulaire est actuellement en préparation pour tenir compte de la décision du Conseil d'État du 4 décembre 2009 (voir ***n° 7****). Pour l'heure, il convient donc de ne pas insérer ces rubriques dans les actes d'état civil et les livrets de famille.*

221 Mariage célébré avec le concours d'un interprète (IGREC, n° 406).

« ... Prénoms, NOM, profession, lieu et date de naissance, domicile (de l'époux étranger), assisté de X ... Y interprète, fils de ... »

222 Formule pour mariage célébré hors de la mairie (IGREC, n° 416).

« ...Nous nous sommes transportés ... (adresse, lieu de la célébration) sur réquisition de M. le procureur pour procéder au mariage de ... et de ..., les portes de la maison étant demeurées ouvertes.

« Sur notre interpellation ... ».

223 Formule d'acte de mariage posthume (IGREC, n° 417).

« Vu le décret de M. le président de la République en date du ..., pris en application de l'article 171 du Code civil, autorisant le mariage de (Prénoms, NOMS, *éventuellement (première partie : ... seconde partie : ...)* [1], lieu et date de naissance, profession et domicile du futur époux), décédé le ..., fils de ... et de ... avec ... (premier Prénom et NOM de la future épouse).

« Devant Nous a comparu publiquement en la maison commune ... (Prénoms, NOM, *éventuellement (première partie : ... seconde partie : ...)* (1), lieu et date de naissance, profession et domicile) fille de ... et de ..., qui a déclaré vouloir prendre pour époux ... (premier Prénom et NOM du futur époux).

« Sur ce, nous avons prononcé au nom de la loi que ... et ... sont unis par le mariage, en présence de ... (témoins ...).

« Lecture faite, et invités à lire l'acte l'épouse et les témoins ont signé ... »

(1) L'ajout des rubriques « première partie » – « seconde partie » a été annoncé par le ministère de la Justice dans une réponse ministérielle du 5 mai 2011. Une circulaire est actuellement en préparation pour tenir compte de la décision du Conseil d'État du 4 décembre 2009 (voir ***n° 7****). Pour l'heure, il convient donc de ne pas insérer ces rubriques dans les actes d'état civil et les livrets de famille.*

224 Formule d'acte de mariage sans comparution personnelle (IGREC, n° 417-1).

« Vu l'acte de consentement en date du ..., dressé en application du décret-loi du 9 septembre 1939 modifié, par devant ... (Prénoms, NOM, et qualité de l'officier d'état civil qui a reçu l'acte), par lequel ... (Prénom, NOM, *éventuellement (première partie : ... seconde partie : ...)* (1), lieu et date de naissance, profession, domicile du futur époux), dûment autorisé, fils de ... (Prénoms, NOM, profession et domicile des père et mère) déclare vouloir prendre pour épouse ... (Prénoms, NOM, *éventuellement première partie : ... seconde partie : ...)* (1), lieu et date de naissance).

« Sur notre interpellation, il résulte des déclarations de la future épouse comparante qu'il n'a pas été dressé de contrat de mariage (ou ...). Aucune opposition n'ayant été faite, sur notre interpellation ... (Prénoms, NOM) a déclaré vouloir prendre pour époux ... (Prénoms, NOM) absent.

« Sur ce, lecture a été donnée de l'acte de consentement par lequel ... (Prénoms, NOM du futur époux) déclare vouloir prendre pour épouse ... (Prénoms, NOM de la future épouse) et Nous avons prononcé au nom de la loi qu'ils sont unis par le mariage ; en présence de ... (témoins), témoins majeurs. Lecture faite et invités à lire l'acte l'épouse et les témoins ont signé avec Nous ... (Prénoms, NOM, qualité de l'officier de l'état civil.) »

(signatures)

(1) L'ajout des rubriques « première partie » – « seconde partie » a été annoncé par le ministère de la Justice dans une réponse ministérielle du 5 mai 2011. Une circulaire est actuellement en préparation pour tenir compte de la décision du Conseil d'État du 4 décembre 2009 (voir ***n° 7****). Pour l'heure, il convient donc de ne pas insérer ces rubriques dans les actes d'état civil et les livrets de famille.*

CHAPITRE 4

Célébration du mariage

225 **Lieu de la célébration.** Le mariage sera célébré dans la commune où l'un des deux époux ou le père ou la mère de l'un des époux aura son domicile ou sa résidence établie par un mois au moins d'habitation continue à la date de la publication.

Ainsi une présence effective d'un mois continu sera exigée dans une commune avec laquelle aucun des futurs époux n'a de lien particulier, et l'adresse devra être justifiée.

226 **Obligation de célébration du mariage dans la « maison commune ».** Mais si des travaux obligent à utiliser des locaux extérieurs, il appartient au conseil municipal de prendre, après en avoir référé au parquet, une délibération disposant que ce local recevra l'affectation d'une annexe de la maison commune et que des mariages pourront y être célébrés (IGREC, n° 393).

227 **Exceptions.** Dans certains cas particuliers, le mariage pourra être célébré, après autorisation du procureur :

– au domicile du futur époux en cas d'impossibilité physique de se déplacer ;

– à l'hôpital ou dans un établissement de soins pour des situations graves ;

– dans un établissement pénitentiaire.

Il convient, dans chaque cas, d'admettre à la cérémonie un nombre suffisant de personnes de manière à assurer le respect du caractère public de la cérémonie et tout au moins les témoins au nombre de deux minimum (IGREC, nos 393 et 394).

228 **Jour de la célébration (IGREC, n° 395).** Le jour est fixé par les parties sous réserve que le dossier de mariage soit complet. Mais l'officier d'état civil ne saurait être contraint de prêter son ministère les dimanches et jours de fêtes légales, hormis les cas de mariage *in extremis*.

L'heure du mariage est fixée par l'officier d'état civil après entente avec les parties. Le mariage peut avoir lieu à n'importe quelle heure de la journée.

229 **L'assistance.** L'assemblée réunie à l'occasion d'un mariage est composée au minimum des :

– comparants : le futur époux et la future épouse ;

– témoins : au nombre de deux minimum et quatre maximum. Leur présence a pour objet de certifier l'identité des comparants et la conformité des actes avec les déclarations ;

– l'officier d'état civil, maire, adjoint ou conseiller municipal. Dans ce dernier cas, le conseiller municipal aura reçu délégation spéciale et ponctuelle par arrêté du maire.

Le consentement devant être échangé devant le représentant de l'État, seuls sont habilités les officiers désignés ci-dessus pour recevoir l'engagement des conjoints devant tous leurs concitoyens.

230 **Nécessité d'un interprète.** Lorsque les époux ne maîtrisent pas la langue française, l'officier d'état civil peut réitérer, dans la langue des époux, au besoin avec le concours d'un interprète, les propos de la cérémonie (IGREC, n° 396). Il en sera fait mention dans l'acte de mariage.

Les futurs époux muets ou sourds peuvent être assistés d'une personne apte à communiquer avec eux.

231 **Préliminaires pratiques.** Un certain nombre d'indications d'ordre pratique permettront une bonne préparation et un bon déroulement de la cérémonie de mariage.

232 **Points à voir avec les futurs époux.** L'agent d'état civil, recevant les futurs époux, se mettra d'accord avec eux sur les points suivants :

– la remise des alliances est-elle prévue en mairie ?

– choix de la musique si la cérémonie est sonorisée ;

– choix d'un texte de lecture, le cas échéant, par la famille ;

– durée de la cérémonie (dans certaines mairies, des créneaux horaires sont préétablis) ;

- horaires à respecter ;

- accès et stationnement aux abords de la « maison commune » ;

- quête traditionnelle auprès de l'assistance au profit du centre communal d'action sociale.

Si la famille exprime le souhait que l'argent récolté soit remis à une association ou à une œuvre à but humanitaire, il convient de respecter son choix et de lui indiquer que la quête et la remise aux tiers seront effectuées par la famille elle-même. Ces quêtes peuvent être faites par un enfant ou un adulte de l'assistance auquel on aura confié la corbeille :

- par prudence, faire la lecture du projet d'acte de mariage avec les futurs époux, le ou les jours avant la cérémonie ;

- noter un numéro de téléphone où joindre les futurs époux pour toute nécessité concernant le mariage ;

- s'enquérir du souhait de la famille que le mariage soit célébré par tel ou tel élu pour des raisons personnelles ;

- si les parents détiennent déjà un livret de famille de parents naturels délivré avant décembre 2006, ce livret sera remis avant le mariage. Un nouveau livret sera remis lors de la célébration du mariage. Il sera complété ultérieurement par l'indication des enfants du couple parental.

233 **Préparation par l'agent de l'état civil chargé du dossier.**

1 – Ouvrir une chemise sur laquelle ou dans laquelle seront inclus, au fur et à mesure de leur communication, les pièces et les renseignements nécessaires pour le dossier de mariage (voir **n°s 150 et s.**)

- la feuille de renseignements complétée par les intéressés ;

- les attestations sur l'honneur de domicile et résidence ;

- les justificatifs de domicile et de résidence ;

- le justificatif relatif à l'audition préalable (absence d'audition, audition sans suite ou procès-verbal d'audition préalable et le cas échéant les courriers du procureur ou l'opposition) ;

- les certificats de publication et de non-opposition ;

– les copies d'actes de naissance des futurs époux ;

– les attestations sur l'honneur de non-mariage et non-remariage ;

– les photocopies de pièces d'identité ;

– les pièces supplémentaires éventuelles : pour militaire servant dans la Légion étrangère depuis moins de cinq ans, pour incapable majeur, dispense accordée par le président de la République, ... ;

– le certificat notarial de contrat de mariage ;

– le certificat de déclaration de la loi étrangère applicable ;

– la feuille désignant les témoins avec photocopies de leurs pièces d'identité ;

– la fiche INSEE n° 2 ;

– les avis de mentions de mariage ;

– le certificat de célébration civile ;

– les extraits d'actes de mariage (quelques exemplaires à l'intention des époux après le mariage) ;

– le carnet de recettes d'argent de la quête et le journal de reçu ;

– l'enveloppe pour inclure l'argent de la quête jusqu'à remise au receveur municipal ou au percepteur ;

– le livret de famille qui sera relu, en même temps que le projet d'acte, par les futurs époux.

2 – Demander aux futurs époux s'ils souhaitent l'annonce du projet de mariage et celle de célébration, dans la presse locale.

3 – Prévoir l'écharpe tricolore du maire.

4 – Prévoir le cadeau éventuel, ainsi que la remise de cartes de félicitations. Certaines municipalités font parvenir, à la mairie de célébration, une carte si un des époux est domicilié dans leur commune.

5 – Imprimer la page de registre (les deux exemplaires). Les deux actes devront être inscrits en entier, y compris avec l'indication des témoins et celle de l'officier d'état civil : il n'est pas envisageable car totalement illégal, de faire signer l'acte ou une partie de l'acte en blanc.

Si des changements interviennent avant le début du mariage, l'acte sera rectifié par des rajouts et des renvois en marge.

Il est possible de les positionner juste au-dessus de l'espace prévu pour les signatures, ainsi ils seront validés du fait des signatures en fin d'acte.

6 – Porter le numéro d'acte sur le livret de famille, sur le dossier, les bulletins, les extraits...

7 – Prévoir le stylo pour la signature des actes.

8 – Communiquer à l'élu le dossier ou la fiche de renseignements pour qu'il adapte son allocution à la situation de famille (couple âgé ou jeune, divorcés ou non, avec enfants ou non...).

9 – Préparer ou faire préparer l'arrêté de délégation si c'est un conseiller municipal qui doit officier.

234 **La cérémonie.** Dans la salle préparée, au jour dit, à l'heure convenue, le maire ceint de son écharpe tricolore pour donner la solennité à la cérémonie et pour en montrer la finalité, accueille le couple et les témoins par un mot de bienvenue.

235 **Déroulement de la cérémonie.** Le mariage s'accomplit suivant un ordre précis afin qu'aucune formalité ne risque d'être oubliée.

Pour un déroulement assisté de la cérémonie, un support, qui peut être la chemise du dossier, en énumère toutes les étapes.

L'officier d'état civil s'adresse à l'assemblée :

1 – Annonce :

« Veuillez vous lever.

Nous allons procéder au mariage de Monsieur ... avec Mademoiselle ... »

2 – Interpellation obligatoire sur contrat de mariage.

3 – Lecture des articles 212, 213 (al. 1er et 2), 214 (al. 1er), 215 (al. 1er), 220 (1) et 371-1 du Code civil.

4 – Recueil des consentements en commençant par l'épouse.

5 – Déclaration de mariage.

6 – Lecture de l'acte de mariage...

☞ *La lecture de l'acte de mariage à l'attention de l'assemblée fait partie du caractère public que revêt obligatoirement la célébration du mariage. La lecture complète est assez généralement pratiquée, mise à part ce qui concerne une précédente union maritale (divorce, veuvage).*

7 – Signatures.

Les nouveaux époux ainsi que les témoins sont invités à venir signer cet acte, sur les deux registres.

L'officier d'état civil appose sa signature le dernier.

Il signe également le livret de famille qu'il remet aux nouveaux époux.

8 – Remise avec le livret de famille du certificat de célébration civile et d'un certain nombre d'extraits de mariage.

9 – Un certain nombre de municipalités font un cadeau aux jeunes époux à l'occasion de leur mariage.

10 – Si un autre mariage suit immédiatement, faire comprendre à l'assistance avec beaucoup de prévenance que la salle de mariage va être immédiatement occupée par une autre famille qui célèbre aussi le mariage d'un jeune couple et qui est là, à l'heure qui lui a été fixée.

(1) La lecture de l'article 220 du Code civil a été introduite par l'article 8 de la loi n° 2010-737 du 1er juillet 2010 portant réforme du crédit à la consommation entrée en vigueur le 1er mai 2011.

236 **Formalités postérieures.** Ces formalités commencent au cours de la cérémonie par :

1 – La remise aux époux du livret de famille (IGREC, n° 418).

2 – La remise du certificat de célébration civile qui permettra aux époux de faire célébrer ultérieurement et religieusement leur mariage par un ministre du culte (IGREC, n° 419).

Puis, la liquidation du dossier se poursuit dans les bureaux de la mairie par :

3 – L'information de l'INSEE (bulletin n° 2 ou télétransmission).

4 – Mention du mariage en marge de l'acte de naissance de chacun des époux (IGREC, n° 420).

5 – Réunion des pièces annexes à l'acte de mariage (IGREC, n° 421) dans une chemise destinée à être déposée au greffe du TGI.

☞ *Le mariage est dorénavant (textes relatifs à la réforme de la filiation) sans effet sur le nom des enfants quelle que soit leur date de naissance.*

L'officier d'état civil qui appose la mention de mariage sur un acte de naissance comportant une mention de PACS en cours adressera au greffier du tribunal d'instance ou au notaire concerné avis du mariage (voir un modèle de lettre expédiée au greffe du tribunal d'instance, ***n° 270****).*

237 **Pièces annexes.** Ces pièces, dont la production a permis à l'officier d'état civil de s'assurer que les futurs époux réunissaient bien les conditions légales, comprennent notamment :

– copies ou extraits des actes de naissance ou les documents en tenant lieu ;

– certificats de publication et de non-opposition ou copie de la dispense de publication ou bien mainlevée des oppositions s'il y a lieu ;

– dispenses accordées par le procureur de la République ou le président de la République ;

– preuve du décès du précédent conjoint ou pièces justifiant du divorce ou de l'annulation du mariage précédent ;

– autorisation pour un militaire de la Légion étrangère ;

– certificat relatif au contrat de mariage ;

– certificats de coutume, certificats de célibat ou de capacité matrimoniale ;

– certificat relatif à la désignation de la loi étrangère applicable pour le régime matrimonial.

Ces pièces, cotées par l'officier d'état civil, sont classées dans une chemise qui sera remise au greffe du tribunal à l'expiration de l'année courante avec le double du registre.

Il convient de laisser, dans cette chemise toutes les pièces produites pour le mariage (attestations, justificatifs...) ; elles peuvent effectivement être utiles pour une enquête ultérieure demandée par le procureur : nationalité française, action en annulation.

238 **Quelques situations particulières.** Il est utile d'évoquer un certain nombre de difficultés qu'il importe de bien résoudre.

La liste ci-dessous n'a pas la prétention d'être exhaustive, mais elle peut servir, sans toutefois faire oublier que :

☞ *Pour toute difficulté, ne pas hésiter à demander ses instructions au procureur de la République.*

239 **Annulation du projet de mariage.** Un mariage peut être annulé à la dernière minute, après que l'acte a été écrit ou imprimé sur le registre.

Dans ce cas, il convient de porter une mention d'annulation en indiquant le motif.

« Projet de mariage annulé, les futurs époux ayant fait connaître, par lettre, qu'ils renonçaient à se marier. »

(date et signature de l'officier d'état civil)

Maintenir toutefois le numéro s'il a été affecté à l'acte et, surtout, ne rien gommer.

ou

« Le présent acte est inexistant, les futurs époux ne s'étant pas présentés. »

(date et signature)

240 **Horaire ou date de mariage déplacés.** Lorsque l'acte et le ou les suivants avaient été imprimés sur le registre : annuler la page par la mention « mariage différé » et refaire un nouvel acte sur le registre à sa nouvelle date.

Si c'est seulement l'heure qui change, maintenir l'acte et son numéro, rectifier l'heure indiquée par un renvoi en marge.

Cet ordre, dans les actes d'une même journée, ne pose pas de problème.

Un numéro d'acte peut parfois sauter, car c'est celui d'un acte inexistant.

Pour l'INSEE qui s'étonnera du manque qui pourrait lui sembler être un oubli, prévoir la feuille bulletin n° 2, barrée avec l'explication « acte n° X inexistant ».

241 **Manque d'une ou plusieurs signatures.** L'élu ou l'employé municipal présent au mariage veillera particulièrement à ce que toutes les signatures soient apposées et au bon endroit.

S'il s'aperçoit d'un manque, il appellera immédiatement l'intéressé pour réparer l'oubli.

Si l'acte devait rester plus longtemps sans la signature d'un comparant ou de l'officier d'état civil, le procureur en serait informé et ses instructions sollicitées. Le maximum devra être fait pour régulariser l'acte dans les meilleurs délais en tenant le procureur au courant de l'évolution de la situation.

Ces circonstances sont graves, les actes devant être signés immédiatement une fois dressés, en présence de différentes personnes : comparants, témoins, officier d'état civil.

242 **Formulation d'une opposition en cours de mariage.** Si la personne n'a pas qualité pour s'opposer au mariage, le déroulement de la cérémonie se poursuit.

Si la personne a qualité pour faire opposition :

– il convient d'abord de rappeler que l'opposition est faite par acte d'huissier signifié à l'officier d'état civil et aux futurs époux ;

– mais si la personne qui fait opposition vient d'avoir connaissance du projet de mariage et n'a pas le temps de requérir un huissier, l'officier d'état civil ne peut pas l'ignorer et vérifie sur-le-champ la teneur des arguments (exemple, une mère s'oppose au mariage de son fils avec sa tante maternelle, sœur de sa mère) ; il y a empêchement relatif. À défaut de dispense accordée par le président de la République, le mariage ne peut être célébré.

243 **Demande de mariage pour des époux déjà mariés à l'étranger.** Les mariages célébrés à l'étranger dans les formes locales sont reconnus en France. Si le(s) conjoint(s) est (sont) Français, l'acte devra être transcrit au consulat dans le pays concerné pour une validation en France.

Il n'est en principe pas possible de célébrer ultérieurement leur mariage en France (dans les formes de la législation française !) même si la famille de l'époux français ne reconnaît pas pour valable la célébration dans le pays étranger !...

Néanmoins, par suite d'un doute sur la validité de leur union (IGREC, n°s 240-1 et 550), des époux peuvent exceptionnellement contracter mariage à nouveau. Saisir le procureur.

244 **Tenue vestimentaire.** La production des photocopies des pièces d'identité lors du dépôt du dossier ne dispense pas l'officier de l'état civil de vérifier l'identité des futurs époux et des témoins lors de la cérémonie de mariage.

Le port d'une tenue vestimentaire dissimulant le visage est donc prohibé, qu'elle soit à vocation religieuse, traditionnelle ou décorative, afin d'éviter une possible substitution de personnes.

CHAPITRE 5

Reprise de vie commune

245 **Définition.** Deux époux séparés de corps par jugement du tribunal peuvent décider de reprendre la vie commune. La déclaration de reprise de vie commune est constatée par acte authentique dressé soit par un notaire, soit par un officier d'état civil (IGREC, n° 421-2).

246 **Compétence de l'officier d'état civil.** Une telle déclaration en mairie peut être reçue par tout officier d'état civil, même délégué (IGREC, n° 421-2) : maire, adjoint, conseiller municipal délégué. En revanche, un agent communal n'est pas compétent pour recevoir des déclarations (IGREC, n° 15).

247 **Lieu de la déclaration.** Une déclaration de reprise de vie commune peut être faite dans toute mairie.

248 **Dossier.** La loi ne prévoit pas la constitution d'un dossier particulier. Toutefois, les époux doivent justifier de leur identité et présenter un acte de mariage avec mention de séparation de corps.

L'officier d'état civil peut donc demander la production des pièces suivantes :

- photocopie avec photo de pièces d'identité ;

- livret de famille avec mention de séparation ;

- feuille de renseignements, pour domicile ou résidence, et profession des deux époux.

249 **Acte (IGREC, n° 421-2).** L'officier d'état civil préparera l'acte qui sera inscrit sur le registre des mariages, à sa date, et avec le numéro d'ordre de son rang dans le registre.

Formule de l'acte :

« Le … (date), … (Prénoms, NOM, date et lieu de naissance, domicile ou résidence, profession du mari) et … (mêmes renseignements pour la femme), mariés le ... à ... ont déclaré avoir repris volontairement la vie commune, après séparation de corps...

« Lecture faite et invités à lire l'acte, les déclarants ont signé avec Nous, ... »

(signatures)

250 **Cérémonie.** Le mot n'est pas toujours adapté car il n'y a pas de cérémonial officiel. Il est toutefois pertinent de donner à cette démarche un caractère sérieux. Et il est souhaitable que le maire, ou l'adjoint, reçoive le couple dans son bureau en présence de l'agent de l'état civil qui aura apporté les registres, le stylo, et le livret de famille, soit mis à jour d'avance, soit prêt à être mis à jour.

Pour la « cérémonie », le texte suivant peut être proposé et préparé à l'avance par l'agent de l'état civil pour faciliter la tâche du maire.

« Monsieur et Madame ..., après avoir été séparés de corps et de biens par jugement du tribunal de grande instance (ou arrêt de la cour d'appel...) de ... en date du ..., vous avez décidé de reprendre volontairement la vie commune.

« Nous avons, à cette occasion, dressé un acte au bas duquel vous allez l'un après l'autre apposer votre signature.

« Suivra notre signature d'officier d'état civil pour authentifier et officialiser cette déclaration.

« Nous allons vous en faire lecture.

« ... Le ...

(pour l'acte, voir **n° 249**).

« Si vous le voulez bien, nous allons passer aux signatures.

« Vous êtes dorénavant rétablis dans vos droits et devoirs d'époux et d'épouse mais le régime de la séparation de biens demeure votre régime matrimonial. »

251 **Formalités postérieures.**

1 – La mise à jour du livret de famille peut être faite immédiatement par l'officier d'état civil ayant reçu la déclaration, même si le mariage avait eu lieu dans une autre commune.

2 – Avis de mention à la mairie du mariage ainsi qu'à la mairie de naissance de chaque époux (IGREC, n° 251).

CHAPITRE 6

Régime matrimonial

252 **Définition.** Le régime matrimonial est constitué par l'ensemble des règles relatives aux rapports pécuniaires existant entre époux et s'établissant entre ceux-ci et les tiers. Il détermine la propriété des biens et leur gestion.

Il y a plusieurs régimes matrimoniaux soit prévus par la loi en l'absence de contrats de mariage, soit réglés par ceux-ci.

Les différents régimes sont explicités dans la note d'information remise à chacun des deux futurs époux au moment de la constitution du dossier de mariage.

253 **Régime de communauté légale (IGREC, n° 399).** À défaut de contrat de mariage, les époux sont soumis à un régime que la loi a prévu pour eux : celui de la communauté réduite aux acquêts (loi du 13 juillet 1965 applicable à compter du 14 février 1966).

Tous les biens apportés par les époux au moment du mariage, meubles et immeubles leur demeurent propres. La communauté ne comprendra que les acquêts et les revenus économisés.

254 **Autres régimes.** Par contrat préalable, les époux peuvent choisir un autre régime : la gamme va de la séparation de biens à la communauté universelle.

Les combinaisons les plus diverses entre les deux régimes sont toujours possibles.

Des consultations juridiques gratuites sont données par les notaires sur ces points.

255 **Loi étrangère applicable (IGREC, n° 581-5).** Les futurs époux peuvent désigner une loi étrangère applicable pour leur régime matrimonial :

- celle du pays où l'un des futurs époux a sa résidence ;
- celle du pays dans lequel il aura sa résidence après mariage ;
- celle du pays dont il a la nationalité.

Un écrit relatif à cette désignation est remis à l'officier d'état civil.

256 **Changement de régime matrimonial.** Après deux années de mariage, les époux pourront convenir d'un changement de régime matrimonial, par acte notarié, dans l'intérêt de la famille.

Le changement de régime matrimonial n'est plus soumis à homologation du tribunal de grande instance sauf dans deux cas : présence d'enfant mineur ou opposition d'un enfant majeur.

257 **Répertoire civil.** Certaines demandes en justice en matière de régime matrimonial sont inscrites au Répertoire civil conservé au greffe du tribunal de grande instance. Cette formalité a été supprimée depuis janvier 2007.

CHAPITRE 7

Mariage et nationalité

258 **Définition.** La nationalité est le lien juridique et politique existant entre une personne physique et un État déterminé.

259 **Incidence du mariage sur la nationalité.** La nationalité étrangère quelle qu'elle soit n'est pas un obstacle, en soi, à la conclusion d'un mariage.

Le mariage n'exerce jamais d'effet automatique sur la nationalité des conjoints (IGREC, n° 554).

Toutefois, après quatre ans de mariage avec une personne de nationalité française, un conjoint étranger pourra solliciter l'acquisition de la nationalité française, par déclaration, auprès du préfet, à condition qu'à la date de cette déclaration la communauté de vie tant affective que matérielle n'ait cessé entre les époux.

260 **Mariage et séjour en France d'un époux étranger.** Un étranger peut venir en France uniquement pour la cérémonie de mariage. Aucune condition de domicile ou de résidence n'est imposée si l'autre conjoint réunit les conditions de domicile ou de résidence prévues par le Code civil, comme conditions requises pour le mariage (IGREC, n° 540).

De même si deux étrangers se marient en France, il suffit que l'un d'eux réside depuis un mois au lieu de célébration.

Un maire ne saurait refuser de célébrer un mariage au motif que le conjoint étranger se trouve en situation irrégulière de séjour en France. Toutefois, dans ce cas il est tenu d'informer par écrit le préfet ainsi que le procureur de la République (C. pr. pén., art. 40 et IGREC, n° 421-1).

261 **Livret de famille d'époux.** À l'issue de la célébration du mariage en France, un livret est remis aux époux quelle que soit leur nationalité.

Ce livret pourrait être accompagné de quelques extraits de mariage plurilingues qui permettraient aux intéressés, dans un certain nombre de pays, de justifier de leur mariage sans avoir à produire copie de l'acte légalisé et traduit.

Cette remise éventuelle ne dispense pas de prévoir la mise à jour des actes de naissance en pays étranger lorsque des conventions le prévoient.

Il convient, dans le cadre de ces conventions, d'adresser au service central d'état civil, au lieu d'un avis de mention, une copie de l'acte avec une lettre de transmission (IGREC, n° 232).

CHAPITRE 8

Concubinage, union libre, vie maritale, pacte civil de solidarité

262 **Définition du concubinage.** Le concubinage est reconnu par la loi depuis le 15 novembre 1999 : union de fait caractérisée par une vie commune présentant un caractère de stabilité et de continuité entre deux personnes qui vivent en couple (C. civ., art. 515-8).

Le Code civil, livre Ier, titre XII distingue deux situations selon que le concubinage est organisé par contrat ou libre.

263 **Définition du PACS.** Le PACS ou Pacte civil de solidarité, créé par la loi n° 99-944 du 15 novembre 1999, est un contrat conclu entre deux personnes physiques majeures de sexe différent ou de même sexe pour organiser leur vie commune.

Les empêchements à la conclusion d'un PACS sont les empêchements à mariage : liens de parenté et d'alliance, de non-célibat. Un PACS ne peut pas non plus être conclu en présence d'un autre PACS déjà existant.

264 **Définition de l'union libre.** Union non organisée par contrat enregistré, cette situation est celle des couples constitués sur la simple volonté des personnes concernées, en dehors de tout lien marital ou de PACS entre eux.

265 **Attestation ou certificat d'union libre.** Aucun texte ne prévoit expressément la délivrance d'un tel document. Mais les concubins sont souvent appelés à fournir un justificatif de leur situation de vie commune. Ils peuvent établir une déclaration sous seing privé.

266 **Valeur juridique d'une attestation d'union libre.** Un tel certificat non prévu par les textes n'a pas de valeur juridique réelle, et n'entraîne de ce fait aucun droit précis. Toutefois, il permet l'attribution d'un certain nombre d'avantages accordés par divers organismes : ce qui est une reconnaissance tout à fait réelle.

267 **Établissement d'une attestation d'union libre.** Les deux personnes concernées déclarent sur l'honneur par écrit leur vie commune ou vie maritale. Dans certains cas, la déclaration est attestée par des témoins, et le cas échéant appuyée par des justificatifs d'adresses.

Depuis le décret du 26 décembre 2000, il n'y a plus lieu de légaliser les signatures des concubins.

La vie commune peut être prouvée par la production de justificatifs divers directement auprès de l'organisme demandeur. L'intervention des maires ne se justifie pas, d'autant plus que dans la plupart des cas aucune vérification de la réalité de la vie commune n'est faite.

268 **Fin du concubinage.** La séparation du couple de concubins est libre. Aucune formalité ne s'impose.

Il arrive néanmoins que le partage éventuel de biens achetés pendant la vie commune amène les intéressés à avoir recours au tribunal, comme à l'issue d'un divorce ou à la fin du PACS.

269 **Conclusion d'un PACS.** Il est loisible à tout couple de prévoir par écrit ou non l'organisation de sa vie commune.

C'est l'enregistrement d'un contrat écrit par le greffier du tribunal d'instance ou par le notaire qui crée la situation de PACS, c'est la reconnaissance officielle du pacte civil de solidarité.

Les futurs partenaires peuvent établir la convention par laquelle ils organisent leur vie commune par acte sous seing privé, mais aussi par acte authentique notarial.

270 **Procédure d'enregistrement du PACS.** L'enregistrement du PACS peut être effectué, au choix des futurs partenaires, selon deux modalités :

1. Soit par déclaration conjointe au greffe du tribunal d'instance de la résidence commune, ou au consulat pour les couples résidant à l'étranger.

La formalité est gratuite.

Le dossier comprend :

– l'original d'une pièce d'identité de chaque partenaire ; le greffier en prendra photocopie ;

– la convention sous seing privé en simple exemplaire passée entre les partenaires ;

– la copie intégrale de l'acte de naissance datant de moins de trois mois ;

– le ou les livrets de famille que l'un ou l'autre partenaire a pu avoir à l'occasion d'un ou de plusieurs mariages précédents ;

– des attestations sur l'honneur de non-empêchement à la conclusion du PACS, et d'établissement de leur résidence commune dans le ressort géographique de la circonscription du tribunal.

Le greffier inscrit la déclaration sur un registre.

Il vise, date et restitue l'exemplaire de la convention.

Il remet à chacun une fiche d'information relative à l'enregistrement du PACS.

Il fait porter mention sur les actes de naissance de chaque partenaire. Pour les personnes de nationalité étrangère, un registre est tenu par le tribunal de grande instance de Paris.

2. Soit par déclaration conjointe auprès du notaire devant lequel les partenaires ont établi leur convention.

En effet, la loi n° 2011-331 du 28 mars 2011 de modernisation des professions judiciaires ou juridiques et certaines professions réglementées a modifié l'article 515-3 du Code civil en introduisant un nouvel alinéa : « lorsque la convention de pacte civil de solidarité est passée par acte notarié, le notaire instrumentaire recueille la déclaration conjointe, procède à l'enregistrement du pacte et fait procéder aux formalités de publicité prévues à l'alinéa précédent ».

Il fait porter mention sur les actes de naissance de chaque partenaire dans les mêmes formes que le greffe du tribunal d'instance.

L'existence de conventions modificatives est soumise à la même publicité de la part du greffe ou du notaire.

Lors du mariage ou du décès d'un partenaire pacsé, la mairie de son lieu de naissance doit, par courrier (voir modèle ci-dessous), en informer le greffier du tribunal d'instance ou le notaire du lieu d'enregistrement du pacte civil de solidarité, lequel enregistre la dissolution et fait procéder aux formalités de publicité, c'est-à-dire qu'il envoie un avis de mention.

Modèle de lettre expédiée au greffe du tribunal d'instance :

Monsieur le Maire ....
Service de l'état civil
à
Monsieur le greffier en chef
du tribunal d'instance de ......
(ou Maître ....)

J'ai l'honneur de vous informer que :

M ou Mme : (Prénoms, NOM)

Né(e) le :

À :

– s'est marié(e) le : ....

– est décédé(e) le : ....

L'intéressé(e) avait conclu un pacte civil de solidarité le ....

au tribunal d'instance de (ou : *en votre étude*)..

avec M ou Mme : (Prénoms, NOM, date et lieu de naissance)

Fait le (signature de l'officier d'état civil)

Le greffier ou le notaire, à réception de cette lettre, expédie un avis de mention de dissolution du pacte civil de solidarité aux mairies de naissance des intéressés et informe le partenaire désigné.

271 **Effets et avantages du pacte civil de solidarité.**

1 – État civil

Les partenaires restent célibataires au sens du Code civil.

L'adoption n'est pas ouverte aux couples de concubins, qui ne peuvent non plus bénéficier de la procréation médicalement assistée.

2 – Droits et obligations

Obligation d'aide mutuelle et matérielle selon modalités de contrat.

Solidarité des dettes à l'égard de tiers pour les dépenses de la vie courante y compris les impôts.

Pour les étrangers, le contrat n'entraîne pas de droit mais peut être pris en compte pour l'attribution d'un titre de séjour, mais pas pour l'acquisition de la nationalité française.

3 – Statut fiscal

Le couple devient un foyer fiscal dès la première année du contrat.

Les partenaires pacsés ne sont pas héritiers l'un de l'autre mais il est possible, par testament, de léguer la totalité au partenaire en l'absence d'enfant.

4 – Droits sociaux

Les droits sont très proches de ceux des couples mariés. Qualité d'ayant droit (assurance maladie et maternité), droit au capital-décès (priorité avant les enfants et les ascendants).

Droit aux congés familiaux analogues aux couples mariés.

Droit au logement après décès du partenaire comme un conjoint survivant.

5 – Régime des biens

Séparation de biens à défaut de convention contraire.

272 **Inconvénients du PACS**

– Perte de certaines allocations.

– Prise en compte de la totalité des ressources pour le calcul de diverses prestations sociales.

– Pas de pension de réversion, de prestation compensatoire, d'allocation veuvage.

273 **Fin de PACS.** Le pacte civil de solidarité se dissout par mariage, par décès mais également par déclaration conjointe des partenaires ou décision unilatérale de l'un d'eux. Les partenaires qui décident de mettre fin d'un commun accord au pacte civil de solidarité remettent ou adressent au greffe du tribunal d'instance ou au notaire du lieu de son enregistrement une déclaration conjointe à cette fin.

Le partenaire qui décide de mettre fin au pacte civil de solidarité le fait signifier à l'autre. Une copie de cette signification est remise ou adressée au greffe du tribunal d'instance ou au notaire du lieu de son enregistrement.

Le greffier ou au notaire enregistre la dissolution et fait procéder aux formalités de publicité.

CHAPITRE 9

Divorce, séparation

Dans le présent titre consacré au mariage, il est utile de traiter, ne serait-ce que brièvement, du divorce et de la séparation, même si l'officier d'état civil n'a à connaître que de l'aboutissement de cette procédure, lorsqu'il est requis d'apposer la mention consécutive au jugement intervenu ou à l'arrêt rendu.

274 **Définition.** Le divorce est la rupture légale du mariage civil.

La séparation est le relâchement du lien conjugal.

275 **Cas de divorce.** De 1975 à 2004, trois cas de divorce existaient :

– divorce par consentement mutuel. Il présentait lui-même deux formes : divorce sur requête conjointe et divorce par double aveu, demandé par l'un et accepté par l'autre ;

– divorce pour rupture de vie commune après une séparation de fait depuis six ans au moins ;

– divorce pour faute.

La loi n° 2004-439 du 26 mai 2004 stipule que, à compter du 1er janvier 2005, le divorce peut être prononcé en cas :

– soit de consentement mutuel ;

– soit d'acceptation du principe de la rupture du mariage ;

– soit d'altération définitive du lien conjugal ;

– soit de faute.

Dans tous les cas, les requêtes sont présentées au juge aux affaires familiales du tribunal de grande instance, obligatoirement par ministère d'avocat.

En principe, chacun des époux prend son avocat mais il peut être commun dans le cas de divorce par consentement mutuel.

276 **Séparation de corps.** La séparation de corps prononcée judiciairement est à distinguer de la séparation de fait.

Le jugement de séparation de corps implique une dispense de cohabitation et l'application d'un régime de séparation de biens.

Le devoir de fidélité est maintenu.

La séparation de corps cesse :

- par le décès ;

- par la reprise de vie commune (voir **n°s 245 et s.**) ;

- par sa conversion en divorce. Cette conversion est rendue possible, après deux ans de séparation, à la demande de l'un des époux.

Elle peut intervenir plus tôt, si les deux époux en font la demande.

277 **Remariage.** Un conjoint divorcé, libéré des liens conjugaux, peut se remarier sans avoir à respecter de délai (viduité).

Un conjoint séparé ne peut pas se remarier, certains droits et devoirs du mariage demeurent.

La situation d'époux séparé est également un obstacle à la conclusion d'un PACS.

3

DÉCÈS

Les registres des décès comprennent les actes de décès, les transcriptions de décès, les jugements déclaratifs de décès, les actes d'enfant sans vie ainsi que les jugements déclaratifs d'absence.

Suite à un décès, la famille effectue un certain nombre de démarches, certaines immédiates, d'autres différées. La mairie délivre des documents annexes à l'acte (copies, bulletins, certificats d'hérédité) ainsi que les autorisations pour permettre la fermeture de cercueil, l'inhumation ou la crémation.

Le maire intervient donc en tant qu'officier d'état civil mais aussi en vertu de ses pouvoirs de police.

Le régime des autorisations et des vacations a fait l'objet d'une simplification à l'occasion de la loi relative à la législation funéraire n° 2008-1350 du 19 décembre 2008 puis du décret n° 2011-121 du 28 janvier 2011 relatif aux opérations funéraires. Ainsi, les transports de corps avant et après mise en bière ainsi que les soins de conservation ne font plus l'objet, dorénavant, d'autorisations mais de simples déclarations au maire.

Par ailleurs, parmi les mesures décidées en mars 2011 par le conseil de modernisation des politiques publiques, l'héritier direct est dispensé de fournir, suite à un décès, un certificat d'hérédité ou un acte de notoriété pour la réalisation des démarches les plus courantes.

CHAPITRE 1

Acte de décès

Section 1
Déclaration de décès

278 **Qui déclare un décès ?** Le déclarant peut être un parent, un employé de l'établissement où est survenu le décès, un officier de police judiciaire en cas de mort violente ou suspecte, mais également toute personne possédant sur l'état civil du défunt les renseignements les plus exacts et les plus complets possibles (IGREC, n° 423).

279 **Où se fait la déclaration ?** À la mairie du lieu de décès (IGREC, n° 423).

280 **Dans quel délai doit-on déclarer un décès ?** Un décès doit en principe être déclaré dans les vingt-quatre heures, non compris les dimanches et les jours fériés. Mais quel que soit le temps écoulé, la déclaration peut toujours être faite et l'acte dressé (IGREC, n° 423).

L'inobservation du délai peut être sanctionnée par de simples contraventions.

281 **Quelles pièces présenter pour déclarer un décès ?** Dans la majorité des cas :

– le certificat médical délivré par un médecin appelé à constater le décès ;

– le livret de famille ou des pièces d'identité du défunt.

Le certificat médical, exigé pour la déclaration de décès, est également indispensable pour la délivrance des autorisations administratives après décès (fermeture de cercueil, crémation), pour les déclarations préalables aux transports de corps avant et après mise en bière ainsi que pour les soins de conservation.

Afin de dresser l'acte de décès de manière complète, il est conseillé à l'officier d'état civil de consulter par téléphone la mairie du lieu de naissance pour obtenir les renseignements exacts et complets sur l'état civil du défunt et, le cas échéant, les nom et prénom(s) du partenaire pacsé survivant.

282 **Certificat de décès.** Le certificat de décès, modèle conforme à l'arrêté du 24 décembre 1996 est de couleur bleue. Il comporte deux parties :

– la partie du haut en trois exemplaires autocopiants, dite « volet administratif » ;

– la partie du bas, appelée « volet confidentiel », fermée et collée par le médecin qui l'a complétée.

Le décret n° 2006-938 du 27 juillet 2006 crée le certificat électronique de décès, sous forme de 2 volets comme le certificat actuel, mais le volet confidentiel est électronique.

– Un volet administratif comportant la commune de décès, les date et heure de décès, les nom, prénoms, date de naissance, sexe et domicile du défunt ainsi que les informations nécessaires à la délivrance de l'autorisation de fermeture du cercueil et à la réalisation des opérations funéraires.

Ce volet est établi sur papier en trois exemplaires et signé par le médecin. Il est remis à la mairie du lieu de décès et à la mairie du lieu de dépôt du corps, en cas d'application du premier alinéa de l'article R. 2213-7 du Code général des collectivités territoriales.

– Un volet médical confidentiel relatif aux causes de décès, qui ne comporte ni le nom ni le prénom de la personne décédée.

Ce volet médical est établi par le médecin ayant constaté le décès sur support électronique.

Les données sont transmises directement par le médecin, à l'Institut national de la santé et de la recherche médicale ou à l'organisme chargé de gérer le système des certificats saisis.

Les données à caractère personnel de cette base sont accessibles aux directions départementales et régionales des affaires sanitaires et sociales qui ne recevront plus directement un volet comme précédemment.

Jusqu'à la généralisation du certificat de décès sur support électronique, le certificat continue à être établi et transmis selon les modalités précédentes.

283 **Pose du bracelet.** Un bracelet plastifié et inamovible, d'un modèle agréé par arrêté du ministre de l'Intérieur comportant les nom, prénom et date de décès ou, à défaut, tous éléments permettant son identification est posé sans délai et en tout lieu, sur le poignet ou la cheville du défunt.

Cette opération est faite par l'opérateur participant au service extérieur des pompes funèbres ou, lorsque le décès survient dans un établissement de santé, un établissement social ou médico-social, public ou privé, elle est réalisée par un agent de l'établissement, sous la responsabilité du chef d'établissement.

Aucune délégation spécifique ne semble prévue pour cette intervention.

La présence du maire ou de la police municipale ou nationale, qui n'ont plus compétence pour la pose du bracelet, n'est plus justifiée.

Le bracelet est posé sur tout défunt qu'il y ait ou pas transport hors de la commune.

Section 2
Établissement de l'acte de décès

Sous-section 1
Rédaction de l'acte de décès

284 **Comment préparer l'acte de décès ?** Pour recueillir les différents renseignements indispensables pour le dressé de l'acte, il est pratique de les inscrire sur une « feuille de renseignements », sur laquelle seront portés les éléments qui ressortent à la lecture des documents présentés ainsi que ceux indiqués par le déclarant : profession, domicile du défunt, parents, leurs professions, leurs domiciles ou l'indication qu'ils sont décédés.

S'y ajouteront les renseignements sur l'identité du déclarant.

L'officier d'état civil, en possession de tous les renseignements, est alors en mesure de dresser l'acte après avoir vérifié l'état civil exact du défunt.

285 **Modèle d'acte de décès.**

« N° ... acte ..., Prénoms, NOM (épouse ... ou veuve ... ou divorcée ...),

« Le ... (jour, mois, année) à ... (heures et minutes) est décédé à ... (adresse du lieu de décès), ... (Prénoms, NOM), domicilié à ... (commune, département, adresse) né à ... (commune de naissance, département) le ... (date de naissance), (profession), fils de ... (Prénoms et NOM du père, profession, domicile) et de ... (Prénoms et NOM de la mère, profession, domicile) ou ... (Prénoms et NOMS des père et mère) décédé, célibataire, ou époux ou veuf ou divorcé de ... (Prénoms et NOM du conjoint).

« Dressé le ... (date) à ... (heures et minutes), sur déclaration de ... (Prénoms et NOM, profession, adresse) qui, lecture faite et invité à lire l'acte, a signé avec Nous ... (Prénom, NOM, qualité de l'officier d'état civil). »

Si les parents sont décédés : « fils de (Prénoms, NOM), et de ... (Prénoms, NOM), décédés ».

Si le défunt était séparé de corps : « époux de ... (Prénoms, NOM) ».

Si la personne décédée était liée par un pacte civil de solidarité, sont précisés les prénoms et nom de l'autre partenaire : « partenaire pacsé de (Prénoms, NOM) » (1).

(1) Cet ajout a été effectué, à la demande des sénateurs lors de l'examen de la proposition de loi de simplification et d'amélioration de la qualité du droit, définitivement adoptée le 17 mai 2011.

Sous-section 2
Cas particuliers

286 **Moment du décès inconnu (IGREC, n° 430).** Lorsque ni l'heure, ni même le jour de décès ne sont connus, l'officier d'état civil indique l'époque probable de la mort en reprenant les indications données par le médecin, la police, la gendarmerie, le déclarant...

Ainsi, il peut utiliser la formule « le décès est survenu à une date indéterminée », ou la formule « le décès parait remonter à trois semaines.. », ou toute autre indication sur le moment du décès donnée par le déclarant.

Si le déclarant indique une heure de décès différente de celle portée sur le certificat de décès, il y a lieu de prendre contact avec le médecin ayant établi le certificat. À défaut, l'heure indiquée par le déclarant sera retenue. Sa signature engage sa responsabilité.

287 **Personne non identifiée (IGREC, n° 429).** L'officier d'état civil décrira avec le maximum de renseignements l'apparence et la tenue de la dépouille ainsi que la date à laquelle la mort peut vraisemblablement remonter.

Ces indications seront généralement fournies par la police ou la gendarmerie.

288 **Modèle d'acte de décès d'une personne non identifiée et dont le moment du décès est inconnu.**

N° ... personne non identifiée

« Le ... (date et heure du constat) a été constaté le décès paraissant remonter à une date indéterminée, d'une personne de sexe ..., dont l'identité n'a pu être établie. Le signalement est le suivant : ... (âge approximatif, taille, couleur des cheveux, description du corps et des vêtements, circonstances pouvant ultérieurement faciliter l'identification).

« Dressé le ... sur déclaration de ... qui, lecture faite et invité à lire l'acte, a signé avec Nous ..., officier d'état civil. »

289 **Mort violente (IGREC, n° 435).** En cas de mort violente, suspecte ou posant un problème médico-légal (accident, suicide, meurtre, cause inconnue, etc.), l'officier d'état civil – dès lors qu'il existe le moindre doute sur la cause de la mort – devra informer directement et sans délai, le procureur de la République, à moins que l'affaire ne soit déjà entre les mains d'un officier de police judiciaire.

L'officier de police assisté d'un docteur en médecine dressera un procès-verbal concernant l'état du cadavre et les circonstances et renseignements connus : nom, prénoms, âge, profession, lieu de naissance, domicile de la personne décédée.

Ce procès-verbal sera immédiatement remis à l'officier d'état civil pour l'établissement de l'acte de décès.

L'officier d'état civil ne délivrera pas l'autorisation de fermeture de cercueil. L'acte de décès sera dressé normalement sans indications des circonstances du décès (IGREC, n° 436).

L'autorisation de fermeture de cercueil sera alors délivrée soit par le procureur soit par l'officier de police judiciaire.

290 **Décès intervenu dans un établissement public ou hôpital, ou prison...** L'officier d'état civil établira un acte suivant les règles de droit commun, sur déclaration du personnel de l'établissement (IGREC, n° 437).

L'établissement ne sera pas indiqué sous sa désignation. Seuls le nom de la rue et le numéro de l'immeuble doivent être indiqués (IGREC, n° 436).

291 **Décès survenu au cours d'un transport routier, ferroviaire ou aérien.** Le décès doit être déclaré à l'officier de l'état civil du lieu où il s'est produit, ou a été découvert, si c'est au cours d'un transport routier (IGREC, n° 442).

En cas de transport aérien ou ferroviaire, le décès est à déclarer au lieu du premier arrêt.

L'acte doit indiquer, de la manière la plus précise possible, le lieu du décès, qui peut être exprimé en degrés de latitude et de longitude.

292 **Décès survenu au cours d'un voyage maritime (IGREC, n° 441).** L'acte ayant été dressé par un officier d'état civil spécial (commandant du bateau), les officiers d'état civil municipaux n'interviennent qu'en vue de sa transcription.

Les décès à bord ou à partir de bateaux côtiers, bateaux de pêche, de plaisance... sont déclarés dans la commune où le bateau revient au port.

S'il y a lieu, l'endroit du décès est exprimé en degrés de longitude et de latitude.

Si le décès intervient en dehors des eaux territoriales, la transcription se fait au service central de l'état civil de Nantes (SCEC) puis à la mairie du domicile.

293 **Décès par suite d'un accident (IGREC, n° 443) ou d'un cataclysme.** Un acte de décès ordinaire est dressé indiquant le lieu de décès le plus exact possible, si le corps a été retrouvé et identifié.

294 **Décès de personnes nées en Algérie (IGREC, n° 447).** Dans l'acte, le nom du défunt ainsi que le lieu de naissance (commune, douar, tribu, fraction, cercle) sont portés en lettres majuscules. L'envoi de la copie de l'acte se fait à la mairie de naissance en Algérie.

Toutes expéditions de l'acte seront présentées sous les mêmes formes.

Section 3
Formalités postérieures à l'acte de décès

295 **Des formalités essentielles.** L'accomplissement de ces formalités est extrêmement important et pour ne pas les oublier, il est judicieux d'en avoir la liste à portée de la main.

Quelques-unes d'entre elles sont à réaliser immédiatement, en présence du déclarant, les autres se faisant dans un deuxième temps, la présence du déclarant n'étant pas indispensable.

296 **Compléter le certificat médical de décès.** L'officier d'état civil inscrit sur le certificat médical de décès le numéro de l'acte et le numéro d'ordre du décès. Ce dernier est inférieur au premier en raison des transcriptions déjà enregistrées sur le même registre et qui sont intercalées avec les actes de décès.

Cette formalité doit être accomplie immédiatement, en présence du déclarant.

297 **Mettre à jour le livret de famille.** Le livret de famille est mis à jour par l'extrait de l'acte de décès à l'emplacement adéquat.

Cette formalité doit être accomplie immédiatement, en présence du déclarant.

☞ *Rien ne s'oppose de manière formelle à ce que cette mise à jour concerne des enfants majeurs bien que l'IGREC (n° 608) indique que sont portés sur le livret de famille les extraits d'actes de décès des enfants morts avant leur majorité (confirmé par la réponse du garde des Sceaux publiée au* Journal officiel *du 19 décembre 2006, p. 13381).*

La demande est fréquente lorsque l'enfant jeune majeur était célibataire, sans livret de famille et qu'il vivait encore au foyer parental.

La rubrique « extrait de l'acte de décès de l'époux(se) » sera toujours complétée, aussi bien sur le livret de famille actuel que sur les livrets ancienne présentation.

En effet, le nouveau livret de famille créé par décret en date du 1er juin 2006 a été l'occasion d'unifier les mentions à porter sur le livret, quel que soit le mode de conjugalité des parents ou des époux : dorénavant, les différents livrets sont mis à jour à l'occasion du décès du ou des titulaires du livret.

298 **Établir et remettre un certain nombre de justificatifs de décès.** Certains documents sont communiqués au déclarant pour ses démarches consécutives au décès :

– bulletins de décès ; ces bulletins sont simplement des fiches de renseignements qui ne sont plus prévues par l'Instruction générale relative à l'état civil et qui restent bien utiles ;

– copies de l'acte de décès ; les copies peuvent d'ailleurs être délivrées et remises à tout requérant.

Cette formalité doit être accomplie immédiatement, en présence du déclarant.

299 **Formalités d'état civil ultérieures (IGREC, nos 451 à 459).** Les formalités autres que celles décrites plus haut ont lieu sans la présence du déclarant.

1 – Adresser copie de l'acte de décès à la mairie du domicile en vue de la transcription sur le registre des décès.

Si le défunt est étranger d'un pays membre de la CIEC, l'officier d'état civil doit informer l'officier d'état civil du lieu de naissance dans le pays concerné en lui adressant une copie de l'acte de décès ainsi qu'un extrait plurilingue de décès.

Pour les autres pays, l'envoi peut se faire à l'adresse du consulat ; les adresses des consulats étrangers en France se trouvent sur le site Internet suivant : *www.expatries.diplomatie.fr/annuaires/repdipfr.asp.*

Si le défunt est un réfugié, l'OFPRA, Office français de protection des réfugiés et apatrides, est à informer.

2 – Adresser un avis de mention de décès à la mairie de naissance, ou mettre à jour le registre concerné si le défunt était né dans la commune.

3 – Renseigner l'INSEE (par système télématique ou en envoyant le bulletin INSEE n° 7 *bis*).

4 – Mettre à jour la liste électorale.

5 – Communiquer aux services fiscaux, sur la fiche cartonnée bistre ou par système télématique, les renseignements relatifs à la personne décédée (envoi trimestriel : janvier, avril, juillet, octobre).

6 – Adresser un avis de décès au centre du service national de la région militaire pour toute personne décédée entre seize et vingt-cinq ans.

7 – Aviser les services départementaux de l'aide sociale (IGREC, n° 459) dans les dix jours, par une expédition de la copie de l'acte de décès dans le cas où le défunt décédé à domicile était assisté.

Les directeurs d'établissements effectuent cette formalité pour les décès dans leur établissement.

8 – Aviser le service de la protection maternelle et infantile (PMI) du département de résidence des parents, dans les quarante-huit heures s'il s'agit du décès d'un enfant de moins de six ans (IGREC, n° 452-2).

9 – Si le défunt était officier général ou assimilé (IGREC, n° 456), adresser un avis au ministère chargé de la Défense : bureau des officiers généraux, 14, rue Saint-Dominique, 75007 Paris.

S'il était membre de la Légion d'honneur ou médaillé militaire, adresser l'avis au grand chancelier de la Légion d'honneur : 1, rue de Solferino, 75007 Paris.

300 **Table annuelle des décès.** Établissement en fin d'année de la table de tous les actes de l'année.

Section 4
Opérations et vacations funéraires

301 **Surveillance des opérations funéraires.** La nouvelle rédaction de l'article L. 2213-14 du CGCT a simplifié les formalités liées à ces opérations.

Afin d'assurer l'exécution des mesures de police prescrites par les lois et les règlements, notamment les mesures de salubrité publique, les fonctionnaires mentionnés à l'article L. 2213-14 assistent aux opérations consécutives au décès (c'est-à-dire la fermeture de cercueil pour transport hors de la commune ou pour l'opération de crémation ainsi que l'exhumation et la réinhumation), sous l'autorité du préfet dans les communes situées en zone de police d'État et du maire dans les autres communes. Ils peuvent toutefois assister, en tant que de besoin, à toute opération.

Ces fonctionnaires dressent un procès-verbal des opérations auxquelles ils ont procédé ou assisté et transmettent ces documents au maire de la commune.

302 **Autorisation de fermeture de cercueil.** Elle est délivrée par la mairie du lieu de décès ou de celui de fermeture du cercueil (CGCT, art. R. 2213-17). Cette autorisation peut également être établie par la mairie du lieu de dépôt du corps lorsqu'il y a eu transport de corps avant mise en bière, au vu de l'acte de décès et du certificat médical de décès, ou suite à la décision du procureur de la République.

Cette autorisation est à présenter pour la suite des opérations funéraires : organisation des obsèques, inhumation, crémation.

L'autorisation de fermeture peut être rédigée sur papier libre (IGREC, n° 427-1), ou sur des formulaires pré-établis.

« Nous, ... (officier d'état civil)

« Vu le certificat établi par M ..., docteur en médecine, constatant le décès de M ..., époux ..., né le ..., survenu le ... à ... heures ..., rue ... n° ..., attestant que le décès ne pose pas de problème médico-légal ;

« Vu l'article L. 2223-42 du Code général des collectivités territoriales ;

« Vu l'article R. 2213-17 du Code général des collectivités territoriales ;

« Autorisons la fermeture du cercueil.

« Fait à ... le ..., l'officier d'état civil. »

ou bien

« Nous, ...

« Vu la décision en date du ... de M. le procureur de la République, près le tribunal de grande instance de ..., relative au décès de M ... époux ... né le ..., survenu le ... à ... heures ... rue ... n° ...

« Vu l'article L. 2223-42 du Code général des collectivités territoriales ;

« Autorisons la fermeture du cercueil. »

303 **Fermeture de cercueil et scellement (CGCT, art. L. 2213-45).** En cas de transport du corps hors de la commune de décès ou de dépôt, ou lorsqu'il doit être procédé à la crémation du corps, les fonctionnaires contrôlent par tout moyen l'identité du défunt, assistent à la fermeture du cercueil et y apposent deux cachets de cire revêtus du sceau de l'autorité administrative compétente.

304 **Autorisation de crémation.** Le maire du lieu de décès ou celui du lieu de mise en bière est habilité à délivrer cette autorisation :

- au vu de l'expression écrite des volontés du défunt ;

- ou, à défaut, au vu de la demande expresse écrite de toute personne ayant qualité pour pourvoir aux funérailles ;

- et justifiant de son état civil et de son domicile ;

- au vu du certificat médical de décès affirmant que celui-ci ne pose pas de problème médico-légal ;

- au vu d'une attestation de médecin précisant que le corps ne porte pas de prothèses renfermant des radioéléments artificiels ou fonctionnant avec une pile ou que celles-ci ont été enlevées.

L'officier d'état civil rédige l'autorisation sur papier libre ou sur les formulaires existants.

« Nous ...

« Vu le Code général des collectivités territoriales et notamment son article R. 2213-34 ;

« Vu l'expression écrite des dernières volontés du défunt (ou la demande expresse de la personne ayant qualité pour pourvoir aux funérailles) ;

« Vu le certificat du Dr ..., médecin attestant que le décès ne pose pas de problème médico-légal, qu'il a été procédé à la récupération, le cas échéant, des prothèses renfermant des radioéléments artificiels ou fonctionnant au moyen d'une pile ;

« Autorisons la crémation de M ... époux ..., né le ... à ..., décédé le ... à ... heures), à ... (adresse complète) ...

« Fait à ..., l'officier d'état civil ... »

ou bien

« Vu la décision en date du … de M. le procureur de la République, près le tribunal de grande instance de … relative au décès de M … époux … né … le …, survenu à … le … rue … n° … »

305 **Destination des cendres.** Les cendres funéraires sont conservées en leur totalité dans l'urne funéraire ou dispersées.

La loi n° 2008-1350 du 19 décembre 2008 et sa circulaire de décembre 2009 prévoient les cas suivants de destination possible des cendres :

– au sein d'un cimetière ou d'un site cinéraire : inhumation de l'urne dans une sépulture, dépôt dans un columbarium, scellement sur un monument funéraire ou dispersion dans un espace aménagé à cet effet ;

– dispersion en pleine nature, sauf sur les voies publiques ;

– inhumation de l'urne dans une propriété privée, après autorisation préfectorale.

Dès lors que les cendres sont désormais assimilées au corps humain, les dispositions de l'article R. 2213-32 ont vocation à s'appliquer, à la seule différence que, dans cette hypothèse, l'avis d'un hydrogéologue n'est pas demandé.

Il n'existe pas de définition juridique de la notion de « pleine nature ». Dès lors, seule l'interprétation souveraine des tribunaux permettrait d'en préciser le contenu. Toutefois, il peut être utile de se référer à la notion « d'espace naturel non aménagé », afin de déterminer si le lieu choisi pour la dispersion est conforme ou non à la législation. De ce fait, la notion de « pleine nature » apparaît peu compatible avec celle de propriété particulière, interdisant la dispersion des cendres dans un jardin privé. Ce principe peut néanmoins connaître des exceptions, notamment lorsque la dispersion est envisagée dans de grandes étendues accessibles au public mais appartenant à une personne privée (un champ, une prairie, une forêt...), sous réserve de l'accord préalable du propriétaire du terrain.

S'agissant des cours d'eau et des rivières sauvages, non aménagés, et sous réserve de l'appréciation souveraine des tribunaux, il y a lieu de considérer que la dispersion des cendres y est possible.

La dispersion en mer est également autorisée, dès lors qu'elle ne contrevient pas à la réglementation maritime et aux règles édictées localement au titre de la zone de police spéciale de 300 mètres instituée par la loi Littoral du 2 janvier 1986 et codifiée à l'article L. 2213-23 du Code général des collectivités territoriales. Les opérateurs funéraires chargés de ces opérations ou la personne habilitée à pourvoir aux funérailles se rapprocheront de la préfecture maritime compétente pour les formalités liées à la réglementation maritime ou du maire pour les règles afférentes à la zone de police spéciale. Concernant la déclaration relative à la dispersion des cendres prévue à l'article R. 2213-39 du Code général des collectivités territoriales, la commune de rattachement sera celle du port ou du mouillage de départ du bâtiment.

Les modalités de la déclaration de dispersion en pleine nature sont définies par le nouvel article L. 2223-18-3 du Code général des collectivités territoriales. Aucun délai n'a été fixé pour cette déclaration, mais il est souhaitable qu'elle s'effectue à la suite des opérations de dispersion.

En cas de dispersion en pleine nature, la déclaration est faite à la mairie de la commune de naissance du défunt qui tiendra un registre à cet effet. Le registre peut être un livre, un cahier ou un simple classeur dans lequel sont insérées au fur et à mesure de leur réception les déclarations faites par les familles.

Le dernier alinéa de l'article R. 2213-39 du code, qui prévoyait une déclaration au maire de la commune de la dispersion en pleine nature est supprimé.

306 **Personne ayant qualité pour pourvoir aux funérailles.** Il s'agit de celle que le défunt aurait désignée par écrit ou par testament ; à défaut les membres de la famille, sont présumées en être chargées.

Le conjoint survivant a la priorité pour organiser les obsèques, puis les enfants. Mais le juge d'instance peut être amené à décider quel membre de la famille ou quel proche (héritier, concubin...) se verra confier l'organisation des funérailles. Il peut également en cas de désaccord au sein de la famille être appelé à trancher.

S'il n'y a ni écrit ni famille, la commune qui prendra en charge les frais d'obsèques a qualité pour pourvoir aux funérailles.

307 **Autorisation de transport de corps ou de cendres en direction de l'étranger.** L'article R. 2213-22 du Code général des collectivités territoriales prévoit que « lorsque le corps est transporté en dehors du

territoire métropolitain ou d'un département d'outre-mer, l'autorisation est donnée par le préfet du département où a lieu la fermeture du cercueil ». S'agissant des cendres, l'article R. 2213-24 indique que leur transport est autorisé « par le préfet du département du lieu de crémation du défunt ou du lieu de résidence du demandeur ».

308 **Déclaration de transport de corps.** Après la déclaration de décès à l'officier d'état civil du lieu de décès, le transport de corps éventuel est lui aussi précédé d'une déclaration.

Cette déclaration préalable est faite :

– au vu du certificat de décès ;

– sur demande de toute personne ayant qualité pour pourvoir aux funérailles ;

– le cas échéant, avec accord écrit du chef de l'établissement de santé ou de la maison de retraite où le décès est intervenu.

Il existe deux situations :

– corps sans cercueil, ou avant mise en bière ;

– corps en cercueil, ou après mise en bière.

309 **Transport de corps sans mise en bière (IGREC, n° 426).**

Le transport d'un corps doit être terminé dans les quarante-huit heures après le décès.

Le corps peut faire l'objet de plus d'un transport dans le respect de ces conditions à chaque fois auprès du maire du lieu de départ au vu du certificat de décès. Voir le formulaire de déclaration préalable au transport de corps sans mise en bière, **n° 727**.

310 **Départ du corps sans mise en bière.** Il doit s'effectuer dans les conditions cumulatives suivantes :

– dans une voiture spéciale, aménagée, réservée à cet usage et agréée par le préfet ;

– la mairie du lieu où doit arriver le corps est immédiatement informée par tout moyen ;

– le personnel assurant le transport doit avoir l'habilitation funéraire.

311 **Arrivée du corps sans mise en bière.** Elle est assurée, en tant que de besoin, par le maire, le commissaire de police ou le garde champêtre. Toutefois, la présence de l'une de ces personnalités n'est pas obligatoire.

312 **Transport entre un établissement de santé ou d'hébergement et la chambre mortuaire située hors de l'établissement.** Le décret n° 2002-1065 du 5 août 2002 simplifie les formalités pour ces transports qui rentrent dans le régime de droit commun.

Si la chambre mortuaire est située sur une autre commune, le maire de cette commune reçoit copie de l'accord.

Si la chambre mortuaire est de plus située dans un établissement qui ne dépend pas du même gestionnaire, le responsable de cet établissement reçoit aussi copie de l'accord.

313 **Transport de corps après mise en bière.** La mise en bière avant transport est obligatoire dans les cas autres que ceux prévus au **n° 309** et en fonction du certificat médical.

Le refus du médecin de transporter le corps sans mise en bière doit être motivé.

S'il n'y a pas l'accord pour autoriser le transport de corps sans mise en bière, le corps ne peut être transporté qu'après mise en bière.

314 **Départ du corps après mise en bière.** Le transport de corps après fermeture du cercueil fait l'objet d'une déclaration préalable au maire, de la commune de départ (voir modèle, **n° 728**). La mairie de destination en France est informée sans délai.

Si la destination est l'étranger ou hors de la métropole l'autorisation est donnée :

- soit par le sous-préfet du lieu où le cercueil est fermé ;
- soit par le sous-préfet du lieu de dépôt ou de l'inhumation provisoire ;
- soit par le préfet.

Les fonctionnaires de police, le maire ou le garde champêtre assistent à la mise en bière et apposent deux cachets de cire revêtus du sceau de la mairie.

315 **Arrivée d'un corps venant de l'étranger (IGREC, n° 426-2).** L'entrée en France du corps d'une personne décédée à l'étranger ou dans un territoire d'outre-mer et son transfert au lieu de sépulture ou de crémation sont effectuées au vu d'une autorisation délivrée par le représentant consulaire français ou le délégué du Gouvernement (préfet).

316 **Vacations.** Le régime des vacations versées par les familles à l'occasion d'opérations funéraires a été modifié par la loi n° 2008-1350 du 19 décembre 2008 et le décret n° 2010-917 du 3 août 2010.

Les opérations de surveillance des opérations funéraires telles que fixées par le Code général des collectivités territoriales donnent seules droit à des vacations dont le montant, fixé par le maire après avis du conseil municipal, est compris entre 20 et 25 euros.

L'intervention des fonctionnaires donne lieu au versement des vacations selon les règles suivantes :

1 – Une vacation pour :

– la fermeture du cercueil et la pose de scellés, en cas de transport du corps hors de la commune de décès ou de dépôt ;

– la fermeture du cercueil et la pose de scellés, lorsqu'il doit être procédé à la crémation du corps ;

– l'exhumation, suivie d'une réinhumation dans le même cimetière ou d'une translation et d'une réinhumation du corps dans un autre cimetière de la même commune ou dans une autre commune, ou d'une crémation ;

2 – Une vacation pour le premier corps et une demi-vacation pour chacun des autres corps en cas d'exhumation de plusieurs corps d'une même sépulture, suivie d'une réinhumation dans le même cimetière, d'une translation et d'une réinhumation dans un autre cimetière de la même commune ou dans une autre commune ou d'une crémation.

Dans les communes dotées d'un régime de police d'État, les opérations de surveillance sont effectuées, sous la responsabilité du maire, par un fonctionnaire de la police nationale ; le produit des vacations est versé au budget de l'État.

Dans les autres communes, les opérations de surveillance sont effectuées par un garde-champêtre ou un agent de police municipale délégué par le maire.

Selon les articles R. 2213-49 et R. 2213-50, la vacation n'est exigible que dans les communes où la surveillance est réalisée par les fonctionnaires.

À la fin de chaque mois, le maire dresse, s'il y lieu, un relevé comportant :

– les vacations versées par les familles pendant le mois ;

– la désignation des fonctionnaires ayant participé aux opérations mentionnées plus haut.

Le maire délivre à la partie intéressée un bulletin de versement indiquant le détail des sommes à percevoir. Le relevé mentionné au premier alinéa est transmis au receveur municipal qui verse, après émargement, l'intégralité du produit des vacations aux fonctionnaires intéressés.

317 **Obligations concernant la surveillance des opérations funéraires.** Selon les cas, une vacation devra être versée ou non par la famille :

1 – lorsque le corps du défunt est inhumé dans la commune de décès (ou de dépôt) : absence de surveillance de la fermeture du cercueil et absence de vacation ;

2 – inhumation dans une commune autre que celle de décès (ou de dépôt) : une seule vacation versée pour la surveillance de la fermeture du cercueil ;

3 – lorsque le défunt (ou la famille) a fait le choix de la crémation, quel que soit le lieu de la crémation (dans la commune de décès, de dépôt ou dans une autre commune) : lors de la surveillance de la fermeture du cercueil, une seule vacation sera versée par la famille ;

4 – les autres opérations de surveillance prévues par le Code général des collectivités territoriales doivent être effectuées, en tant que de besoin, même si elles ne donnent plus lieu au versement d'une vacation depuis l'entrée en vigueur de la loi. En effet, la loi maintient la distinction entre les opérations de surveillance et le versement des vacations. Mais elle restreint la liste des opérations surveillées et donnant lieu à vacation. Au total, le versement de vacations est réservé aux opérations de surveillance figurant ci-dessus.

318 **Intervention des établissements de santé dans la réalisation d'opérations funéraires.** Les établissements de santé ne peuvent exercer aucune autre mission relevant du service extérieur des pompes funèbres que le transport de corps avant mise en bière, pour transfert vers une chambre funéraire ou la chambre mortuaire de l'établissement situé sur un site séparé.

319 **Droit à sépulture, inhumation dans une commune.** La sépulture dans une commune est due :

- aux personnes décédées sur son territoire ;
- aux personnes domiciliées sur son territoire ;
- aux personnes qui ont un droit dans une concession familiale ;
- aux personnes domiciliées à l'étranger mais inscrites sur la liste électorale de la commune.

L'inhumation est autorisée par le maire de cette commune.

320 **Délais d'inhumation et de crémation.** L'inhumation et la crémation ont lieu :

- lorsque le décès s'est produit en France vingt-quatre heures au moins et six jours au plus après le décès ;
- lorsque le décès a eu lieu à l'étranger ou dans un territoire d'outre-mer, six jours au plus après l'entrée du corps en France.

Les dimanches et jours fériés ne sont pas compris dans le calcul des délais.

Des dérogations peuvent être accordées par le préfet.

321 **Don du corps.** Un établissement d'hospitalisation, d'enseignement ou de recherche ne peut accepter de don de corps que si l'intéressé en a fait la déclaration écrite en entier, datée et signée de sa main (IGREC, n° 426).

Cet établissement délivre une carte de donateur que celui-ci s'engage à porter en permanence. Elle est remise à l'officier d'état civil lors de la déclaration de décès.

L'établissement peut refuser le corps même après un don du corps.

La déclaration de transport de corps est effectuée selon les règles habituelles.

S'il a accepté le corps, l'établissement assure à ses frais l'inhumation ou la crémation réalisée.

322 **Prélèvement pour rechercher des causes de décès (IGREC, n° 426).** Les déclarations de transport sont délivrées selon les règles habituelles, avant et après prélèvement.

Les frais de transport aller et retour du lieu de décès à l'établissement de santé et les frais de prélèvement sont à la charge de l'établissement de santé dans lequel il a été procédé aux prélèvements.

323 **Décès sur la voie publique** Le transport du corps et l'admission en chambre funéraire sont requis par le maire, les autorités de police ou gendarmerie après constat du décès par un médecin.

CHAPITRE 2

Transcription d'acte de décès

324 **Expédition d'un acte en vue de transcription (IGREC, n° 451).** Le maire de la commune de décès expédie, si le défunt était domicilié dans une autre commune, au maire de cette dernière, copie aux fins de transcription de l'acte de décès concerné.

Cette expédition est faite dans de très brefs délais après la déclaration de décès.

Elle permet de simplifier quelques démarches pour la famille et de faciliter ultérieurement des recherches.

La mairie du lieu de décès, comme la mairie de transcription peuvent compléter le livret de famille, délivrer des copies, extraits ou des bulletins de décès. La transcription de l'acte de décès, ayant la même valeur authentique que l'acte lui-même, est exploitée comme l'acte (mentions, délivrance, livret de famille).

325 **Transcription de l'acte de décès.** La transcription se fait dans les mêmes conditions que l'acte lui-même : sur le registre des décès, à sa place par ordre chronologique, dans la suite des actes établis et affectée d'un numéro d'acte.

Le texte de l'acte est encadré par deux formules :

– la première formule reprend l'année du dressé, le numéro de l'acte et la commune du dressé ;

– la formule concluant la transcription indique la date de transcription ainsi que les coordonnées de l'officier d'état civil.

326 **Modèle de transcription.**

Acte n° … « Transcription de l'acte de décès de … (Prénoms, NOM du défunt), dressé le … à …

« Le … (date et heure) est décédé à … (et la suite de l'acte dans sa totalité).

« Transcrit en mairie de ... (commune de la transcription) le ... (date en toutes lettres) pour Nous ... (identité de l'officier d'état civil ...). »

(signature)

Dans le cas où l'acte de décès à transcrire comporte des erreurs d'état civil ou un défaut de renseignements (date ou lieu de naissance du défunt, filiation...), la transcription peut être complétée par des éléments relevés dans d'autres actes d'état civil. Il sera alors fait référence à ce ou ces derniers actes sous la forme suivante : « Transcrit, au vu également de l'acte de naissance n° ... de l'année ... de la commune de ..., en mairie de ... (commune de transcription).

Ce procédé est déjà appliqué par le service central de l'état civil de Nantes pour les transcriptions d'actes.

La transcription n'entraîne pas la rectification de l'acte de décès lui-même. Les règles de rectification d'acte restent applicables : instructions du procureur.

327 **Formalités postérieures.** La transcription est exploitée comme l'acte de décès original, c'est-à-dire qu'il peut être mis à jour par différentes mentions (rectification, acte de notoriété...) (IGREC, n° 451).

Le livret de famille peut être mis à jour par la mairie du lieu de décès (acte) ou par la mairie du domicile (transcription).

La mairie de transcription peut également établir des extraits ou des copies d'actes de la transcription qui est exploitée comme l'acte lui-même.

CHAPITRE 3

Transcription de jugement déclaratif de décès

328 **Définition.** Il y a lieu à jugement déclaratif de décès lorsqu'une personne a disparu dans des circonstances de nature à mettre sa vie en danger, et que sa mort, quoique très probable ou même certaine n'a pu être constatée, le corps n'ayant pas été retrouvé (IGREC, n° 471).

329 **Quelle est la procédure ?**

1 – La requête en vue d'une déclaration judiciaire de décès est présentée au tribunal de grande instance du lieu de la mort ou de la disparition si celle-ci s'est produite sur un territoire relevant de l'autorité de la France (IGREC, n° 475).

Sinon, le tribunal de grande instance du domicile ou de la dernière résidence de la personne disparue est compétent.

2 – La requête est présentée par le procureur de la République, soit d'office, soit à la demande des parties intéressées (famille, administrations...).

Suite à une catastrophe aérienne, il convient de laisser s'écouler trois mois minimum après l'envoi des dernières nouvelles avant d'engager la procédure.

Pour le dépôt de la requête, le ministère d'avocat n'est pas obligatoire. Le jugement est susceptible d'appel.

330 **Transcription du jugement.** Le jugement prononcé par le tribunal indiquera obligatoirement une date de décès (IGREC, n° 479).

Le parquet notifiera le jugement à l'officier d'état civil chargé de la transcription.

Les jugements déclaratifs de décès tiennent lieu d'acte de décès.

Pour les décès survenus à l'étranger ou en dehors des eaux territoriales, le jugement déclaratif est transcrit à Nantes au SCEC ainsi qu'à la mairie du domicile.

331 **Modèle de transcription (IGREC, n° 217-3).**

« Par transmission du ..., le procureur de la République près le tribunal de grande instance de ... a requis de nous la transcription du jugement rendu le ... par le tribunal de grande instance de ... De ce jugement qui tiendra lieu d'acte de décès, il résulte que le ... (date du décès fixée par le jugement) à ... (lieu fixé par le jugement), est décédé(e) : ... (Prénom(s), NOM), né(e) le : ..., à ..., profession : ..., domicilié(e) : ..., fils (fille) de : ..., et de : ..., profession : ..., domiciliés : ...

« célibataire : ... ; époux(se) de : ... ; veuf(ve) de : ... ; divorcé(e) de : ... ; partenaire pacsé de : ...

« Acte transcrit par Nous ... (NOM de l'officier de l'état civil), le ... »

332 **Formalités postérieures.**

1 – Mention en marge de l'acte de naissance en mairie et greffe.

2 – Mise à jour du livret de famille.

CHAPITRE 4

Acte d'enfant sans vie

333 **Dans quels cas dresse-t-on un acte d'enfant sans vie ?** Deux décrets et deux arrêtés, parus au *Journal officiel* du 22 août 2008, réglementent désormais la situation des enfants sans vie. L'établissement d'un acte est conditionné par la production du certificat médical d'accouchement délivré par un médecin ou une sage-femme dans le cas d'un accouchement spontané ainsi que d'une interruption médicale de grossesse (IMG).

Le certificat n'est pas délivré pour une fausse-couche précoce ou une interruption volontaire de grossesse (IVG).

Une circulaire en date du 19 juin 2009 a précisé les conditions de délivrance du certificat et de rétroactivité de la mesure.

Ainsi, peuvent donner lieu à l'établissement d'un acte d'enfant sans vie, les accouchements pour lesquels un certificat médical – modèle du décret du 20 août 2008 – peut être produit dans les conditions indiquées ci-dessus et postérieurs au 11 janvier 1993 (application de la loi n° 93-22 du 8 janvier 1993).

La déclaration d'un enfant sans vie n'étant soumise à aucun délai, elle est recevable quel que soit le délai écoulé depuis l'accouchement (intervenu au plus tôt le 11 janvier 1993).

334 **Modèle ancien d'acte d'enfant sans vie, d'un couple marié (IGREC, n° 469).**

N° … Acte d'enfant sans vie … (Prénoms)

« Le … (date de l'accouchement) à … (heures) est accouchée d'un enfant sans vie (prénommé …), à … (lieu de l'accouchement) … (Prénoms, NOM, date et lieu de naissance, profession de la mère), épouse de … (Prénoms, NOM, date et lieu de naissance, profession du père), domiciliés à …

« Dressé le … »

335 Modèle ancien d'acte d'enfant sans vie d'un couple non marié, déclaration par le père (IGREC, n° 469).

N° ... Acte d'enfant sans vie ... (Prénoms)

« Le ... (date) à ... (heures), est accouchée d'un enfant sans vie prénommé ... à ... (lieu), ... (Prénoms, NOM, date et lieu de naissance, profession, domicile de la mère).

Le père est ... (Prénoms, NOM, date et lieu de naissance, profession, domicile),

« Dressé le ... sur déclaration du père, qui lecture faite... »

336 Modèle ancien d'acte d'enfant sans vie de mère seule, déclaration par un tiers (IGREC, n° 469).

N° ... Acte d'enfant sans vie ... (Prénoms le cas échéant)

« Le ... (date) à ... (heures) est accouchée d'un enfant sans vie (prénommé ...), à ... (lieu), ... (Prénoms, NOM, date et lieu de naissance, profession, domicile de la mère).

« Dressé le ... sur la déclaration de ... »

☞ *Dorénavant, un enfant sans vie d'une mère non désignée n'est plus en principe enregistré. En effet, personne n'est habilité à en faire la déclaration, celle-ci relevant seule de la responsabilité parentale, sauf décision contraire des tribunaux.*

337 Formalités postérieures.

1 – L'officier d'état civil conserve le certificat médical d'accouchement qui sera archivé ;

2 – Il met à jour du livret de famille existant ou établit, à la demande du ou des parent(s), un livret de famille avec l'extrait de l'acte d'enfant sans vie à inscrire en bas de la page du livret à l'emplacement de l'extrait d'acte de décès.

Les mots « acte de décès » sont barrés et remplacés manuellement par « acte d'enfant sans vie ».

La mise à jour du livret est facultative et intervient à la demande des parents.

3 – L'autorisation de fermeture de cercueil est délivrée si les parents ont choisi de se charger du corps. Une autorisation d'inhumation

peut être délivrée à la maternité si cet établissement accepte de prendre en charge le corps en vue de son inhumation dans le carré du cimetière réservé à cet usage. La crémation, le cas échéant, doit également être autorisée.

4 – L'officier d'état civil complète le bulletin statistique INSEE n° 6 ou transmet les informations par télésystème.

5 – Une copie de l'acte est envoyée à la DASS pour information.

6 – Comme tout acte de décès, une copie de l'acte peut être remise à tout requérant.

☞ *Outre l'inscription sur les registres de décès sous un prénom, les enfants sans vie peuvent figurer dans le livret de famille. De plus, les parents peuvent réclamer le corps de l'enfant et organiser des obsèques, selon la jurisprudence de la Cour de cassation du 6 février 2008.*

Cependant, les enfants sans vie n'acquièrent pas pour autant une personnalité juridique, et n'ont ni droits, ni filiation, ni nom de famille.

CHAPITRE 5

Transcription de jugement déclaratif d'absence

338 **Définition.** Un jugement déclaratif d'absence fait l'objet de transcription sur le registre des décès.

L'absent pour le Code civil est la personne dont on ne peut prouver ni l'existence, ni la mort (C. civ., art. 122).

Le Code civil distingue deux périodes.

La présomption d'absence constatée par le juge des tutelles du domicile dure dix ou vingt ans :

- dix ans s'il y a eu constatation judiciaire d'absence ;

- vingt ans, depuis les dernières nouvelles de l'absent, en l'absence de jugement.

La présomption d'absence fait l'objet d'une inscription au répertoire civil. Le jugement déclaratif d'absence produit tous les effets que le décès de l'absent produirait : succession ouverte, régime matrimonial dissous, le conjoint peut se remarier (C. civ., art. 128).

Si l'absent réapparaît, il recouvre ses droits, ses biens ou leur équivalent monétaire mais le mariage reste dissous.

Un jugement du tribunal viendra annuler la mention précédente (C. civ., art. 129 et 132).

La transcription reprend les termes du jugement transmis par le tribunal.

Mention est portée en marge de l'acte de naissance (C. civ., art. 127).

CHAPITRE 6

Certificat d'hérédité

Section 1
Héritage et succession

339 **Définition.** La succession est la transmission à des personnes vivantes des biens et obligations d'une personne décédée. On dit que le décès ouvre la succession (C. civ., art. 718).

L'héritage est donc formé des droits et biens successibles, actif et passif.

Les droits du conjoint survivant ont été sensiblement améliorés par la loi n° 2001-1135 du 3 décembre 2001. Il convient donc de distinguer dorénavant deux situations :

1 – le défunt n'a pas de conjoint qui lui survit ;

2 – le défunt laisse un conjoint survivant.

340 **Qui sont les héritiers d'une personne décédée sans conjoint survivant ?** En l'absence de testament, de donation ou de régime matrimonial particulier, la loi a prévu un ordre successoral.

Les parents sont répartis en quatre ordres successoraux :

– Premier ordre : enfants du défunt, petits-enfants et arrière-petits-enfants en représentation de leur parent prédécédé ;

– Deuxième ordre : père et mère, frères et sœurs et leurs enfants (en représentation de leur parent prédécédé) ;

– Troisième ordre : grands-parents et arrière-grands-parents ;

– Quatrième ordre : oncles, tantes, cousins, cousines, jusqu'au sixième degré.

Le premier ordre exclut le deuxième, le deuxième ordre exclut le troisième, etc.

341 **Les héritiers d'une personne décédée dont le conjoint est survivant.** En présence d'enfant(s), les héritiers sont le conjoint, le ou les enfant(s) (tous les enfants : ceux communs au défunt et au conjoint survivant mais aussi les enfants que le défunt peut avoir eus avec d'autres personnes) ;

En l'absence d'enfant, le conjoint est seul héritier. Les parents ne sont plus héritiers réservataires (L. n° 2006-728 du 23 juin 2006 portant réforme des successions et des libéralités).

Néanmoins, si le défunt avait des biens qui lui venaient de sa propre famille, celle-ci les récupère en succession.

Enfin, si un partenaire pacsé n'est pas héritier, il peut toutefois par testament hériter de la compagne ou du compagnon décédé.

Section 2
Établissement du certificat d'hérédité

Le certificat d'hérédité permet aux héritiers d'apporter la preuve de leur qualité d'héréditaire.

342 **Qui établit le certificat d'hérédité ?** Les maires sont sollicités pour établir des certificats d'hérédité : maire de la commune de résidence du défunt, ou maire de la commune de résidence des héritiers.

Les notaires établissent des actes de notoriété héréditaire (équivalent du certificat d'hérédité).

Les greffes des tribunaux ne délivrent plus de certificats de propriété.

☞ *Parmi les mesures décidées en mars 2011 par le conseil de modernisation des politiques publiques, l'héritier direct est dorénavant dispensé de fournir, suite à un décès, un certificat d'hérédité ou un acte de notoriété pour la réalisation des démarches les plus courantes. La demande en mairie de certificat d'hérédité devrait donc devenir exceptionnelle.*

De plus, les certificats établis en mairie ne s'imposent pas en l'état aux divers organismes. Ainsi, ceux-ci peuvent imposer d'autres formalités : signatures de tous les héritiers ...

343 **Quand établir un tel certificat ?** Le certificat d'hérédité est établi suite à un décès.

Généralement, les familles attendent quelques jours pour en faire la demande, mais il est possible de l'établir sans délai.

La procédure d'établissement d'un certificat d'hérédité n'a pas été instituée par la loi mais pour une simple pratique administrative.

Les maires apprécient au cas par cas l'opportunité de délivrer de tels actes en fonction des renseignements qui leur sont apportés concernant les héritiers, ou de la situation patrimoniale du défunt.

344 **Que doit indiquer le certificat d'hérédité ?** Ce document doit indiquer :

– la date du décès ;

– les renseignements d'état civil concernant le défunt tels qu'indiqués dans l'acte de décès ;

– les nom, prénoms, situation maritale, domicile, et lien ou degré de parenté des héritiers avec le défunt.

Le document est daté et signé par le maire ou son délégué (voir le modèle, **n° 724**).

En outre, le document portera la signature de l'héritier, ou du demandeur, qui se porte fort pour l'ensemble des cohéritiers.

345 **Que veut dire « se porter fort » ?** La personne qui se porte fort pour les autres héritiers prend l'engagement d'utiliser le certificat qui lui est délivré dans le respect des droits de chacun des héritiers et donc d'effectuer les démarches, munie du certificat, au nom et dans l'intérêt de l'ensemble des héritiers.

346 **À qui est remis le certificat d'hérédité ?** Lorsqu'il est établi, un certificat d'hérédité est remis uniquement aux héritiers. Néanmoins, si parmi les héritiers figure un enfant mineur, il est représenté par son parent ou par un tiers qui exerce la tutelle. On indique alors « sous la tutelle

légale de son père... ou sous la tutelle judiciaire de ... ». À défaut de tuteur légal (orphelin de père et de mère), le juge des tutelles constitue un conseil de famille au sein duquel est désigné un tuteur.

347 **Que faire si la preuve de la qualité d'héritier n'est pas apportée ?** Il est parfois difficile de disposer de tous les livrets de famille, et donc de vérifier la composition des familles et l'existence de certains héritiers.

Aussi, les maires n'établiront les certificats d'hérédité que s'ils estiment disposer de renseignements suffisants.

348 **Responsabilité du maire qui délivre un certificat d'hérédité.** Lorsqu'il établit sciemment un faux ou lorsqu'il ne s'entoure pas de garanties suffisantes, le maire peut voir sa responsabilité engagée. Aussi, la prudence est-elle conseillée.

Mais il peut arriver que le demandeur taise, volontairement ou non, l'existence d'autres héritiers et que le maire n'en ait pas le moindre soupçon.

Pour parer à une telle situation où les héritiers écartés pourraient rechercher la responsabilité du maire, il paraît prudent de porter sur les certificats d'hérédité une formule telle que :

« Certificat établi sur déclarations et au vu des justificatifs apportés par M ..., celui-ci attestant sur l'honneur que les renseignements sont exacts et complets. »

En outre, il est impératif de faire remplir et signer la formule de porte-fort devant vous, une jurisprudence ayant considéré que la responsabilité du maire était dégagée seulement lorsque cette formalité était remplie.

4

MENTIONS MARGINALES

La pratique des mentions en marge des actes d'état civil permet une mise à jour constante de ces actes, et donc une tenue de l'état civil des personnes conforme à la réalité.

Les actes avec mentions font foi à l'égard des tiers jusqu'à preuve de faux.

La tenue rigoureuse et régulière des mentions est la base de la fiabilité de l'état civil et l'apposition des mentions est une des tâches les plus importantes du rôle de l'officier d'état civil.

De nouveaux libellés de mention apparaissent, d'autres disparaissent en fonction de l'évolution du droit de la famille (nom de famille, réforme de la filiation, PACS...).

CHAPITRE 1

Principes régissant l'apposition des mentions

Section 1
Présentation des mentions

349 **Définition.** Une mention est une inscription portée sur le registre en marge ou au bas d'un acte. Elle complète, modifie ou annule l'acte, une partie de l'acte ou une précédente mention.

C'est une mesure de publicité destinée à établir une relation entre deux actes de l'état civil, ou entre un acte et une décision judiciaire ou administrative, une déclaration (PACS), ainsi que des actes établis par notaire (changement de régime matrimonial et acte de notoriété).

Enfin, seules doivent être portées les mentions prévues par la loi ou ordonnées par décision de justice (IGREC, n° 218).

350 **Importance de la mention.** Une mention étant une mise à jour d'un acte, donc de l'état civil d'une personne après événement la concernant, il importe qu'elle soit effective et exempte d'erreurs. Les conséquences peuvent être très sérieuses : situation de bigamie si mention de mariage non à jour, conflit de filiation en cas de première mention de reconnaissance omise...

Toute personne, pour justifier de son état civil, doit pouvoir présenter un extrait de l'acte authentique la concernant. Son contenu fait foi à l'égard de tous jusqu'à inscription en faux.

De plus, depuis 1989, seul le registre conservé en mairie est tenu à jour par les mentions marginales.

L'exemplaire du greffe ne reçoit plus les mentions, l'obligation de mise à jour n'existe plus. Par contre, les greffes reçoivent les avis de mise à jour qu'ils classent par ordre chronologique. Ils disposent ainsi de tous les éléments pour le cas où une reconstitution des actes leur incomberait.

351 **Qu'est-ce qui provoque une mention ?** Une mention est consécutive à :

- un autre acte ;
- une décision judiciaire ;
- une décision administrative ;
- une déclaration (nom de famille, PACS, ...) ;
- des actes notariés (reprise de vie commune, reconnaissance, changement de régime matrimonial et acte de notoriété).

352 **Qui porte une mention ?** Une mention est portée sur le registre par l'officier d'état civil qui en est le dépositaire.

353 **Comment est portée une mention ?** Le texte de la mention est porté sur le registre papier de manière manuscrite le plus couramment. Dans ce cas, l'écriture doit être lisible et soignée.

La mise à jour des actes sur support informatique, optique ou autre doit être effectuée à l'identique et immédiatement.

Si la mention concerne un acte de l'année en cours se trouvant sur une feuille de registre non encore reliée, elle peut être portée sur cette feuille à la machine à écrire ou grâce à une imprimante.

Il conviendra de veiller à utiliser une surface réduite de manière à laisser la place nécessaire pour l'insertion d'autres mentions (IGREC, n° 237).

Ainsi, une abréviation qui ne risque pas de provoquer une erreur d'interprétation est possible, par exemple « 1er Arr. » pour « premier arrondissement ».

Les règles relatives aux ratures et rajouts s'appliquent (IGREC, n° 102).

Enfin, la mention à apposer ne doit pas être contradictoire avec une mention précédente (second décès, seconde reconnaissance paternelle) ou être incompatible avec l'acte ; c'est le cas par exemple d'une mention de déclaration de changement de nom alors que l'enfant a fait l'objet d'un choix de nom (ou non-choix).

Il conviendra le cas échéant de saisir le procureur (IGREC, n° 237-3).

354 **Signature de la mention.** L'officier d'état civil doit indiquer le lieu d'apposition lorsque ce lieu est différent du lieu du dressé de l'acte (ancienne commune annexée), la date, la qualité (maire, agent délégué) et le nom du signataire avant la signature.

355 **Quand doit être apposée une mention ?** Les mentions marginales doivent être apposées dans les trois jours (IGREC, n° 237-1).

Le délai de trois jours pour apposer la mention ne fait pas obstacle à la possibilité d'une apposition au-delà de ce délai. Aucune formalité particulière n'existe.

Ainsi, si l'on s'aperçoit tardivement qu'une mention (reconnaissance, mariage, décès) ne figure pas sur les registres, l'apposition peut intervenir à tout moment dès qu'un justificatif est produit, l'avis de mise à jour est adressé au greffe (IGREC, n° 238). Ce justificatif est soit un avis de mention, soit la copie intégrale de l'acte (mariage, décès) objet de la mention, soit un extrait de cet acte.

Lorsque les mentions manquantes devraient faire référence à des actes de l'état civil étranger, à des décisions judiciaires, à des actes notariés ou à des décisions administratives et que l'on s'aperçoit tardivement qu'elles n'ont pas été apposées, la régularisation ne peut être faite que sur instructions du procureur sauf s'ils figurent déjà sous forme de mentions ou de transcriptions dans un registre d'état civil français – exemple : divorce prononcé à l'étranger porté en marge de l'acte de mariage mais absent des actes de naissance.

À défaut de précision sur ce qui doit être considéré comme « tardif », il est raisonnable de penser qu'au-delà d'un an, il y a retard.

356 **Caractère définitif des mentions.** L'officier d'état civil doit en principe s'assurer du caractère définitif des mentions qu'il appose.

Ainsi en matière de divorce ou de séparation (jugements), le caractère exécutoire de la décision résultera du certificat établi par l'avocat ou l'avoué ou des termes mêmes de sa lettre. Il n'y a pas lieu d'exiger d'autres justificatifs.

Lorsque la demande d'apposition de la mention émanera de l'intéressé lui-même, le caractère exécutoire résultera parfois d'une attestation de l'avocat ou de l'avoué. À défaut, en ce qui concerne les jugements, la demande sera recevable sur production :

– du dispositif du jugement ;

– de la copie certifiée conforme de la signification à partie faite par huissier sauf si divorce sur requête conjointe ou sur demande acceptée ;

– du certificat de non-appel délivré par le greffier en chef de la cour d'appel, ou d'un acte d'acquiescement signé par les intéressés.

En ce qui concerne les arrêts, il y a lieu d'obtenir :

- le dispositif de l'arrêt ;

- la copie certifiée conforme de la signification à partie faite par huissier ;

- le certificat de non-pourvoi délivré par le greffier en chef de la Cour de cassation.

Enfin, lorsque l'ordonnance ou le jugement sont notifiés par le greffe du tribunal aux intéressés, il n'y a pas lieu d'exiger une signification à partie faite par huissier, le certificat de non-appel suffit.

Lorsque les voies de recours ne portent que sur les mesures accessoires et pas sur la question principale (divorce, séparation), l'officier d'état civil pourra apposer la mention lorsqu'il disposera des justificatifs du caractère définitif du jugement. Il ne lui appartient pas de s'assurer que le recours est limité aux mesures accessoires (IGREC, n° 227-1).

Les différents documents devront être des originaux ou des photocopies certifiées conformes par l'avocat ou l'avoué.

En cas de difficultés, l'officier d'état civil devra en référer au procureur (IGREC, n° 214-2).

357 **Où est apposée la mention ?** L'inscription se fait soit en marge soit en bas de page (IGREC, n°s 100 et 101) :

- en marge sur les registres où seule la marge latérale existe ;

- en bas, si une demi-page a été laissée disponible à cet effet.

Certains actes comportent de nombreuses mentions pour lesquelles l'emplacement prévu à l'origine se révèle insuffisant.

Chaque espace libre tout autour de l'acte est alors utilisé pour les mentions.

Il est indispensable, à partir d'un certain nombre, de les numéroter par ordre chronologique de leur apposition.

Enfin, si aucune possibilité ne subsiste, les dernières mentions sont portées sur une feuille annexée, soit à la page concernée, soit en fin de registre, feuille qui sera attachée au registre par une bande adhésive de bonne qualité et authentifiée par l'officier d'état civil. Du papier blanc assez épais est accepté.

De plus, sur l'acte, une indication renverra à la suite des mentions situées en fin de registre. Écrire ou souligner en rouge :

« Suite des mentions en fin de registre. »

En fin de registre, réserver un quart ou un tiers de page pour la suite des mentions relative à un acte donné.

« Acte n° … nom, prénoms (suite des mentions) »

« Mention n° 7 »

« Mention n° 8 »

☞ *Les zones réservées pour des actes différents sont séparées par un trait sur toute la largeur de la page.*

358 **Mention manquante.** L'apposition tardive d'une mention de mariage, de reconnaissance, de décès est toujours possible éventuellement au vu des extraits des actes qui les ont constatés.

Il convient aussi d'adresser un avis de mise à jour au greffe.

359 **Mention tardive.** Lorsque la mention manquante fait référence à une décision judiciaire, à un acte d'état civil étranger, à un acte notarié ou à une décision administrative, la régularisation se fera sur instructions du procureur qu'il conviendra de saisir (IGREC, n° 238).

Section 2
Mentions consécutives à des actes étrangers

360 **Mention consécutive à des actes dressés à l'étranger.** Rien ne s'oppose en principe à la mention en marge d'actes dressés ou transcrits en France, d'actes dressés à l'étranger (IGREC, n° 224).

1 – Pays ayant signé la convention internationale (voir la liste, **n° 624**).

L'officier d'état civil portera la mention à la réception de l'avis de mention venant de l'officier d'état civil du pays étranger (IGREC, n° 569).

2 – Autres pays : les mentions ne seront apposées que si l'officier d'état civil en est requis par l'intéressé, ou si la demande de mention faite par les autorités étrangères est transmise par la voie diplomatique (IGREC, n° 224).

3 – Règles à respecter :

– conseiller à l'intéressé s'il est de nationalité française de faire transcrire l'acte sur les registres consulaires ;

– s'assurer que l'acte étranger est tenu pour valable en France, auprès du procureur de la République qui appréciera si les conditions de fond de la loi française sont respectées ;

– si l'acte concerne un étranger, il n'y a pas lieu de faire transcrire au consulat.

361 **Mention consécutive à un jugement ou une décision étrangère.**

1 – L'officier d'état civil consultera, le cas échéant par téléphone, le procureur de la République et lui demandera ses instructions sur la validité juridique du jugement ou de la décision étrangère (IGREC, n° 585-1).

2 – En matière d'état des personnes, une jurisprudence constante décide que les jugements étrangers produisent leurs effets en France indépendamment de toute décision d'*exequatur* (IGREC, n° 582).

Cette jurisprudence s'applique aux jugements déclaratifs (constatation d'une filiation, annulation d'un mariage) comme aux jugements consécutifs d'un état nouveau (divorce) et ne distingue pas selon que la décision concerne uniquement des étrangers ou met en cause des Français.

3 – L'opposabilité n'est d'ailleurs pas définitive, les tribunaux français pouvant être éventuellement appelés à exercer un contrôle sur la régularité de la décision étrangère, lors d'une instance en *exequatur* ou en inopposabilité de cette décision (IGREC, n° 582).

4 – Les mentions de jugement à l'état civil doivent être considérées comme des mesures de publicité et non d'exécution et peuvent donc être effectuées sur les registres sans *exequatur* préalable.

L'*exequatur* est uniquement nécessaire lorsque les jugements étrangers doivent donner lieu en France à des actes d'exécution sur les biens, ou de coercition sur les personnes, par exemple exécution des dispositions des jugements étrangers relatifs aux pensions alimentaires ou à la garde des enfants (IGREC, n° 584).

5 – En aucun cas, la publicité des décisions étrangères sur les registres de l'état civil ne peut être effectuée sans instructions du procureur (IGREC, n° 585). Toutefois, lorsque la décision concerne un divorce, une séparation de corps ou une annulation de mariage et a été prononcée dans un pays de l'Union européenne, l'officier d'état civil doit vérifier son caractère exécutoire et apposer la mention sans avoir à saisir le parquet (Règl. européen du 27 novembre 2003 et IGREC, n°s 585-5 et s.).

CHAPITRE 2

Libellé des mentions

Section 1
Mentions apposées en marge des actes de naissance

Sous-section 1
Mentions relatives à la filiation

362 Reconnaissance.

Reconnu(e) à … le … par … (Prénoms, NOM, *éventuellement (première partie : … seconde partie : …)* [(1)] né(e) à … le …)

Complété le cas échéant par

Acte transcrit à (consulat, SCEC,) sous le n° …

Instructions du procureur de la République de … n° … du … (date)

Acte reçu le … par maître …, notaire à … (parfois transcrit le …)

*(1) L'ajout des rubriques « première partie » – « seconde partie » a été annoncé par le ministère de la Justice dans une réponse ministérielle du 5 mai 2011. Une circulaire est actuellement en préparation pour tenir compte de la décision du Conseil d'État du 4 décembre 2009 (voir **n° 7**). Pour l'heure, il convient donc de ne pas insérer ces rubriques dans les actes d'état civil et les livrets de famille.*

363 Filiation par possession d'état.

Filiation établie à l'égard de (Prénoms, NOM, *éventuellement (première partie : … seconde partie : …)* [(1)] né à … le …).

Acte de notoriété en date de … délivré par le juge d'instance de …

Instructions du procureur de la République de … n° … du … (date).

Ou

Jugement en constatation de la possession d'état du tribunal de grande instance de … en date du …

Instructions du procureur de la République de ... n° ... du ... (date)

*(1) L'ajout des rubriques « première partie » – « seconde partie » a été annoncé par le ministère de la Justice dans une réponse ministérielle du 5 mai 2011. Une circulaire est actuellement en préparation pour tenir compte de la décision du Conseil d'État du 4 décembre 2009 (voir **n° 7**). Pour l'heure, il convient donc de ne pas insérer ces rubriques dans les actes d'état civil et les livrets de famille.*

364 Filiation par jugement.

Par jugement (arrêt) de ... rendu le ..., il a été décidé que cet enfant est le fils de ... Prénoms, NOM, *éventuellement (première partie : ... seconde partie : ...)* (1) né à ... le ...

*(1) L'ajout des rubriques « première partie » – « seconde partie » a été annoncé par le ministère de la Justice dans une réponse ministérielle du 5 mai 2011. Une circulaire est actuellement en préparation pour tenir compte de la décision du Conseil d'État du 4 décembre 2009 (voir **n° 7**). Pour l'heure, il convient donc de ne pas insérer ces rubriques dans les actes d'état civil et les livrets de famille.*

365 Désaveu de paternité et contestation de paternité.

Par jugement (arrêt) du ... rendu le ..., il a été décidé que cet enfant n'est pas le fils de ... (Prénoms, NOM), né à ... le...

Sous-section 2
Mentions relatives à l'adoption

366 Adoption plénière sur l'acte de naissance d'origine.

Acte annulé.

Adoption plénière (pièces annexes n° ...)

☞ *Les mentions « adopté et légitimé... » ou « légitimation adoptive... » ne sont plus portées depuis l'entrée en vigueur de la loi n° 66-500 portant réforme de l'adoption. Elles correspondaient à ce qui est maintenant l'adoption plénière (IGREC, n° 197-8).*

367 Adoption simple.

Adopté en la forme de l'adoption simple par ... (Prénoms, NOM), né(e) le ... à ... (et par ... son épouse). Le nom de l'adopté est désormais ..., *éventuellement (première partie : ... seconde partie : ...)* (1)

Jugement du tribunal de grande instance (arrêt de la cour d'appel) de ... rendu le ...

Parfois, adoption par le conjoint du parent d'origine, préciser :

Adopté ... par ... : conjoint du parent de l'adopté.

*(1) L'ajout des rubriques « première partie » – « seconde partie » a été annoncé par le ministère de la Justice dans une réponse ministérielle du 5 mai 2011. Une circulaire est actuellement en préparation pour tenir compte de la décision du Conseil d'État du 4 décembre 2009 (voir **n° 7**). Pour l'heure, il convient donc de ne pas insérer ces rubriques dans les actes d'état civil et les livrets de famille.*

☞ ***La mention « adopté par ... » doit être comprise comme adoption simple. Mais ce n'est pas toujours le cas ... une lecture attentive du texte de la mention est toujours nécessaire.***

368 Adoption révoquée.

Adoption révoquée par jugement (arrêt) du ... rendu le ...

369 Adopté par la Nation.

Adopté par la Nation en vertu d'un jugement (arrêt) de ... rendu le ...

Sous-section 3 **Mentions relatives au nom ou au prénom**

370 Changement de prénom.

Par jugement (arrêt) du ... rendu le ..., les prénoms de l'intéressé ont été modifiés en ce sens qu'il se prénommera désormais ...

371 Changement de nom d'un mineur.

Prend le nom de ... suivant déclaration conjointe de changement de nom faite devant l'officier d'état civil de ... en date du ...

372 Changement de nom d'un majeur dont le lien de filiation est modifié ou dont le nom du parent est modifié.

Prend le nom de ..., *éventuellement (première partie : ... seconde partie : ...)* (1)

Consentement de l'intéressé reçu le ... par ... officier d'état civil de ...

(1) L'ajout des rubriques « première partie » – « seconde partie » a été annoncé par le ministère de la Justice dans une réponse ministérielle du 5 mai 2011. Une circulaire est

*actuellement en préparation pour tenir compte de la décision du Conseil d'État du 4 décembre 2009 (voir **n° 7**). Pour l'heure, il convient donc de ne pas insérer ces rubriques dans les actes d'état civil et les livrets de famille.*

373 Changement de nom d'un majeur par décret.

Est autorisé à porter désormais le nom de ..., *éventuellement (première partie : ... seconde partie : ...)* [1] en application du décret du ...

Instructions du procureur de la République n° ... du ... (date)

*(1) L'ajout des rubriques « première partie » – « seconde partie » a été annoncé par le ministère de la Justice dans une réponse ministérielle du 5 mai 2011. Une circulaire est actuellement en préparation pour tenir compte de la décision du Conseil d'État du 4 décembre 2009 (voir **n° 7**). Pour l'heure, il convient donc de ne pas insérer ces rubriques dans les actes d'état civil et les livrets de famille.*

Sous-section 4
Mention relative au changement de sexe

374 Changement de sexe

Par jugement (arrêt) de ... rendu le ..., l'intéressé sera désigné comme étant de sexe .... Son prénom sera ... au lieu de ....

Sous-section 5
Mentions relatives au mariage, au PACS, au divorce ou à la reprise de vie commune

375 Mariage.

Marié(e) à ... le... avec (Prénoms, NOM).

Complété le cas échéant par

Acte transcrit à consulat ou ambassade ... sous le n° ...,

Acte transcrit au SCEC sous le n° ...,

Instructions du procureur de la République de ... n° ... du ... (date)...,

Les effets du mariage remontent à ... (date du jour précédent le décès pour un mariage à titre posthume)

376 PACS.

Pacs enregistré au tribunal d'instance de ... (au poste diplomatique ou consulaire de ... ou par maître ... notaire à ...) le ... avec ... (Prénoms, NOM), né(e) le ... à ...

Modification du pacte civil de solidarité, le ...

Dissolution du pacte civil de solidarité, le ...

377 Divorce.

Divorcé(e) de (Prénoms, NOM) par jugement du juge aux affaires familiales du tribunal de grande instance de ... (ou par arrêt du juge aux affaires familiales de la cour d'appel de ...) rendu le ...

Lorsque le mariage a été célébré à l'étranger, non transcrit au consulat et non porté sur l'acte de naissance, la mention sera :

Mariage avec (Prénoms, NOM), célébré le ... à ... dissous par ... (nature de la décision) du ... (nom de l'autorité) du ... (lieu de décision) en date du ....

Instructions du procureur de la République de ... n° ... du ... (date)

378 Séparation de corps.

Séparé(e) de corps de ... par jugement (ou arrêt) du juge aux affaires familiales du tribunal de grande instance (ou de la cour d'appel) de ... rendu le ...

379 Reprise de vie commune.

Les époux, après avoir été séparés de corps ont repris la vie commune par déclaration du (date) devant l'officier d'état civil de ... (ou par acte reçu par maître ... notaire à ... le ...).

380 Annulation de mariage.

Mariage du... annulé par jugement (arrêt) du tribunal de grande instance (de la cour d'appel) de ... rendu le ....

Sous-section 6
Mentions relatives au décès

381 Décès.

Décédé(e) à … le …

Complété le cas échéant par

Acte dressé à (consulat, SCEC)

Acte transcrit à (consulat, SCEC) sous le n° …

Instructions du procureur de la République de … n° … du … (date)

382 Déclaration judiciaire de décès.

Décédé à … le …

Jugement (arrêt) transcrit à … le …

383 Déclaration judiciaire d'absence.

Déclaré absent.

Jugement (arrêt) transcrit à … le …

Section 2
Mentions apposées en marge des actes de mariage

384 Divorce.

Mariage dissous par jugement de juge aux affaires familiales du tribunal de grande instance (arrêt de la cour d'appel) rendu le …

385 Séparation de corps.

Séparés de corps par jugement du juge aux affaires familiales du tribunal de grande instance (arrêt de la cour d'appel) de … rendu le …

386 Reprise de vie commune.

Les époux, après avoir été séparés de corps ont repris la vie commune par déclaration du (date) devant l'officier d'état civil de … (ou par acte reçu le … par Me … notaire à …)

387 Annulation de mariage.

Mariage annulé par jugement (arrêt) du tribunal de grande instance (de la cour d'appel) de … rendu le …

388 Régime matrimonial.

Changement (ou modification) du régime matrimonial par acte dressé le … par M^{e} … notaire à …

Parfois complété par :

Homologation par le tribunal de …

389 Lien de filiation.

Filiation de l'époux à l'égard de prénoms, nom …

L'époux a été adopté sous la forme de l'adoption simple par … (Prénoms, NOM), né(e) le … à …

Son nom est désormais …

Jugement (arrêt) du …

Section 3
Mentions apposées en marge des actes de décès et des transcriptions de décès

390 Mort pour la France.

Décision du ministre … n^{o} … en date du …

391 Acte de notoriété.

Acte de notoriété établi le … par maître … notaire à …

Section 4
Rectification ou annulation d'actes ou de mention

392 Rectifications d'actes.

Rectifié par décision du procureur de la République de ... n° ... du (date) en ce sens que ...

Rectifié par ordonnance (arrêt) de ... rendu le ... en ce sens que ...

393 Annulation d'actes.

Acte annulé par jugement du ... (arrêt ...) rendu le ... aux termes duquel il ne sera plus délivré à l'avenir ni copie ni extrait.

394 Annulation de mentions.

La mention de ... est annulée par jugement (arrêt) du ... rendu le ...

CHAPITRE 3

Formalités postérieures

395 **Travail à effectuer après l'apposition d'une mention.**

1 – Apposer la même mention sur le second exemplaire du registre, s'il s'agit d'un acte de l'année en cours.

2 – Si le second exemplaire est déposé au greffe du tribunal, transmettre un avis de mention, ou de mise à jour à M. le procureur de la République, service du greffe. L'envoi au greffe peut se faire de manière groupée (tous les mois par exemple) plutôt que quotidiennement.

3 – Apposition sur tous les autres actes concernés, exemple : pour une mention de divorce, porter la mention adéquate sur les actes de naissance des deux ex-conjoints.

Si les actes se trouvent dans d'autres communes ou au service central de l'état civil, leur transmettre un avis de mention.

4 – Renseigner l'INSEE bulletin n° 3 selon le type de mention.

5 – Prévoir la mise à jour du livret de famille le cas échéant, ou le refaire sous forme de duplicata, en intégrant les modifications découlant des mentions. Il convient donc d'inviter le détenteur du livret à faire le nécessaire pour demander la mise à jour du livret.

6 – Mise à jour de la table annuelle et de la table décennale, si changement de nom.

7 – Mise à jour éventuelle de la liste électorale.

8 – Expédition à l'étranger si l'acte concerne un étranger ressortissant d'un pays ayant signé la convention internationale (voir **n° 652**) ;

Un avis de mention plurilingue existe, il doit être utilisé et complété en lettres capitales.

9 – S'il s'agit d'un étranger d'un autre pays, il appartient à l'intéressé, s'il le souhaite, de demander la transcription à son consulat.

10 – Enfin, si l'acte concerné se trouve dans un fichier informatisé, ou numérisé ou bien un système de microfilm, faire le nécessaire pour que l'acte ainsi stocké soit mis à jour à l'identique avec l'acte authentique.

396 **Renvois en marge des registres (IGREC, n° 221).** Certaines décisions judiciaires font l'objet d'une mention succincte en marge des registres, à la date à laquelle s'est produit l'événement constaté ; cette mention succincte est aussi appelée renvoi.

Sont ainsi mentionnés :

1 – le renvoi concernant la transcription du jugement ou arrêt déclaratif de naissance, en marge des registres de la commune où l'acte de naissance aurait dû normalement être dressé, ou transcrit, et à la date de la naissance ;

2 – le renvoi concernant la transcription du jugement ou arrêt déclaratif de décès, en marge des registres de la commune à la date où l'acte aurait dû normalement être dressé et, le cas échéant, sur les registres de la commune où il aurait dû être transcrit ;

3 – le renvoi concernant la transcription d'un jugement d'adoption plénière, en marge du registre des naissances, à la date à laquelle est survenue la naissance. Mais, dans ce dernier cas, le renvoi ne doit pas paraître sur la page de l'acte de naissance annulé ; il sera inscrit sur une page voisine (IGREC, n° 217-1) ;

4 – le renvoi concernant la transcription du jugement déclaratif d'absence en marge du registre des décès à la date de l'absence fixée par le jugement.

5 – Il n'est pas rare de trouver en marge de registres à la date d'un décès les références de l'acte établi tardivement, parfois après plusieurs mois ou années. Ce procédé paraît effectivement bien utile pour faciliter la recherche d'actes.

397 **Modèle de renvoi en marge de registre (IGREC, n°s 273 et 480 ; C. civ., art. 55, 79 et 91).**

Dans la partie supérieure de la page, au-dessus de la première ligne de texte, délimiter un long rectangle par des traits nets.

Inscrire très lisiblement dans cette surface le texte adéquat.

Exemple :

« Acte de naissance de ... (nouveaux NOM et Prénoms de l'enfant adopté), voir transcription n°... (numéro de l'acte sur les registres de l'année courante) en date du... (date de la transcription). »

ou encore :

« Jugement déclaratif de décès (ou absence) (ou de naissance) de ... (NOM et Prénoms de l'intéressé). Voir transcription n°... en date du... »

398 **Avis de mention.** Certaines communes utilisent un registre des avis de mentions de mariage, de reconnaissance, décès, divorce et séparation de corps.

Ce registre comporte une souche et un volant.

Le volant est un avis de mention polyvalent dont la partie supérieure détachable constitue le récépissé.

La souche étroite de longueur égale à la hauteur du registre est prévue pour y noter le nom de la personne intéressée, la nature de la mention et le numéro de l'acte (IGREC, n° 229-1).

Les services informatisés éditent eux-mêmes leur propre avis de mention de présentation compatible avec les imprimantes.

399 **Contrôle de l'apposition.** Il importe de vérifier si les avis de mentions sont parvenus à leur destination. Aussi la mention une fois apposée, le récépissé est renvoyé à la mairie expéditrice (IGREC, n°s 229 et 259).

Celle-ci pourra vérifier l'absence ou la présence du récépissé.

☞ *Rappel : Quel que soit le procédé utilisé, les maires sont tenus de conserver les récépissés d'avis de mention pendant dix ans et de vérifier périodiquement si tous les récépissés leur ont bien été renvoyés et, le cas échéant, de procéder à des rappels (IGREC, n° 259).*

400 **Avis de mention et collectivités d'outre-mer (IGREC, n° 231).** L'officier d'état civil adresse un avis supplémentaire de mention au dépôt des papiers d'outre-mer, 27, rue Oudinot, 75007 Paris, lorsqu'il concerne un acte antérieurement dressé ou transcrit dans une collectivité d'outre-mer.

L'autre avis est adressé à la municipalité d'outre-mer concernée.

5

TABLES, REGISTRES, ACTES

Documents éminemment précieux, les registres d'état civil contiennent les actes authentiques dressés pour les naissances, les mariages et les décès mais également les reconnaissances, les déclarations de changement de nom, les déclarations de reprise de vie commune, les transcriptions d'actes de décès, les transcriptions de jugement d'adoption plénière ainsi que de jugements déclaratifs de naissance, de décès et d'absence, enfin les actes d'enfant sans vie.

Leur tenue répond à des exigences de divers ordres :

- *capacité des personnes intervenant à l'acte ;*
- *rédaction complète et parfaite ;*
- *tenue en double original ;*
- *papier très spécial ;*
- *caractère intouchable du texte signé ;*
- *règles précises de consultation, de délivrance de copies et d'extraits ;*
- *conservation des tables et registres ;*
- *mise à jour rigoureuse, par officier d'état civil habilité.*

L'ère informatique s'est intéressée avec bonheur aux actes d'état civil ; elle a facilité le travail de l'officier d'état civil mais n'a pas supprimé, pour l'instant, la tenue du registre papier en double exemplaire, qui reste l'unique support fiable des actes authentiques.

CHAPITRE 1
Registres

401 **Définition.** Le registre est un livre public où l'on inscrit les actes à conserver. Il est annuel.

Il peut être unique pour les naissances, mariages et décès, mais le plus souvent il est tenu en trois catégories.

Section 1
Présentation matérielle d'un registre

402 **Le registre des naissances.** Il contient :

- les actes de naissance ;
- les actes de reconnaissance ;
- les jugements déclaratifs de naissance ;
- les procès-verbaux d'enfants trouvés ;
- les transcriptions de jugement d'adoption plénière ;
- les déclarations parentales conjointes de changement de nom ;
- les consentements à changement de nom de majeurs après modification de la filiation.

403 **Le registre des mariages.** Il contient :

- les actes de mariage ;
- les déclarations de reprise de vie commune.

404 **Le registre des décès.** Il contient :

- les actes de décès ;
- les transcriptions d'actes de décès ;
- les actes d'enfants sans vie ;

- les jugements déclaratifs de décès ;
- les jugements déclaratifs d'absence.

405 **Un ou plusieurs registres ?** Les municipalités peuvent utiliser au choix, soit un registre unique, soit plusieurs registres. Il est recommandé dans les communes de moins de 5 000 habitants de n'utiliser qu'un seul registre, le nombre d'actes annuels étant relativement restreint (IGREC, n° 40) mais la grande majorité a fait le choix de trois registres distincts.

406 **Format des registres.** Le format le plus souvent utilisé est le format A4, soit 21 × 29,7 cm. Il est d'ailleurs conseillé de réserver une page par acte (IGREC, n° 35).

Des formats plus grands peuvent toutefois continuer à être employés.

Sur cent années de registres, plusieurs formats ont pu être utilisés selon les années, et les registres ne sont pas uniformes.

407 **Nombre d'exemplaires.** Chaque registre est tenu en double. Le second exemplaire est destiné au greffe du tribunal de grande instance, lorsque l'année est écoulée.

408 **Nombre d'exemplaires et collectivités d'outre-mer.** Dans les collectivités d'outre-mer, les registres sont tenus en trois exemplaires (IGREC, n°s 40 et 670 à 673) :

- un exemplaire reste en mairie ;
- le deuxième exemplaire est conservé au greffe du tribunal de grande instance compétent ;
- le troisième exemplaire est remis au dépôt des papiers publics d'outre-mer, 27, rue Oudinot, 75007 Paris, qui peut aussi délivrer des expéditions.

409 **Papier utilisé pour les registres.** Fourni par l'imprimerie des timbres-poste à Périgueux, le papier spécial est de belle qualité, résistant et filigrané.

Les feuilles sont numérotées et revêtues d'un timbre spécial par l'imprimerie des timbres-poste, pour éviter d'avoir à les faire parapher par le juge.

410 **Reliure provisoire.** Les registres sont parfois reliés préalablement à leur mise en service, ils sont en général brochés et pourvus d'une couverture provisoire.

La reliure définitive intervient ultérieurement.

Les feuilles mobiles sont conservées dans des classeurs.

Section 2
Confection des registres

411 **Approvisionnement du papier, numérotage et timbrage.** Depuis 2002 les mairies passent commande directement à l'IFTV, Imprimerie des Timbres-Poste et de Valeurs Fiduciaires, des feuilles destinées à constituer les registres d'état civil.

Pour toute information il convient de contacter l'imprimerie au numéro de téléphone suivant : 05 53 03 19 87 ou au fax : 05 53 03 19 85.

Les mairies règlent directement la fourniture de ces feuilles au fournisseur dès réception de la facture.

Les différents formats et les différentes présentations de feuilles et de registres existants sont proposés.

Le papier fourni par l'ITVF est numéroté et timbré avant livraison.

412 **Commande de feuilles de registres.** La commande est faite auprès de l'Imprimerie des Timbres-Postes et de Valeurs Fiduciaires :

Phil@Poste – Service Client – État Civil – ZI avenue François-Frachon BP 106 Boulazac – 24 051 Périgueux Cedex 9.

Deux modes de passation de commande sont à la disposition des maires :

1 – Site Internet : *www.itvf.net*

La Poste a mis au point un site Internet sécurisé pour passer commande selon le calendrier établi par l'ITVF.

Chaque mairie dispose de son propre mot de passe pour sécuriser la relation commerciale : mot de passe à demander à La Poste.

2 – Bon de commande

L'ITVF adresse tous les ans aux mairies un courrier précisant les modalités pratiques pour les commandes électroniques.

Un bon de commande personnalisé y est joint qui peut être retourné par courrier.

La commande doit être suffisante pour les différents registres, premier et second exemplaires.

Les commandes complémentaires doivent être exceptionnelles.

La commande est annuelle, néanmoins le reliquat de fin d'année pourra être utilisé l'année suivante sous réserve des dispositions réglementaires, c'est-à-dire après épuisement des feuilles de l'année considérée et en prenant soin de porter des indications dans le registre à la page d'ouverture.

413 **Dates de commande.** Les commandes et expéditions de feuillets de registres s'effectuent sur la base d'un découpage géographique du territoire calqué sur les cinq zones de numérotation téléphonique :

1 – Île-de-France

2 – Nord-Ouest

3 – Nord-Est

4 – Sud-Est

5 – Sud-Ouest

Les DOM sont rattachés à la zone 2.

Le calendrier défini par l'ITVF et La Poste, partenaire de l'opération est le suivant :

Zone	passe commande	est livrée
1	janvier-février	mars-avril
2	mars-avril	mai-juin
3	mai-juin	juillet-août
4	juillet-août	septembre-octobre
5	septembre-octobre	novembre-décembre

414 **Réception des feuilles pour registre.** À la réception des feuilles de papier spécial, la mairie doit vérifier la totalité de l'envoi.

Le maire doit informer le procureur de la république du tribunal de grande instance de la réception des feuilles en précisant :

1 – si le registre est préalablement relié :

les registres sont ainsi composés,

– « premier registre : 25 feuilles numérotées de AZ 1001 à AZ 1027, à l'exception des numéros AZ 1003 et AZ 1004 manquants »

– « deuxième registre : 25 feuillets, etc. (IGREC, n° 39) »

2 – si approvisionnement en feuilles mobiles :

« les feuilles sont numérotées de ... AP 1001 à AP 1205 à l'exception de ... »

3 – quelle catégorie d'acte sera inscrite sur chaque registre ;

4 – quels paquets de feuilles seront destinés à chacun des types d'actes (original et double).

415 **Rajout de feuilles de registre.** Lorsqu'en fin d'année il est constaté que le nombre de feuilles reçues pour la tenue des registres est insuffisant du fait par exemple d'une augmentation non prévue de nombre annuel d'actes, il convient de compléter le registre par des feuilles supplémentaires :

– soit en prenant sur le paquet de feuilles réservées pour une autre catégorie d'actes lorsque cela est possible ;

– soit en utilisant des feuilles restées en excès à l'issue de l'année précédente ; dans ce cas, il convient d'indiquer à la page d'ouverture du registre les nouvelles pages faisant partie intégrante du registre ainsi que celles rajoutées au second exemplaire.

S'il s'agit d'un registre relié, le rajout doit être fait en solidarisant les nouvelles pages par utilisation d'une bande adhésive posée tout au long de la reliure et en apposant le cachet de la mairie à cheval sur toutes les doubles pages en vis-à-vis.

416 **Préparation des feuilles de registres.** Les feuilles mobiles de format double sont pliées en deux, la première page est celle qui porte le timbre. Elles sont assemblées par cinq, afin de permettre ultérieurement une reliure facile.

Conservées dans des boîtes ou des chemises spéciales, elles peuvent être numérotées, à l'exception de la première page et de la dernière page d'un futur registre, ces deux pages étant prévues pour l'ouverture et la clôture du registre.

Le numéro affecté sera le numéro de l'acte.

Un des exemplaires peut porter des chiffres en rouge et le second en noir.

Cette préparation permet déjà un contrôle de l'utilisation des feuilles au fil des actes.

417 **Ouverture d'un registre.** La première page d'un registre est réservée au procès-verbal d'ouverture dressé par le maire ou par l'officier de l'état civil délégué.

Le procès-verbal doit indiquer les numéros des feuilles contenues dans le registre ouvert et ceux des feuilles composant le deuxième exemplaire du registre (IGREC, n° 41).

418 **Modèle de formule de procès-verbal d'ouverture.**

« Nous … (Prénoms, NOM et qualité de l'officier de l'état civil) …, ouvrons le présent registre destiné à l'inscription des actes de naissance au cours de l'année 20…

« Le présent registre est composé de … feuillets numérotés de … à … ; à l'exception des feuillets numérotés … et … qui sont manquants. Il comporte … pages.

« Les feuillets composant le deuxième exemplaire de ce registre sont numérotés de … à … (à l'exception des feuillets …). »

À … (nom de la commune)

(signature)

419 **Clôture des registres.** En fin d'année ou en fin de registres, les registres sont clos et arrêtés par le maire ou l'officier d'état civil.

Si les registres d'une même année sont tenus sur plusieurs tomes, ceux-ci sont habituellement clos au fur et à mesure de leur achèvement.

Cependant, rien n'empêche d'établir, en fin d'année, un seul procès-verbal de clôture pour l'ensemble des tomes.

Ces procès-verbaux sont rédigés immédiatement après le dernier acte (IGREC, n° 49).

420 **Modèles de formules de procès-verbal de clôture.**

« Nous ... (Prénoms, NOM et qualité de l'officier de l'état civil), clôturons et arrêtons le présent registre comprenant ... (nombre d'actes par catégorie). »

À ..., le ... (signature)

« Nous ... (Prénoms, NOM et qualité de l'officier de l'état civil), clôturons et arrêtons le premier tome des registres des actes de ...

« Ces actes sont au nombre de ... »

À ..., le ... (signature)

« Nous ... (Prénoms, NOM, qualité de l'officier de l'état civil), clôturons et arrêtons le présent registre comprenant ... (nombre de tomes, à ne pas confondre avec le nombre d'originaux qui est du double) tomes, que nous avons tenus durant l'année...

« Le premier tome contient ... (nombre d'actes par catégorie), le second contient ..., le troisième contient... »

À ..., le ... (signature)

421 **Dépôt des registres au greffe.** Un exemplaire de chacun des registres de l'année écoulée est adressé au greffe du tribunal de grande instance compétent, dans le courant du mois de janvier suivant l'année écoulée (IGREC, n° 67).

422 **Dépôt des pièces annexes aux actes** (IGREC, n° 68). Les pièces remises à l'officier de l'état civil en vue de vérifier les conditions exigées par les textes qui ont servi à l'établissement des actes et qui doivent demeurer annexées aux actes de l'état civil seront déposées au greffe avec l'exemplaire du registre concerné.

Le paraphe des pièces n'est pas nécessaire. Les pièces concernant un même acte sont placées dans une chemise spéciale indiquant le numéro d'ordre de l'acte sur le registre, le nom de la personne concernée par l'acte, la date de l'acte et le nombre de pièces.

423 **Liste des pièces annexes aux actes d'état civil.**

Les pièces annexes aux actes d'état civil sont :

1 – pour les actes de mariage, les pièces produites par les futurs époux ou établies par l'officier d'état civil, rassemblées dans le dossier de mariage jusqu'au jour de la célébration. L'ensemble de ces pièces ainsi réunies peut être agrafé.

2 – pour les reprises de vie commune, l'ensemble des pièces demandées (voir **n°s 245 et s.**).

3 – pour les actes de naissance, les déclarations parentales de choix de nom, les certificats de coutume relatifs à la dévolution du nom de famille étranger ainsi que les actes de notoriété établissant la filiation paternelle par possession d'état délivrés par le juge d'instance.

4 – pour les actes de reconnaissance, de manière exceptionnelle, une procuration authentique pour reconnaissance par procuration.

5 – pour les déclarations parentales de changement de nom, le consentement des enfants mineurs de plus de treize ans.

6 – pour les jugements d'adoption plénière et les jugements déclaratifs de naissance transcrits : les expéditions de jugements et éventuellement les pièces jointes.

7 – pour les jugements déclaratifs de décès et de jugements déclaratifs d'absence du registre des décès, les expéditions des jugements.

Les pièces annexes aux actes ne sont pas paraphées (IGREC, n° 68)

424 **L'envoi au greffe.** Les dossiers de pièces annexes sont expédiés au greffe du tribunal de grande instance avec les registres correspondants de l'année écoulée, en principe dès le mois de janvier de l'année qui suit.

Toutefois, le délai pour cette expédition est difficilement respecté, les mairies devant pour des raisons de fonctionnement évidentes conserver un exemplaire dans leurs services, le temps de faire relier l'exemplaire destiné à rester en mairie.

Le dépôt au greffe du tribunal peut être effectué par l'officier d'état civil en personne ou par l'un de ses mandataires (un employé municipal). Il convient de prendre contact avec ce service pour s'assurer que l'accueil et la réception sont possibles au jour prévu.

425 **Pièce unique.**Lorsque le document qui devrait normalement être classé aux pièces annexes existe en un seul exemplaire et que sa remise par l'intéressé peut entraîner pour lui de graves inconvénients, l'officier d'état civil est autorisé à conserver une photocopie. Il décrira éventuellement au verso du document les raisons pour lesquelles l'original a dû être restitué (IGREC, n° 134).

La restitution du document peut être immédiate, sans attendre la célébration du mariage, dès lors que l'officier d'état civil a lui-même vérifié l'original et l'a photocopié.

426 **Dossiers des pièces annexes.** Pour un même acte, l'ensemble des pièces est rassemblé dans une chemise appelée « dossier » sur laquelle sont indiqués le numéro et la date de l'acte, ainsi que le ou les noms des personnes concernées par ledit acte.

Pour éviter d'avoir à coter chaque pièce, il suffit d'agrafer le tout : le risque d'éparpillement est ainsi écarté.

427 **Modèle de dossier des pièces annexes.**

Acte n° 20 – DUPONT Johny – 2 février 2009.

(Précisions : il s'agit de la date de naissance et non de la date du dressé. La pièce est par exemple la déclaration de choix de nom ou l'acte de notoriété du juge d'instance...)

Acte n° 57 – MARTINEZ DA COSTA Willie – 5 mai 2009.

(La pièce est le certificat de coutume du pays national de l'enfant ou la déclaration parentale de choix du nom)

Acte n° 97 – reconnaissance MARTIN – 16 août 2009.

(Par exemple : procuration authentique chez notaire donnée à par M. MARTIN à M. Durand)

Acte n° 175 – adoption plénière DUBOIS Jacques né le 12 juin 2008 – 1er décembre 2009.

(Pièces reçues du procureur en vue transcription)

428 **Bordereaux d'envoi au greffe des pièces annexes aux actes d'état civil.**

Les dossiers sont classés par ordre chronologique dans une liasse. Il y a autant de liasses que de registres.

À chaque liasse est joint un bordereau indiquant le nombre de dossiers et la référence au registre.

429 **Modèle de bordereau.**

Année 2009 – Naissances

4 dossiers annexes

Année 2009 – Mariages

76 dossiers annexes

Année 2009 – Décès

1 dossier annexe

430 **Utilisation des feuilles.** Les feuilles composant un registre relié d'avance sont généralement remplies de façon manuscrite.

Les feuillets de format double destinés à être pliés en deux avant utilisation peuvent être dactylographiés par machine à écrire ou imprimante.

☞ *La plupart des imprimantes n'acceptent que le format A4 (21 × 29,7 cm). Les feuilles de registres ont été commandées et livrées dans ce format. Et il importe d'apporter le plus grand soin à leur manipulation car les risques d'éparpillement sont plus importants.*

Dans l'attente de leur utilisation, les feuilles de registre sont à conserver dans un coffre ou une armoire fermant à clé.

Elles sont placées dans deux chemises (ou deux types de chemises) ou deux cartons pour bien séparer le premier et le deuxième exemplaire. Choisir des couleurs différentes pour bien visualiser les différents exemplaires et, au fur et à mesure qu'elles sont utilisées, elles se placent dans deux chemises qui se remplissent.

431 **Utilisation de feuilles mobiles simples.** L'utilisation de feuilles simples est soumise à obligations particulières.

Les classeurs destinés à recevoir les feuilles doivent être conçus de telle sorte que les feuilles ne puissent aisément s'en échapper. Les classeurs à anneaux pour feuilles perforées présentent les meilleures garanties pour éviter l'éparpillement des feuilles en cours d'utilisation.

Pour chaque catégorie d'actes, deux classeurs au minimum sont nécessaires : celui contenant les feuilles du registre destiné au greffe, et celui destiné à être conservé en mairie.

Si les actes d'une même année représentent cinq registres (par exemple), c'est dix classeurs qui sont nécessaires. En effet, il est souhaitable de placer à l'avance l'ensemble des feuilles destinées à constituer les registres dans des classeurs provisoires.

Les feuilles à l'intérieur de chaque classeur se rempliront (textes des actes) comme celles d'un cahier, de la première à la dernière page.

Pour des motifs de place et pour limiter quelques manipulations, cette méthode, applicable avec des classeurs à anneaux et feuilles perforées, est préférable à celle préconisée par l'Instruction générale n° 45.

L'ensemble des classeurs doit être placé dans des meubles fermés à clé, et dans la mesure du possible ignifugés. Les clés seront accessibles aux seuls agents de l'état civil (IGREC, n° 46).

432 **Cahier spécial des actes.** Dans les mairies où il est fait utilisation de feuilles mobiles, il doit être tenu un cahier spécial par catégorie d'actes sur lequel ceux-ci sont mentionnés dans l'ordre des dressés (IGREC, n° 47).

1 – Cahier spécial Naissances :

Numéro, nom(s) patronymique(s), naissance ou reconnaissance, anticipée ou après-naissance

N^0 : X... Y... RP (reconnaissance père)

N^1 : Z... N (Naissance)

N^2 : V... W... RAP (reconnaissance anticipée père)

N^3 : A... RAM (reconnaissance anticipée mère)

N^4 : B... AP (adoption plénière)

N^5 : P...--N... CN (changement de nom)

2 – Cahier spécial Mariages (numéro, noms patronymiques)

3 – Cahier spécial Décès (appelé encore parfois Cahier des héritiers dans les communes où le nom et l'adresse d'un héritier sont indiqués) :

Numéro, nom, prénom, adresse du défunt

Nom, prénom, adresse, lien de parenté d'un membre de la famille.

Ces cahiers constituent en quelque sorte une table chronologique des registres dont la tenue est obligatoire lorsque l'état civil n'est pas informatisé et qu'il utilise des feuilles mobiles pour saisir les actes.

Ils permettent des vérifications et facilitent la reconstitution des actes en cas de perte ou destruction (IGREC, n° 47).

Ce cahier spécial est inutile dans les services d'état civil où les actes sont informatisés, dans la mesure où il est possible d'éditer la liste chronologique des actes par type de registre (IGREC, n° 47).

433 **Perte ou détérioration de feuilles vierges ou en cours d'impression.** Généralement, la tenue du registre se poursuit sur les pages suivantes. Parfois la feuille écartée car inutilisable est remplacée par une feuille prélevée dans l'excédent prévu ou par la dernière feuille du stock. Le procès-verbal d'ouverture est rectifié en conséquence.

Il convient de conserver les feuilles qui ont dû être remplacées afin de rendre compte au procureur en fin d'année, s'il le demande.

Section 3
Reliure des registres

434 **Reliure des registres.** Les frais de reliure des registres annuels, les frais de restauration des registres abîmés ainsi que la confection des tables annuelles et décennales sont à la charge des communes.

435 **Registres reçus reliés.** Une reliure définitive peut être faite sur les registres reliés préalablement et qui sont en général brochés et pourvus d'une couverture provisoire (IGREC, n° 50).

436 **Reliure des feuilles mobiles.** Après la clôture annuelle des registres et avant l'envoi du second exemplaire au greffe du tribunal de grande instance, les maires prévoient la reliure définitive (IGREC, n° 50).

437 **Choix du relieur.** La commune s'adresse au relieur de son choix qui doit être guidé par des raisons de coût mais surtout de solidité. Mais la reliure peut être faite par les services de la mairie équipés pour ce type de travaux.

438 **Reliure de feuilles de deux ou plusieurs années.** Il est recommandé, lorsque le nombre de feuilles de registre est faible, de regrouper plusieurs années avant de faire réaliser la reliure définitive.

Dans ce cas, en fin de chaque année, les feuilles sont perforées et reliées par un cordonnet que le greffier en chef du tribunal de grande instance, ou le magistrat vérificateur, scellera jusqu'à la reliure définitive (IGREC, n° 51) ; il adressera ensuite un exemplaire à la mairie.

CHAPITRE 2

Tables annuelles et décennales

439 **Définition.** Une table est un livre reprenant par ordre alphabétique certaines références des actes d'une année (table annuelle) ou sur une période de dix ans (table décennale).

Quel que soit le nombre de types de registres, il sera établi une table des naissances, une table des mariages et une table des décès (IGREC, n° 58).

Certaines communes dressent une table des reconnaissances, qu'il y ait un registre spécial des reconnaissances ou non.

La consultation des tables permet une recherche rapide et aisée des actes sur une année ou sur plusieurs années.

440 **Confection des tables.** Tous les ans, dans chaque commune, est établie une table alphabétique de tous les actes du registre de l'année : c'est la table annuelle.

Tous les dix ans, un travail identique est réalisé pour rassembler les actes des dix années écoulées : la table décennale (IGREC, n° 57).

441 **Table annuelle des naissances.** Figurent sur la table des naissances, les références des actes du ou des registres concernés.

Viennent s'ajouter, à leur place par ordre alphabétique, les références des actes de naissances des enfants nés dans une commune extérieure, mais dont les parents étaient domiciliés dans la commune à la date de la naissance. Il est recommandé de souligner le nom de la commune extérieure (IGREC, n° 58 et 293).

Les références des actes sont les suivantes, rassemblées sur une seule ligne :

- le nom ;
- les prénoms ;
- le numéro de l'acte ;

– la date de l'événement (naissance, reconnaissance) ;

– pour une transcription, le nom de la commune de naissance ;

– pour un acte de reconnaissance, le nom de l'auteur de la reconnaissance ;

– pour un jugement d'adoption plénière, en fin de ligne : AP.

Dans ce cas, pour la mettre en évidence, la date de naissance est soulignée. Car elle concerne généralement une naissance intervenue une (ou plusieurs) année antérieurement.

Pour un jugement déclaratif de naissance, en fin de ligne : JDN et date de la naissance soulignée.

Pour une déclaration conjointe parentale de changement de nom : on peut mettre le nom qui résulte du changement et CN.

442 **Table annuelle des décès.** Figurent sur cette table, les indications suivantes :

– le nom de famille suivi, pour une femme mariée, divorcée ou veuve, du nom du conjoint ;

– les prénoms ;

– le numéro de l'acte ;

– la date du décès.

Pour les femmes mariées, veuves ou divorcées au moment du décès, une seconde ligne sur la table est placée à leur nom d'usage (nom du mari), cela pour faciliter les recherches éventuelles.

Enfin, pour les transcriptions, les références sont tout à fait identiques à celles d'un acte de décès. Dans la table, il n'est pas fait mention de la commune de décès.

Un jugement déclaratif de décès sera mis en évidence par les lettres JDD en fin de ligne.

443 **Table annuelle des mariages.** Sur cette table doivent figurer les mentions suivantes :

– les noms de famille des deux époux, à deux emplacements sur la table, nom du mari suivi du nom de la femme et nom de la femme suivi du nom du mari ;

- le numéro de l'acte ;
- la date de l'événement ;
- une déclaration de reprise de vie commune peut être signalée par RVC.

444 **Les tables décennales (IGREC, n° 60).** Une table décennale reprend tous les actes des tables annuelles, dans un ordre rigoureusement alphabétique et avec les mêmes références que celles des tables annuelles : le numéro de l'acte n'est pas prévu.

La table décennale est établie dans les six mois qui suivent la décennie écoulée, à l'initiative de l'officier d'état civil.

Les décennies vont de l'année N3 à l'année N2. Exemple 1993-2002 : cette table a été réalisée avant le 1er juillet 2003.

445 **Papier utilisé pour la confection des tables.** L'utilisation du papier timbré n'est pas obligatoire (IGREC, n° 61).

Ce papier est utilisé surtout lorsque la table est inscrite sur les dernières pages d'un registre relié d'avance.

Sinon, il est fait usage de papier blanc de fort grammage, de même format que les pages du registre, afin d'en faire une reliure comparable aux registres concernés si le nombre de feuilles le permet.

Les tables décennales sont établies sur du papier ordinaire robuste également.

446 **Où est située la table annuelle ? (IGREC, n° 59).** La table annuelle peut se trouver placée suivant le cas :

- dans le registre, s'il y a un seul registre par catégorie ou un registre unique, sur les dernières pages, après clôture du registre ;
- en fin de chacun des volumes des registres, dans le cas où pour une même année, existent plusieurs volumes.

Une table générale reprend alors toute l'année ; elle peut être séparée des registres :

- en fin du dernier volume d'une catégorie de registre pour une année donnée ;
- la table annuelle peut elle-même être un volume séparé.

447 **Comment se présente la table décennale ? (IGREC, n° 61).** Elle pourra se présenter :

– sous la forme d'un ou de plusieurs volumes selon le nombre d'actes sur la période ;

– elle peut être incluse dans la même reliure que les registres, dans le cas où dix ans d'actes font l'objet d'un même registre.

448 **Le double des tables.** De même que le greffe du tribunal de grande instance reçoit chaque année le deuxième original des registres, il convient de lui faire parvenir le double des tables annuelles en même temps que les registres concernés, et la table décennale dans les six mois suivant la décennie écoulée (IGREC, n° 58 et 60).

449 **Coût des travaux de reliure des tables.** La dépense est à la charge des communes.

Les tables du greffe du TGI seront reliées à l'initiative du tribunal.

450 **Garde des registres et tables.** Elle incombe aux officiers de l'état civil. Ceux-ci encourent, en cas d'altérations des registres, la responsabilité civile prévue à l'article 51 du Code civil, sauf leurs recours contre les auteurs des altérations (IGREC, n° 65).

L'altération est l'introduction d'erreurs dans l'acte, mais aussi la dégradation du registre.

451 **Classement des registres.** Ils sont classés par nature et rangés par ordre chronologique.

Ils peuvent être, si l'organisation du travail en est facilitée, regroupés par année (N, M et D).

452 **Conservation des registres.** Le maire a l'obligation de conserver dans la mairie soixante-quinze années de registres mais pour des raisons évidentes de mise à jour et de délivrance de copies et extraits d'actes, les registres, jusqu'à 100 ans minimum comme précédemment, restent en mairie. Au-delà de ces délais, les registres sont transmis au service des archives municipales ou départementales.

Les communes de moins de 2 000 habitants conservent 150 ans avant versement aux archives départementales sauf dérogation préfectorale.

453 **Manipulation des registres.** Elle doit être faite avec beaucoup de soin.

La communication directe des registres de mariage et de naissance de moins de 75 ans aux usagers est interdite, pour des raisons de confidentialité des renseignements contenus dans les actes, mais aussi pour des motifs de conservation en état (IGREC, n° 72). Le maire peut par arrêté décider que les registres de plus de 75 ans ne seront pas consultés, s'il a par ailleurs un autre procédé pour communiquer aux usagers les actes tels que prévu par la loi de juillet 2008.

Dans le cas de dégradation rapide des registres, l'officier d'état civil doit prendre toutes les mesures pour les sauvegarder et limiter les manipulations.

L'informatisation du fichier des actes d'état civil est certainement très performante pour protéger au mieux les registres : divers systèmes sont en service dans les mairies. Mais la protection ne joue que pour les actes entrés dans le fichier soit informatisés soit numérisés.

À défaut d'être doté d'un fichier conséquent des actes, la meilleure précaution contre la dégradation est la délivrance d'extrait reproduit manuellement, par traitement de texte, ou dactylographié.

Les autres procédés utilisés que sont la photocopie, le microfilmage, la saisie informatique et la numérisation ont des performances très inégales concernant le respect de l'état du registre.

454 **Que faire lorsqu'un registre se dégrade ?** Lorsqu'un registre est bien dégradé, et avant que le mal ne soit irréparable, des travaux de restauration doivent être entrepris.

Une nouvelle reliure permettra de rassembler à nouveau tous les feuillets, et d'égaliser les tranches. Les travaux ne devront pas cacher ou faire disparaître une partie du texte de l'acte ou d'une mention.

Un contrôle attentif suivra les travaux de nouvelle reliure et amènera à compléter les mots ou les lettres tronqués.

Enfin, une dégradation importante peut nécessiter une restauration véritable très coûteuse. Il conviendra d'exposer au procureur la situation et d'aviser avec lui des mesures à prendre.

455 **Consultation des registres de moins de 75 ans.** La consultation des registres de l'état civil datant de moins de 75 ans est, en principe, interdite (IGREC, n° 72 et 72-1 et loi n° 2008-696 du 15 juillet 2008).

Elle n'est permise qu'aux agents de l'État habilités à cet effet :

– les procureurs de la République, leurs substituts et les juges des tribunaux d'instance ;

– les préfets et sous-préfets ainsi que leurs délégués, pour certaines opérations administratives (recrutement militaire, recensement) ;

– les gendarmes, dans le cadre des opérations militaires ;

– les préposés de diverses administrations, notamment les fonctionnaires de l'enregistrement et les agents de l'administration des Impôts.

Exceptionnellement, des personnes munies d'une autorisation écrite de la direction départementale des archives, récente et nominative, peuvent également consulter. Il s'agit principalement :

– des généalogistes pour recherches en vue de liquidation de successions ;

– de quelques chercheurs et étudiants préparant un travail à partir des registres (intérêt historique ou scientifique) ;

– et éventuellement, mais très rarement, de particuliers, tous porteurs, personnellement, d'une autorisation.

De telles autorisations sont accordées avec une grande prudence (IGREC, n° 72), éventuellement après enquête, et pour une durée limitée qui ne devrait pas dépasser un an.

☞ *L'autorisation de consultation n'entraîne pas l'autorisation de délivrance de copies, celle-ci reste de la compétence du procureur de la République.*

Les règles de délivrance s'appliquent aussi dans ce cas.

Les demandes de renseignements par téléphone de la part des agents habilités de l'État sont recevables seulement en cas d'extrême urgence.

L'officier de l'état civil prendra soin de vérifier l'identité du demandeur (IGREC, n° 72-1).

Si un registre regroupe plusieurs années (commune où le nombre annuel d'actes est faible), la consultation ne sera possible que lorsque les actes les plus récents atteindront 75 ans.

456 **Consultation des tables annuelles.**Les tables annuelles de naissances, de mariages et de décès sont consultables dès leur clôture (loi n° 2008-696 du 15 juillet 2008).

457 **Consultation des tables décennales.** La consultation des tables décennales de naissances, de mariages et de décès est possible dès leur clôture.

458 **Dans quels cas peut-on déplacer les registres de l'année en cours ?** Les registres de l'année en cours doivent toujours rester en mairie (IGREC, n° 72-2).

Dans certains cas, l'officier d'état civil peut être amené à les sortir de la mairie pour des situations exceptionnelles ou graves. Mais ce sera toujours avec l'accord du procureur de la République :

– célébration de mariage *in extremis*. Dans ce cas, si le procureur n'a pu être contacté avant, il en est informé dans les meilleurs délais ;

– célébration de mariage hors mairie : dans un établissement de soins, hôpital..., ou dans une prison ou maison d'arrêt..., ou à domicile ;

– déclaration de reconnaissance d'enfant de parents non mariés reçue à la prison... ;

– contrôle annuel par le procureur ou un magistrat délégué pour ce contrôle, sur réquisition du parquet.

☞ *Lorsqu'il s'agit de sortir le registre des locaux de la mairie pour dresser un acte s'il est fait usage de feuilles mobiles, seule la feuille concernée sera emportée.*

459 **Dans quels cas peut-on déplacer les registres de plus d'un an ?** Les registres de plus d'un an doivent également rester en mairie.

Mais à l'occasion de travaux de reliure et de restauration, ils sont amenés à quitter la mairie.

En dehors de ces circonstances, ils n'ont en principe pas à être déplacés, sauf si l'on procède à des travaux d'aménagement des locaux de l'état civil.

Il convient de saisir le procureur de la République pour tout cas exceptionnel.

Enfin, en cas de travaux à la mairie, de déménagement dans de nouveaux locaux, ou de fusion de communes, les registres sont déplacés.

460 **Vérification des registres.** Le Code civil, article 53, prévoit que le procureur de la République au tribunal de grande instance est tenu de vérifier l'état des registres lors du dépôt du second original au greffe, ce dépôt devant intervenir durant le mois de janvier.

À cet effet, un magistrat vérificateur peut être désigné (IGREC, n° 80).

Cette vérification est faite, en principe, dans les quatre premiers mois de chaque année.

Si la vérification relève des actes défectueux ou des contraventions aux règles d'établissement des actes, le procureur adressera des instructions à l'officier d'état civil (IGREC, n° 81).

Indépendamment de cette vérification annuelle, le procureur pourra, lorsqu'il le jugera nécessaire, se transporter en mairie et vérifier les registres de l'année courante (IGREC, n° 82).

☞ *Le second exemplaire du registre est conservé en mairie jusqu'à la reliure du premier exemplaire (IGREC, n° 50).*

461 **Mise à jour des tables annuelles et décennales.** Il y a nécessité de mise à jour de tables établies à l'occasion de :

– changements de nom et adjonction de nom ;

– rectifications de noms de famille ;

– jugement déclaratif ;

– réparation d'omission involontaire de nom au moment de l'établissement de la table.

La mise à jour se fait alors manuellement, par l'adjonction d'une nouvelle ligne, insérée à sa place par ordre alphabétique.

462 **Mentions en marge des registres.** Les mentions en marge des registres n'ont pas, contrairement aux mentions marginales des actes, pour but de compléter, modifier ou annuler l'acte ou une partie de l'acte, mais sont des indications permettant d'effectuer des recherches dans de bonnes conditions.

CHAPITRE 3

Actes d'état civil

463 **Qui intervient à l'établissement des actes ?** Il existe trois catégories d'intervenants.

1 – Les comparants.

Ils interviennent en qualité de parties ou de déclarants. Ce sont :

- les futurs époux ;
- l'auteur d'une reconnaissance ;
- les déclarants dans les actes de naissance et de décès ;
- les époux séparés reprenant la vie commune ;
- les représentants (avec procuration spéciale et authentique).

2 – Les témoins.

Leur présence a pour objet de certifier l'identité des comparants, lors de la célébration d'un mariage, et la conformité de l'acte avec leurs déclarations.

Un témoin doit être majeur ou émancipé (IGREC, n° 92).

3 – L'officier de l'état civil.

Il doit recevoir en personne les déclarations des comparants.

Sa présence est nécessaire pour conférer à l'acte la force probante authentique (IGREC, n° 93).

464 **Présentation matérielle des actes.** Une présentation en lignes continues formant paragraphes, le texte étant soit manuscrit soit dactylographié soit imprimé, a été la règle jusqu'à ce jour, en application des instructions officielles (IGREC, n°s 96 et s.).

La circulaire de présentation de la réforme de la filiation présente un modèle d'acte harmonisé dont l'utilisation à compter du 1er janvier 2007 est recommandée.

Il est dorénavant proposé sans être imposé un modèle différent (voir, par exemple, **n° 698**).

Dans l'attente de la mise en place de cette présentation, la pratique antérieure conforme aux instructions de l'IGREC reste valable.

Les actes sont dressés (IGREC, n°s 96 à 106) :

– sur le registre, immédiatement en présence du déclarant ;

– à la suite les uns des autres ;

– soit de manière manuscrite, soit par dactylographie, par traitement de texte ou imprimante, sur les pages des registres.

Le stockage des données sur support informatique ne dispense pas de tenir de manière traditionnelle les registres papier (IGREC, n° 98-1).

Les interlignes sont prohibés.

Les blancs sont remplis par des pointillés ou des astérisques.

Un espace suffisant doit permettre l'apposition de mentions ultérieures.

C'est pourquoi il est recommandé d'établir un acte par page en naissance, un ou deux actes en décès.

Chaque acte de mariage occupe également une page entière.

En plus de l'espace en bas de page, le cas échéant, il est utile de conserver une marge latérale.

Les erreurs ne seront jamais grattées, gommées, lavées ou surchargées.

Il convient de numéroter chacun des mots à supprimer, de les rayer et de mentionner en regard, dans la marge de l'acte, le nombre de mots « rayés nuls ». La mention doit être approuvée et signée par les personnes qui ont concouru à l'acte (IGREC, n° 102).

La date de l'événement ainsi que la date du dressé sont inscrites en toutes lettres.

Les autres dates dans l'acte peuvent être en chiffres, à l'exception du mois qui sera toujours en toutes lettres (IGREC, n° 104).

Aucune abréviation qui donne lieu à équivoque n'est permise.

À proximité du numéro de l'acte, l'analyse marginale est une indication brève : nom(s), prénom(s)... de la ou des personnes concernées, qui facilite les recherches dans le registre.

Elle peut donc être corrigée, barrée et remplacée après changement de nom(s) et prénom(s) (IGREC, n° 105-1).

La langue utilisée est la langue française, en alphabet romain (IGREC, n° 106).

Les signes diacritiques : points, accents, cédilles doivent être reproduits.

Dans le nom de famille, en majuscules, les lettres accentuées, y compris la première lettre, sont écrites en minuscule lorsque le système utilisé ne porte pas les signes sur les majuscules (IGREC, n° 106).

Dans les prénoms, seule la première lettre est toujours écrite en majuscule.

Aucun autre signe ne sera accepté (le tilde espagnol sur le n sera traduit par n ou gn selon la phonétique).

Anciennement, dans quelques noms bretons commençant par la syllabe Ker, celle-ci était remplacée par un k barré. Il conviendra de l'écrire en toutes lettres à toute occasion où le nom sera écrit : établissement d'acte, de copie ou d'extrait.

Les départements et communes qui ont changé d'appellation (Côtes-d'Armor, Yvelines, etc.) continueront à être désignés dans le corps d'un acte sous l'appellation qui était en vigueur lors de l'événement : lieu de naissance des parents dans l'acte de naissance, lieu de naissance des époux ou du défunt dans les actes de mariage et de décès, etc. (Côtes-du-Nord, Seine-et-Oise...) en application de l'article 123-1 de l'Instruction générale.

465 **Tenue des actes.** Un certain nombre d'obligations prévalent à la tenue des actes.

L'acte doit être établi dès la déclaration faite : naissance, reconnaissance, décès... et l'officier d'état civil invitera le déclarant à relire l'acte puis à le signer, avant d'y apposer sa propre signature en présence du déclarant (IGREC, n° 97).

Pour un mariage, l'officier d'état civil doit donner lecture aux parties comparantes et les inviter à en prendre connaissance directement avant de signer l'acte.

L'acte est dressé en la maison commune sauf autorisation du procureur, en cas exceptionnels (IGREC, n° 94).

L'officier d'état civil ne peut intervenir à un autre titre dans l'acte qu'il établit. Exemple : témoin et officier d'état civil dans un acte de mariage (IGREC, n° 94).

Ne doit être consigné que ce qui est déclaré.

L'officier d'état civil n'est pas juge des déclarations qui lui sont faites pour l'établissement d'un acte (reconnaissance..., domicile des parents dans un acte de naissance...).

Il doit refuser son concours lorsque le caractère illicite, mensonger ou frauduleux de l'acte qu'on lui demande de dresser serait révélé par les indications contenues dans l'acte lui-même (moins de douze ans entre un père reconnaissant un enfant et cet enfant...) ou encore lorsque son caractère illégal résulte de la consultation des pièces produites (lien de parenté apparaissant à la lecture des pièces produites pour un dossier de mariage...). L'officier d'état civil ne peut refuser de dresser un acte prévu par la loi. Il ne peut dresser d'office un acte. Il ne peut subordonner la rédaction d'un acte à la présentation de pièces d'identité, mais seulement inviter les déclarants à les présenter pour éviter des erreurs dans la rédaction de l'acte (IGREC, n°s 94 et 95).

466 **Absence de concordance entre la déclaration et un justificatif.** Lorsque les dires du déclarant sont différents des indications portées sur des supports écrits produits, que doit enregistrer l'officier d'état civil ?

Par exemple, le moment du décès sur certificat médical constatant le décès et les dires du déclarant ne correspondent pas. Ou bien, les prénoms d'un enfant sur la feuille de la maternité et ceux indiqués par le père déclarant diffèrent.

L'acte étant établi « sur déclaration », il convient de prendre en compte les dires du déclarant, quitte à saisir le procureur ultérieurement notamment en cas de conflit de filiation.

La signature du déclarant engage sa responsabilité en cas de fraude.

467 **Acte incomplet ou erroné : rectification immédiate.** Si la lecture d'un acte aux comparants révèle des erreurs ou des omissions, la rectification en est faite immédiatement, en présence des comparants (IGREC, n°s 102 et 175).

L'officier d'état civil procède aux ratures et renvois en marge, lesquels sont signés par l'officier d'état civil et les comparants (IGREC, n°s 102 et 175).

C'est effectivement la seule procédure, quel que soit le mode d'inscription utilisé : manuel, dactylographique, ou par autre système d'imprimante, de matériel de traitement de texte ou de micro-ordinateur.

Dans le fichier informatisé des actes, la rectification est apportée dans le corps de l'acte. Il est inutile et d'ailleurs impossible de rayer le mot inexact et d'effectuer un renvoi en marge.

468 **Acte incomplet ou erroné : rectification ultérieure.** Des erreurs ou des renseignements incomplets peuvent apparaître tardivement, même après plusieurs années.

Alors, soit sur demande de la personne concernée par l'acte, soit de son propre chef, l'officier d'état civil sollicitera du procureur, l'autorisation de rectification (IGREC, n° 176-1).

Une lettre explicative, accompagnée les copies d'actes contenant les renseignements exacts et complets à insérer dans l'acte défectueux, permettra au procureur d'examiner la requête.

Il apparaît que c'est à l'occasion des déclarations de naissance que sont introduites le maximum d'erreurs dans la rédaction de l'acte.

Rarement dans les actes de mariage, ceux-ci étant rédigés au vu du contenu des actes de naissance des intéressés, dressés avant la cérémonie, relus en présence des futurs époux.

Les actes de décès étant relativement peu demandés, les rectifications les concernant sont exceptionnelles.

469 **Erreurs ou omissions purement matérielles.** Le caractère matériel de l'erreur ou de l'omission est apprécié par le parquet qui décidera, le cas échéant, de donner lui-même les instructions au dépositaire du registre ou de soumettre la demande au tribunal (IGREC, n° 176).

Les rectifications sur instructions du parquet interviennent notamment :

– lorsqu'un nom ou un prénom a été altéré ou mal orthographié ;

– en cas d'erreur manifeste sur le sexe, le domicile ou la profession ;

– en cas d'omission, dans l'acte de mariage, de l'indication d'un contrat de mariage ou d'erreur dans cette indication ;

– lorsque l'acte contient des énonciations qui n'auraient pas dû y figurer (acte indiquant que l'enfant est né de « père et mère inconnus », que le défunt est décédé en prison, ou a péri de mort violente, ...) ;

– lorsqu'un acte reproduit inexactement ou incomplètement les indications des pièces ayant servi de base pour sa rédaction (acte de naissance dans lequel sont altérées les énonciations de la copie de l'acte de naissance produit par l'époux) ;

– lorsqu'une mention marginale est erronée ou apposée en marge d'un acte concernant un tiers ;

– lorsqu'une décision judiciaire rendue en matière d'état (reconnaissance judiciaire de paternité ou de maternité, désaveu, etc.) a omis de décider qu'elle serait mentionnée en marge des actes de l'état civil ;

– lorsque, dans l'acte de naissance d'un enfant, il a été omis de préciser que ses parents étaient mariés.

Enfin, le procureur peut agir d'office en raison de l'intérêt d'ordre public qui s'attache à ce que toute personne ait un état civil régulier.

470 **Erreurs donnant lieu à rectification judiciaire.** Il y a lieu à rectification judiciaire, par décision du tribunal, lorsque l'acte contient des omissions ou des erreurs autres que matérielles, mais dont la réparation ne soulève aucune question relative à l'état des personnes (IGREC, n° 177). Il en est ainsi :

– lorsque l'acte est incomplet (identification insuffisante de la personne du défunt), omission ou absence de prénom, oubli d'une signature lorsque celle-ci ne peut plus être recueillie, omission d'une particule ou d'un titre de noblesse lorsque le droit à la particule, ou à ce titre, est indiscutablement établi ;

– acte où n'apparaissent pas un ou les deux parents alors que l'enfant a la possession d'état ;

– l'acte est inexact mais l'erreur n'affecte pas l'état des personnes ;

– l'acte de naissance est incomplet en raison de la détermination tardive du sexe.

Pour ces cas, le tribunal est saisi directement par le procureur.

471 **Domaine relevant d'une action d'état.** Il existe un certain nombre de situations pour lesquelles la loi impose aux personnes ayant qualité d'intenter une action d'état et de passer alors par ministère d'avocat.

La loi impose, pour que certaines actions soient recevables, des conditions de fond spéciales notamment lorsque la modification sollicitée pose un problème relatif à l'état des personnes (IGREC, n° 179). Par exemple :

– faire ajouter à son acte de naissance le nom des parents dont on se prétend issu et à l'égard desquels on ne peut invoquer une possession d'état constante ;

– faire supprimer d'un acte une reconnaissance ;

– modifier la mention du sexe sur l'acte de naissance alors qu'il s'agit d'un changement de sexe par suite de transexualisme.

Cette liste n'est pas limitative.

472 **Erreur dans l'orthographe d'un nom ou une date de naissance : demande de rectification.**

« Monsieur le Procureur,

« J'ai l'honneur de vous demander de bien autoriser la rectification de l'acte de naissance n° ... de l'année ..., en ce sens que :

« – le nom du père, et donc celui de l'enfant s'orthographie DURAND, et que la date de naissance de la mère est le ... 1940 et non 1946.

« Ci-joint copies d'actes justificatifs.

« Avec mes remerciements, je vous prie... »

À ce courrier, sont joints les copies d'acte de naissance et/ou de mariage des père et mère, et l'acte à rectifier, copies obtenues auprès des mairies concernées.

473 **Erreur sur le sexe ou la date de naissance : demande de rectification.**

« Monsieur le Procureur,

...

« ... en ce sens que l'enfant est né le ... et qu'il est de sexe masculin comme le prouve le certificat d'accouchement, ou – pour une erreur de date – comme le prouvent les actes précédant et suivant celui en question dont ci-joint photocopies...,

ou « comme le prouve le livret de famille dont ci-joint photocopie... »

474 **Rectification de plusieurs actes.** Lorsqu'une rectification est demandée, il convient de rechercher tous les actes qui seraient concernés par cette rectification et faire une requête commune et unique pour l'ensemble.

« J'ai l'honneur de ...

« ... rectifier les actes suivants :

« acte n° ... naissance de ... année ...

« acte n° ... naissance de ... année ...

« acte n° ... mariage de ... année ...

« en ce sens que ... »

475 **Au procureur de quel tribunal doit-on adresser les requêtes ?** Les requêtes sont adressées au procureur compétent dans la circonscription du lieu de l'acte, c'est-à-dire celui qui détient le second exemplaire du registre concerné.

Les intéressés peuvent aussi choisir d'adresser la requête au tribunal du lieu de la résidence qui transmettra à son collègue concerné (IGREC, n° 182).

476 **Perte ou détérioration d'une feuille de registre de l'année en cours.** Il doit être rendu compte sur le champ de la perte ou de la destruction d'une feuille de registre au juge du tribunal d'instance comme le prévoit l'article 7 de l'arrêté du 24 septembre 1968 modifié.

Deux situations peuvent se présenter :

– la feuille était vierge : le juge ordonne son remplacement ou uniquement la rectification du procès-verbal d'ouverture du registre pour y indiquer qu'elle n'en fait plus partie ;

– un ou plusieurs actes y étaient inscrits : le juge ordonne la reconstitution à partir du registre subsistant soit sur le verso de la feuille soit sur une autre feuille. Il donne force probante aux actes par jugement dont mention en sera faite en marge des actes. Une copie du jugement est annexée au registre.

Toutefois, l'officier d'état civil n'est pas toujours en mesure d'attendre les instructions du juge et est contraint de poursuivre l'enregistrement des actes soit sur la feuille suivante soit sur une feuille de remplacement. Il devra alors toujours être en capacité d'expliquer au juge ce qu'est devenue la feuille détériorée et de la présenter le cas échéant, ainsi que d'indiquer la manière dont il a dû poursuivre la tenue des actes.

477 **Perte des deux exemplaires d'un même acte.** Un jugement supplétif reconstituera ces actes.

Dans chaque cas, confirmer par écrit, ou établir lettre et dossier au procureur explicitant la demande et apportant le maximum d'éléments qui permettront une décision judiciaire de reconstitution.

478 **Reconstitution ou remplacement.** L'ordre public est toujours intéressé à ce que toute personne soit pourvue d'un état civil régulier et à ce que les registres soient correctement tenus.

L'officier d'état civil constatant la disparition ou la détérioration d'un acte, d'une page de registre, d'un ou de plusieurs registres saisira immédiatement le procureur.

Si l'absence ou la disparition d'actes résulte de négligences de la part de l'officier d'état civil, le procureur sera amené à prendre toutes mesures en vue de rétablir la tenue correcte des registres et de procéder à la reconstitution des actes manquants, nonobstant les poursuites qu'il pourrait engager pour faute personnelle de l'officier d'état civil dans l'exercice de ses fonctions.

Le procureur sollicitera du tribunal un jugement supplétif d'acte de l'état civil, lorsqu'un acte sera manquant (IGREC, n° 151).

Hormis les cas de destruction par faits de guerre, des incidents, des négligences peuvent aboutir à la destruction, la perte ou l'absence d'actes.

Il convient de voir comment reconstituer le ou les actes manquants.

479 **Cas où un seul acte, ou un seul registre, est manquant.** Le parquet appréciera s'il convient de recourir à la photocopie.

Aucune reconstitution ne pourra avoir lieu pour les actes remontant à plus de cent ans.

L'acte, après avoir été complété par les mentions marginales dont avis avait été adressé au greffe, sera authentifié par jugement rendu à la requête du procureur (IGREC, n° 159).

480 **Cas où les deux exemplaires sont manquants.** La reconstitution judiciaire, en cas de vol, de dégradation ou de disparition fortuite d'un ou plusieurs actes, relèvera du tribunal de grande instance du lieu où l'acte a été établi (IGREC, n° 151).

Le procureur prend l'initiative et, par voie de requête, saisit la juridiction compétente en vue d'obtenir le jugement supplétif.

Le jugement est transcrit sur les registres de l'année courante et mention en est faite à sa date sur les registres où aurait dû figurer l'acte (ou les) acte(s) détruit(s) ou endommagé(s).

La reconstitution par voie administrative (une commission de reconstitution des actes est créée pour mener à bien ce travail) intervient seulement en cas de destruction par sinistre ou faits de guerre (IGREC, n° 152).

481 **Acte de notoriété.** Jusqu'à ce que la reconstitution ou la restitution des registres ait été effectuée, il pourra être suppléé à tous les actes d'état civil par des actes de notoriété.

Les actes de notoriété sont dressés par le juge d'instance du domicile ou de la résidence du requérant.

Ils sont établis sans aucun frais et ne sont pas soumis à l'homologation du tribunal (IGREC, n° 157).

482 **Annulation d'acte.** Aucun texte ne prévoit de manière générale l'annulation d'actes. Il existe toutefois deux hypothèses où le vice entraîne la nullité de l'acte : acte sans objet et acte irrégulier (IGREC, n° 162).

483 **Acte faux ou sans objet, bien que dressé dans les formes.** Il s'agit par exemple de :

– naissance imaginaire ;

– acte de décès d'une personne vivante ;

– seconde transcription pour un acte déjà transcrit ou deux actes pour un même événement ou une même déclaration.

484 **Acte irrégulièrement dressé.** Bien que les énonciations soient exactes, l'acte peut être irrégulièrement dressé : officier d'état civil non compétent, mariage célébré à un consulat étranger en France alors qu'un époux est Français..., papier non officiel...

Il appartient aux tribunaux d'apprécier dans chaque cas si l'acte doit être ou non annulé.

Selon le cas, le tribunal se bornera à annuler l'acte, ou bien il rendra un jugement destiné à tenir lieu de l'acte annulé.

485 **Acte sur feuille volante.** Des actes établis sur feuille volante sont nuls en tant qu'actes d'état civil, même s'ils sont faits dans les formes, avec toutes les signatures (IGREC, n° 165).

Le seul support officiel est le papier spécial délivré par l'imprimerie des timbres-poste.

Pour authentifier un tel acte qui serait dressé sur une feuille autre, le tribunal sera amené à prendre un jugement supplétif, la transcription de ce jugement valant pour acte.

Pour éviter de telles situations, chaque commune devra donc prévoir un nombre suffisant de feuilles pour l'année donnée.

486 **Acte tenu par un officier d'état civil incompétent.** C'est le cas notamment pour :

– acte de naissance ou de décès établi dans une commune différente du lieu de l'événement ;

– acte de mariage reçu devant un secrétaire de mairie ;

– acte reçu par un adjoint au maire d'une autre commune.

Par principe, de tels actes sont nuls. Mais les tribunaux peuvent apprécier ces cas selon le degré de gravité et selon qu'il y a volonté de fraude ou pas pour prononcer, le cas échéant, la nullité de l'acte (IGREC, n° 164).

487 **Acte dressé par une personne n'ayant pas délégation pour officier en matière d'état civil.** L'absence de délégation régulière du conseiller municipal ou d'un agent de l'état civil ne saurait notamment entraîner la nullité de l'acte qu'il a reçu. C'est au tribunal qu'il appartiendra d'apprécier si l'acte doit être annulé ou non, compte tenu de la raison pour laquelle la personne qui a reçu l'acte était incompétente.

En effet, dans chaque commune, chacun des membres des municipalités a reçu de la loi l'aptitude potentielle nécessaire à l'accomplissement des fonctions d'officier d'état civil (IGREC, n° 164).

Le maire donne par arrêté délégation à un conseiller municipal ou à un agent municipal pour pouvoir officier.

488 **Acte dépourvu de signature d'un comparant.** L'officier d'état civil rappellera l'intéressé pour qu'il vienne réparer l'oubli dans les plus brefs délais.

Si une même signature manque sur les deux registres de mariage par exemple, il conviendra d'en informer le procureur de la République et d'attendre ses instructions, puis de l'informer rapidement du résultat des démarches qu'il pourra ordonner pour signature des époux, des parents appelés à donner leur consentement ou des témoins. Le recueil de ces signatures s'impose à moins d'un jugement du tribunal rendant valable l'acte pour lequel une signature est manquante.

Si le défaut de signature résulte d'un revirement dans la volonté d'un époux de contracter mariage, ou de l'incapacité accidentelle après l'acquiescement, il appartiendra au tribunal de décider si le mariage est valable ou non. En principe, le mariage existe dès l'acquiescement réciproque ; mais les juges seront souverains appréciateurs des documents produits et des circonstances invoquées (IGREC, n° 166).

489 **Acte dépourvu de la signature de l'officier d'état civil.** S'il est toujours en fonctions, ce dernier l'apposera dès que le défaut de signature aura été constaté. Dans le cas où l'omission ne pourrait plus être directement réparée, un jugement donnera force et vie à l'acte (IGREC, n° 167).

6

COPIES, EXTRAITS D'ACTES

La publicité des actes d'état civil est assurée par la délivrance de copies et d'extraits.

Les documents délivrés conformes à l'acte original du registre sont obtenus auprès de la mairie dépositaire de l'acte concerné.

Ils sont obligatoirement datés et signés par l'officier d'état civil qui les établit et indique son nom et sa qualité.

Leur délivrance n'est en fait nécessaire que dans un nombre limité de cas prévus par des textes officiels. La photocopie du livret de famille, de la carte d'identité, du passeport, etc., est souvent suffisante pour justifier de l'état civil d'une personne.

Dorénavant, en application de l'article 20 du décret n° 2004-1159 du 29 octobre 2004, les copies intégrales et les extraits d'actes d'état civil peuvent être demandés directement aux officiers d'état civil par une administration, un service, un établissement public, un organisme ou une caisse contrôlés par l'État, en charge de l'instruction du dossier dès lors que celui-ci est légalement fondé à requérir ces actes des usagers sous réserve que ces derniers en aient été informés.

De plus, l'expérimentation de la dématérialisation des échanges de données d'état civil entre mairies a démarré depuis le 1er mars 2011. En effet, le décret n° 2011-167 du 10 février 2011 instituant une procédure de vérification sécurisée des données à caractère personnel contenues dans les actes de l'état civil a été publié au JO. *Ce décret pose les bases d'un système d'échange de données reposant sur le volontariat des communes et prévoit une montée en puissance progressive.*

Les renseignements donnés par un usager sur son état civil seront ainsi vérifiés ou modifiés directement par la mairie ou l'organisme demandeur. À ce jour quelques mairies testent le dispositif.

Enfin, pour faciliter la communication des extraits dans certains pays étrangers, des formulaires d'extraits plurilingues ont été créés.

CHAPITRE 1

Présentation des copies et des extraits d'actes

490 **Copie d'acte.** Une copie d'acte est en principe la reproduction intégrale de l'acte original, mentions marginales comprises (IGREC, n° 194).

491 **Extrait d'acte.** Un extrait d'acte est la reproduction expurgée de l'acte original. Il y est porté des indications plus ou moins complètes suivant le cas (IGREC, n° 194) :

- extrait avec filiation ;
- extrait sans filiation.

La délivrance de copies et d'extraits assure la publicité des actes.

492 **Bulletin.** Le bulletin dont l'existence ne résulte d'aucun texte n'a que la valeur de simples renseignements.

Il porte simplement le cachet de la mairie. Les bulletins de décès sont bien pratiques et donc continuent à être établis par des mairies.

493 **Qui délivre ?** Les officiers d'état civil, dépositaires des registres, délivrent des extraits et copies à partir des actes originaux tenus à jour, qu'ils détiennent. Les greffiers des tribunaux qui détiennent le second exemplaire original des registres ne délivrent plus depuis 1989 des copies ou extraits, l'apposition des mentions marginales n'y étant plus réalisée.

Tous les extraits et copies sont certifiés par la formule suivante :

« Extrait (copie) délivré(e) conforme au registre.

« Lieu et date de délivrance.

« Nom et qualité de l'officier d'état civil qui a délivré. »

Alain Dupont, agent territorial à la mairie de ..., Officier de l'État civil par délégation :

(signature et cachet)

Pour les actes dressés à l'étranger concernant des Français et transcrits au service central de l'état civil à Nantes, c'est cet organisme qui délivre les copies et extraits.

494 **Comment se présentent les copies et extraits ?** Quel que soit le procédé utilisé pour dresser ces pièces d'état civil, le document délivré ne doit pas laisser apparaître ni deviner les indications qui ne doivent pas y figurer (IGREC, n° 195).

Le procédé utilisé, non prévu par la loi, peut être :

- la rédaction manuscrite sur formulaire pré-imprimé ;
- la reproduction par procédé mécanique : machine à écrire ;
- la production par système informatique : micro-ordinateur, imprimante, machine à traitement de texte ;
- le tirage par procédé optique : photocopie, microfilm, numérisation.

☞ *La photocopie et le tirage à partir de microfilm ne peuvent être utilisés que pour la délivrance de copies intégrales.*

Les extraits qui sont une présentation partielle de l'acte avec parfois des éléments de mention intégrés ne peuvent être obtenus par ces procédés.

La circulaire de présentation de l'ordonnance n° 759-2005 du 4 juillet 2005 portant réforme de la filiation a proposé un nouvel acte de naissance présenté sous forme de rubriques afin d'harmoniser la pratique et de simplifier la tenue de l'état civil.

En revanche, aucune obligation n'est faite aux mairies quant à l'application de cette nouvelle présentation. Il est donc toujours possible d'utiliser l'acte sous forme littéraire.

Néanmoins, les règles suivantes doivent être respectées :

- aucun blanc ne sera laissé entre les énonciations afin d'éviter les ajouts et les parties non inscrites doivent être rayées ou complétées par des astérisques ;

– les noms de famille sont écrits en majuscules, et les accents portés. Si le procédé utilisé ne prévoit pas l'accentuation des lettres majuscules, ces lettres seront écrites en minuscules, même s'il s'agit de la première lettre du nom ;

– les mois seront écrits en lettres, les jours et années en chiffres ;

– le document, copie ou extrait, ne peut contenir des éléments différents de ceux existant sur l'acte original. Il doit être conforme à ce dernier.

L'officier d'état civil certifie de cette conformité à la date de délivrance, indique son nom et sa qualité et appose sa signature et le cachet de la mairie (IGREC, n° 195).

CHAPITRE 2

Délivrance des copies et des extraits d'actes

495 **Comment obtenir une copie ou un extrait ?** Au guichet d'état civil du lieu où l'acte original est conservé, les documents sont délivrés immédiatement aux demandeurs habilités à les obtenir, et sur justification de leur identité.

La demande peut être formulée par internet sur le site même de la mairie qui s'est équipé de l'outil adéquat ou par l'intermédiaire du *www.acte-etat-civil.fr*

Enfin par courrier.

La réponse sera toujours faite par courrier.

Dans l'un ou l'autre des cas, le demandeur qui veut une copie ou un extrait avec filiation d'acte de naissance ou de mariage doit indiquer :

– son lien de parenté avec la personne concernée par l'acte ;

– les noms et prénoms usuels des pères et mère de cette même personne.

Toutefois les extraits sans filiation de naissance et de mariage et les copies intégrales des actes de décès sont délivrés à tout requérant (IGREC, n°s 197 et 197-1).

La loi n° 2008-696 du 15 juillet 2008 relative aux archives précise que tout requérant peut avoir communication d'un acte de naissance ou de mariage de plus de 75 ans. Les actes de moins de 75 ans peuvent néanmoins être communiqués lorsque la ou les personnes concernées par celui-ci sont décédées depuis plus de 25 ans.

Concernant la délivrance de documents à partir d'actes de plus de 75 ans, il y a lieu de distinguer, d'une part, les personnes habilitées à obtenir copie et extrait de leurs actes, auxquelles il sera délivré un document authentifié, délivré conforme au registre, daté et signé par l'officier d'état civil lorsqu'il s'agit d'une démarche administrative, et, d'autre part, les autres personnes, auxquelles il sera remis un document non daté, non signé et délivré à titre de simple renseignement.

Un certain nombre d'organismes peuvent obtenir directement des mairies des copies et des extraits d'actes pour les dossiers qu'ils instruisent lorsque cela est prévu légalement et après en avoir informé leurs usagers, et en cas d'urgence par télécopie.

L'officier d'état civil détenteur de l'acte demandé prendra soin de vérifier l'identité de l'appelant et signalera à son interlocuteur que la télécopie n'a pas de valeur authentique.

La généralisation en cours de la dématérialisation des renseignements d'état civil ne va pas modifier les rapports avec ces organismes qui devront toujours justifier qu'ils sont habilités légalement à obtenir ces renseignements.

C'est ainsi qu'entre mairies, il est possible de faire parvenir des copies ou extraits d'actes, nécessaires parfois pour la rédaction d'autres actes d'état civil, reconnaissances, mariages, décès...

Les renseignements peuvent être communiqués par téléphone qu'après identification du demandeur à la condition qu'il soit habilité à obtenir le renseignement demandé et en cas d'extrême urgence.

496 **Comment obtenir une copie ou un extrait auprès des collectivités d'outre-mer ?** Il convient de s'adresser directement à la commune concernée soit par courrier soit par le site Internet : *www.acte-etat-civil.fr.*

De plus, le dépôt des papiers d'outre-mer est habilité à délivrer des copies et extraits des actes qu'il détient, dans certains cas des duplicatas de livrets de famille, ainsi qu'à compléter le livret ou le duplicata par un extrait d'un acte figurant dans les registres qu'il conserve.

497 **Durée de validité des extraits et copies.** En règle générale, les extraits et copies sont valables tout le temps, pour justifier d'un état civil (IGREC, n° 196).

Toutefois, il importe que le document fourni à l'organisme demandeur par le particulier soit à jour, et donc qu'il comporte toutes les mentions communicables.

Pour un dossier de mariage, la copie intégrale d'acte de naissance doit avoir moins de trois mois (si elle a été délivrée en France) à la date du dépôt du dossier, ainsi qu'à la date du mariage.

Une telle copie est valable six mois si elle a été délivrée par un consulat.

Enfin, s'agissant des actes délivrés par les autorités étrangères, ils n'ont en principe pas de durée de validité mais il est recommandé lorsque cela est possible de n'accepter que des actes de moins de six mois (IGREC, n° 352). En cas de difficultés, ne pas hésiter à consulter le procureur.

498 **Documents d'état civil à partir d'un acte.** À partir d'un acte, plusieurs documents plus ou moins complets peuvent être délivrés pour en assurer la publicité :

– acte de naissance : copie intégrale, extrait avec filiation, extrait sans filiation ;

– acte de mariage : copie intégrale, extrait avec filiation, extrait sans filiation ;

– acte de décès : copie intégrale ;

– acte de reconnaissance : copie intégrale.

499 **Qui peut obtenir une copie ou un extrait avec filiation d'acte de naissance ou de mariage ? (IGREC, n° 197-9).**

– l'intéressé majeur ou émancipé ;

– ses ascendants ;

– ses descendants ;

– son conjoint non divorcé ;

– son représentant légal : parent, tuteur, curateur ;

– un mandataire : notaire, avocat, avec indication de la qualité de la personne qui a donné mandat ;

– le procureur de la République ;

– les personnes autorisées par le procureur ;

– le greffier en chef du tribunal d'instance ;

– les administrations autorisées par une loi ou le règlement avec indication du texte justificatif ;

– les œuvres d'adoption pour les actes de naissance des pupilles de l'État (IGREC, n° 197-2).

500 **Qui ne peut obtenir qu'un extrait avec filiation d'un acte de naissance ou de mariage ? (IGREC, n° 197-9).**

Ces personnes ne sont pas habilitées à obtenir une copie intégrale :

– les frères et sœurs avec justification de leur qualité d'héritiers, après décès de l'intéressé ;

– les autres héritiers en justifiant de leur qualité d'héritiers.

Seuls ces derniers héritiers n'auront pas à indiquer les noms et prénoms des parents de la personne que l'acte concerne.

501 **Qui peut obtenir les extraits sans filiation ?** Tout requérant (IGREC, n° 197-9).

502 **Qui peut obtenir copie intégrale d'un acte de décès ?** Tout requérant, sans avoir à justifier de son identité.

503 **Extraits plurilingues.** Les pays membres de la Commission internationale de l'état civil ont passé une convention unifiant la présentation des extraits d'acte de l'état civil destinés à être utilisés à l'étranger (IGREC, nos 574 à 577-1).

La délivrance d'extraits plurilingues permet de supprimer la traduction précédemment demandée, ainsi que d'éviter la légalisation, s'ils sont utilisés dans les pays concernés.

504 **Qui peut obtenir copie d'un acte de reconnaissance ? (IGREC, n° 197-9).**

– l'intéressé majeur ou émancipé ;

– ses ascendants ;

– ses descendants ;

– son conjoint ;

– son représentant légal ;

– son mandataire ;

- ses frères et sœurs ;
- ses autres héritiers avec justificatif de leur qualité d'héritier ;
- le procureur de la République ;
- les personnes autorisées par le procureur ;
- le greffier en chef du tribunal d'instance ;
- les administrations autorisées avec indication du texte justificatif.

505 **Justificatif de qualité d'héritier.** Le justificatif peut être un certificat d'hérédité délivré par le maire ou un acte de notoriété établi par un notaire (C. civ., art. 730-1).

506 **Demande formulée par un mandataire (IGREC, n° 197-5).** En raison de leurs fonctions, les avocats, les avoués et les notaires sont présumés mandataires lorsqu'ils demandent des copies ou extraits.

Ils précisent l'identité du mandant qui doit lui-même être habilité à obtenir le document.

Lorsque ces mandataires s'adressent à des personnes d'autres professions (généalogistes, cabinets de recherches, etc.) pour demander les documents souhaités, il convient d'exiger de ces personnes la justification non seulement de leur subdélégation (mission) mais encore de l'accord de la personne autorisée à obtenir copie.

Néanmoins, dans les cas où tout risque de fraude est considéré comme écarté, la délivrance de copies et d'extraits est possible sans indication des prénoms et noms usuels des parents de la personne que l'acte concerne.

En effet, la recherche d'héritiers à l'occasion de liquidation de succession peut être parfois laborieuse et manquer d'éléments, que la consultation et la délivrance d'actes doivent justement révéler.

507 **Délivrance de la copie et extrait après adoption plénière.** Il y a lieu de considérer la situation d'avant le 12 juillet 1966 et la situation postérieure à cette date.

La loi n° 66-500 du 12 juillet 1966 a créé en effet l'adoption plénière en réformant la légitimation adoptive.

Les actes de naissance des enfants adoptés avant l'entrée en vigueur de la loi du 12 juillet 1966 n'étaient pas annulés et portaient la mention de légitimation adoptive, rompant tous liens avec la famille d'origine.

Il convient donc de respecter les dispositions suivantes (IGREC, n° 197-8) :

– les parents d'origine qui font état de la nouvelle identité de l'enfant peuvent, avec l'autorisation du procureur, obtenir une copie intégrale de l'acte de naissance de l'enfant ;

– l'adopté peut obtenir une copie intégrale s'il indique qu'il a été adopté et s'il précise son nom et celui de ses parents d'origine, ou bien s'il indique son nom d'origine et si l'acte ne porte aucune indication de filiation.

Enfin, si l'adopté ne fait état ni de son adoption, ni de sa filiation, ni de son nom d'origine, seul un extrait avec la filiation résultant de la mention de légitimation adoptive peut lui être délivré.

Depuis la loi du 12 juillet 1966, les actes de naissance originaires et les actes de naissance provisoires des enfants ayant fait l'objet d'une adoption plénière sont annulés (C. civ., art. 354). Ils ne peuvent plus être délivrés.

Les transcriptions des jugements d'adoption tiennent désormais lieu d'actes de naissance aux adoptés.

Les copies intégrales sont donc obtenues par reproduction de la transcription.

Toutefois, les parents d'origine pourront obtenir copie de cette transcription avec l'autorisation du procureur, s'ils précisent la nouvelle identité de l'enfant.

508 **Extrait d'acte de naissance avec filiation dans le cas de l'adoption simple.** Dans certaines situations, l'adoption simple ne se trouve pas indiquée en mention mais est intégrée dans le corps de l'extrait :

– lorsque l'adoption se substitue à un lien de filiation paternel ou maternel inexistant, le parent naturel et le parent adoptif sont indiqués comme père et mère de l'enfant ;

– lorsque l'enfant n'a aucune filiation d'origine, le ou les parents adoptifs sont indiqués comme père, mère ou père et mère de l'enfant.

CHAPITRE 3

Extraits d'actes et mentions marginales

509 **Informations présentes sur les extraits d'actes.** Les extraits d'acte d'état civil, qu'ils soient de naissance ou de mariage, ne reprennent qu'une partie des informations contenues dans l'acte original (ou dans la copie intégrale). Ces informations sont à la fois nécessaires et suffisantes à la grande majorité des démarches administratives.

De plus, toutes les mentions marginales n'apparaissent pas sur les extraits car plusieurs d'entre elles y sont intégrées (IGREC, n° 199).

510 **Mentions devant apparaître sur les extraits d'actes de naissance** :

– mariage : en cas de pluralité d'unions, seul le dernier mariage (et éventuellement le divorce qui l'accompagne) apparaîtra sur l'extrait sauf demande expresse du requérant (dans ce cas, toutes les mentions de mariage et de divorce contenues dans l'acte original apparaîtront sur l'extrait) ;

– séparation de corps : elle ne doit pas être mentionnée s'il y a divorce consécutif. Dans ce cas, seuls le mariage et le divorce apparaîtront. Elle n'apparaîtra également pas en cas de reprise de vie commune, seule la mention de mariage sera indiquée sur l'extrait ;

– reprise de vie commune : elle ne doit pas être mentionnée, seul apparaîtra le mariage précédant la reprise de vie commune ;

– annulation de mariage : elle n'apparaît pas sur l'extrait, le mariage annulé n'y est pas non plus mentionné ;

– PACS : l'apposition des mentions de PACS ayant été créée par la loi n° 2006-728 du 23 juin 2006 portant réforme des successions et des libéralités, aucun article n'en fait référence dans l'IGREC de 1999.

Même si le PACS tend à se rapprocher de plus en plus du mariage en ce qui concerne les droits et obligations, il paraît opportun de ne pas faire apparaître sur l'extrait les mentions de PACS et de sa dissolution lorsqu'il existe une mention de mariage (et son éventuel divorce) déjà apposée(s), qu'elles l'aient été avant ou après la mention de PACS ;

– adoption par la Nation : apparaît sur l'extrait ;

– répertoire civil : toutes les mentions relatives au répertoire civil doivent apparaître sur l'extrait sauf celles relatives à une radiation. Dans ce cas, ni la mention de radiation ni celle du répertoire civil radié ne doivent apparaître sur l'extrait et sur la copie intégrale. En cas de photocopie du registre, l'officier de l'état civil doit faire en sorte que ces deux mentions n'apparaissent pas, en utilisant un cache par exemple ;

– adoption simple : elle apparaît sur l'extrait sauf lorsque le titulaire de l'acte a sa filiation établie à l'égard d'un seul parent et qu'il est adopté par le conjoint de ce parent. L'adoptant est inscrit dans l'extrait comme parent de l'intéressé ;

– révocation d'adoption simple : ni la révocation ni la mention d'adoption n'apparaissent sur l'extrait ;

– rectifications judiciaires ou administratives : elles n'apparaissent pas en mention sur l'extrait, les modifications d'état civil sont intégrées ;

– établissement de filiation, annulation de reconnaissance, désaveu de paternité, conflit de filiation tranché : ils n'apparaissent pas en mention sur l'extrait mais y sont intégrés ;

– changement de nom, adjonction de nom : ils n'apparaissent pas sur l'extrait mais y sont intégrés ;

– nationalité : elle apparaît sur l'extrait.

511 **Mentions devant apparaître sur les extraits d'actes de mariage** :

– séparation de corps, reprise de vie commune, divorce : elles apparaissent sur l'extrait ;

– changement de régime matrimonial : il apparaît sur l'extrait ;

– rectifications judiciaires ou administratives : elles n'apparaissent pas sur l'extrait mais les modifications d'état civil y sont intégrées ;

– établissement de filiation, désaveu de paternité, conflit de filiation tranché : ils n'apparaissent pas sur l'extrait mais y sont intégrés ;

– adoption simple : elle apparaît sur l'extrait sauf lorsque le titulaire de l'acte a sa filiation établie à l'égard d'un seul parent et qu'il est adopté par le conjoint de ce parent. L'adoptant est inscrit dans l'extrait comme parent de l'intéressé.

CHAPITRE 4

La dématérialisation des données d'état civil

512 **Un processus bien engagé.** Le décret n° 2011-167 en date du 10 février 2011 institue une procédure de vérification sécurisée des données à caractère personnel contenues dans les actes de l'état civil.

Il définit un système d'échange sécurisé de données à partir de communes volontaires dans un premier temps et autorisera une montée en puissance progressive du dispositif. Il pourra s'élargir progressivement à d'autres partenaires, tels les notaires, les administrations sociales ou l'INSEE.

Limitée dans un premier temps aux données sur les actes de naissance, la dématérialisation sera progressivement étendue à d'autres données, notamment à l'échange de mentions marginales entre mairies (décès, mariage) sous réserve de la parution d'un décret complémentaire.

Comment cela fonctionnera-t-il ? Lorsqu'un usager effectuera une demande d'extrait d'acte de naissance pour une carte d'identité par exemple, la mairie de résidence contactera la mairie de naissance pour lui faire vérifier et modifier au besoin les données d'état civil indiquées par l'usager et nécessaires au dossier. Les données transiteront via le réseau et l'application sécurisée de l'Agence nationale des titres sécurisés (ANTS).

513 **La signature électronique des actes (copies et extraits).** La signature électronique permet, à l'aide d'un procédé cryptographique, de garantir l'intégrité du document signé et l'identité du signataire.

L'écrit électronique signé électroniquement peut être reconnu comme preuve en justice. Le cadre technique est défini par décret n° 2001-272 du 30 mars 2001 pris pour l'application de l'article 1316-4 du Code civil et relatif à la signature électronique.

Le procédé de signature électronique est présumé fiable, au sens du décret sur la signature électronique, si :

– la signature électronique est sécurisée ;

– elle est créée par un dispositif sécurisé de création de signature, (certifié conforme aux exigences de l'article 3. I du décret conformément à la procédure de « certification de conformité des dispositifs de création de signature électronique ») ;

– et la vérification de cette signature repose sur l'utilisation d'un certificat électronique qualifié (délivré par des « prestataires de services de certification électronique qualifiés »).

Pour signer les extraits numériques – qui sont des actes authentiques – dans le cadre de la transmission de manière immatérielle des actes d'état civil, les officiers d'état civil utiliseront une signature électronique.

514 **Une mise en œuvre progressive.** Après avoir été expérimenté en Seine-et-Marne, le dispositif est étendu à d'autres communes dont plusieurs grandes villes (Bordeaux, Brest, Lyon, Marseille, Montpellier, Nice, Strasbourg, Nîmes, Paris, Poitiers, Rennes, Nantes, Saint-Étienne, Toulon et Tours).

7

LIVRETS DE FAMILLE

Constitué pour faciliter la preuve de la composition de la famille et la présentation des extraits d'actes des membres qui la composent, le livret de famille est en usage généralisé depuis 1884.

Le livret doit être tenu rigoureusement à jour pour faire foi d'un état civil exact : les extraits et mentions portés sur le livret de famille ont la force probante qui s'attache aux extraits des actes de l'état civil et aux mentions en marge de ces actes.

Un livret unique a été créé par arrêté en date du 1er juin 2006 ; il remplace les différents modèles existant jusqu'au 30 juin 2006 et sa délivrance s'est généralisée depuis le 1er janvier 2007.

Les familles ayant obtenu leur livret avant 2007 détiennent un ancien modèle. Celles qui, depuis, en ont obtenu un ou ont obtenu un duplicata disposent d'un livret de présentation unique, la coexistence de livrets de types différents ne pose pas de difficultés particulières.

Le livret de famille est complété par des textes importants conformément à l'arrêté sus-dit relatifs à l'état civil et au droit de la famille, à sa délivrance ainsi qu'à son utilisation.

CHAPITRE 1

Les anciens livrets de famille

515 **Histoire.** Ce document, délivré aux couples mariés ainsi qu'au(x) parent(s) hors mariage (père et/ou mère), a été créé en 1871, suite à l'incendie de l'Hôtel de Ville de Paris et du Palais de justice, à l'initiative de la commission chargée de reconstituer les registres de la capitale.

La loi du 5 avril 1884 en a généralisé l'utilisation et a mis à la charge des communes les dépenses nécessaires à la délivrance des livrets de famille.

Petit registre d'état civil « portatif » à usage familial, il permet aux parents de justifier de leur état matrimonial, de leur état civil et de celui de leurs enfants.

516 **Le livret d'époux.** Établi à l'occasion du mariage et remis jusqu'en 2006 par l'officier d'état civil, dès la cérémonie de mariage terminée, il comporte et comportera (IGREC, n° 608) :

- l'extrait de l'acte de mariage des époux ;

- l'extrait des actes de décès des époux ;

- l'extrait des actes de naissance des enfants issus du mariage et des enfants légitimés par le mariage ;

- l'extrait des actes de naissance des enfants adoptés par les deux époux, soit en la forme de l'adoption plénière, soit en la forme de l'adoption simple ;

- l'extrait des actes de naissance des enfants issus d'un des deux époux et d'un autre parent et qui ont été adoptés par l'autre époux ;

- l'extrait des actes de décès des enfants morts avant leur majorité ;

- l'extrait des actes d'enfant sans vie si les parents le demandent.

Les extraits seront portés sur le livret de famille par l'officier d'état civil dépositaire du registre de l'acte original. Il y appose le cachet de la mairie et sa signature après avoir indiqué la date à laquelle il l'exécute.

☞ *Conformément au décret n° 98-720 du 20 août 1998, le livret est mis à jour à la demande de l'intéressé par la mention prévue par l'article 28 du Code civil relative à la nationalité française, aussi bien sur les extraits de naissance des enfants qu'en marge de l'acte de mariage.*

« Certificat de nationalité française délivré à l'époux par le greffier en chef du tribunal d'instance de ... le ... sous le n° ... »

☞ *L'inscription du décès des époux même après divorce résulte de la création du livret unique.*

Les énonciations relatives au régime matrimonial sont reproduites (IGREC, n° 622) :

« ... qu'un contrat de mariage a été reçu le ... par ... »

ou bien « ... qu'il n'a pas été fait de contrat de mariage. »

ou bien « ... qu'il a été fait un acte de désignation de la loi applicable le ... à ... devant ... (Prénoms, NOM et qualité de la personne qui a établi l'acte). »

Les différents extraits seront mis à jour par les mentions marginales qui seront apposées sur l'acte original dans le registre.

Les extraits d'actes intervenus à l'étranger seront portés par le consulat où l'acte est dressé ou transcrit, ainsi que par le service central de l'état civil de Nantes après transcription de l'acte étranger.

517 **Livret de famille de mère (père) naturelle ou adoptive ou légitimée par autorité de justice (IGREC, n°s 609 et 610)**. Établi jusqu'en 2006 dès que la filiation maternelle (ou paternelle) est démontrée, il comporte :

– l'extrait de naissance de la mère (du père) ;

– l'extrait de son acte de décès ;

– les extraits de naissance des enfants naturels, des enfants adoptés, soit en la forme plénière, soit en la forme simple, et des enfants légitimés par autorité de justice ;

– les extraits d'actes de décès des enfants décédés avant leur majorité ;

– les extraits d'actes d'enfants sans vie (si le parent le demande).

La mise à jour est effectuée comme pour le livret d'époux.

518 **Livret commun de père et mère naturels.** Il est aussi utilisé comme livret pour père et mère légitimés par autorité de justice.

Délivré jusqu'en 2006, il comporte :

– les extraits de naissance du père et de la mère ;

– les extraits de décès du père et de la mère ;

– les extraits de naissance des enfants communs ;

– les extraits de décès de ces enfants décédés avant leur majorité ;

– les extraits d'acte d'enfant sans vie ;

– et les mentions éventuelles.

519 **Livret de parents adoptifs simples (époux ou parent seul).** Le décret n° 97-853 du 16 septembre 1997 prévoit l'inscription des enfants adoptés simples sur le livret des adoptants.

520 **Mentions à porter sur les extraits de naissance des enfants en application de la loi sur le nom de famille.**

– Dans le corps de l'extrait, après indication du nom de l'enfant né après le 1er janvier 2005 et qui a fait l'objet d'un choix de nom, sera portée l'indication « ... suivant déclaration conjointe du ... ».

La même mention portant la même date de déclaration conjointe figurera sur les extraits de naissance des autres enfants communs.

Dans le corps de l'extrait également les indications « ... suivant déclaration conjointe du ... » pour les enfants nés après la date de déclaration d'adjonction.

Pour les enfants adoptés sous la forme plénière, la mention relative au nom est portée dans l'extrait.

– Dans la partie réservée aux mentions marginales seront portées les mentions relatives à l'adjonction de nom pour les enfants déjà nés au moment où l'adjonction a été demandée, ainsi que les mentions de changement de nom par déclaration à l'officier d'état civil.

CHAPITRE 2

Le livret de famille unique

Section 1
Présentation du nouveau livret de famille

521 **Le livret unique « actuel ».** Institué par arrêté du garde des Sceaux, ministre de la Justice, en date du 1er juin 2006, il remplace les anciens livrets qui continueront à être mis à jour et utilisés par leurs titulaires.

Le livret de famille est délivré automatiquement sans que le ou les parents aient besoin de formuler une demande expresse lors du mariage, de la naissance du 1er enfant et à l'adoptant dans le cas d'une adoption par une personne seule (décret n° 74-449 du 15 mai 1974).

La présentation de ce nouveau livret permet son utilisation et sa mise à jour à l'occasion de chacun des événements concernant la cellule familiale.

522 **Présentation matérielle.** Les livrets de famille sont conformes au modèle unique fixé par arrêté du ministre de la Justice en date du 1er juin 2006.

Selon la somme que les mairies acceptent de consacrer à l'acquisition des livrets de famille, dépense obligatoire, ceux-ci peuvent être de qualité et présentation variables allant de modèles très simples à des exemplaires luxueux (particulièrement la couverture).

Néanmoins, il est important de considérer que l'utilisation doit se prolonger de nombreuses années, aussi les livrets doivent être confectionnés aussi solidement que possible.

523 **Délivrance du nouveau livret de famille.** Le livret est remis par l'officier d'état civil :

– lors de la célébration du mariage ;

– lors de la naissance du premier enfant né hors mariage, y compris l'enfant sans vie, à la demande des parents ;

– lors de la transcription à l'état civil du jugement d'adoption d'un enfant par un parent seul.

524 **Livret de famille délivré par le service d'état civil de l'outre-mer (IGREC, n° 616).** Ce service, qui détient le troisième exemplaire des registres tenus dans les départements d'outre-mer (Guadeloupe, Martinique, Guyane, Réunion, Mayotte) et collectivités d'outre-mer (Saint-Pierre-et-Miquelon, Wallis et Futuna, Polynésie Française, Saint-Barthélémy et Saint-Martin), peut délivrer, compléter ou établir un duplicata d'un livret de famille à la seule condition que l'extrait d'acte de naissance devant y être porté figure dans ses registres (D. n° 74-449 du 15 mai 1974, art. 18).

525 **Comment remplir le livret de famille ?** Le livret peut être complété :

– manuellement, le faire avec grand soin et une écriture harmonieuse ;

– avec une machine à écrire, il existe sur le marché des modèles de livret de famille comportant une reliure souple de telle sorte qu'ils peuvent être complétés à la machine ordinaire sans qu'il soit nécessaire de retirer les feuillets ;

– ou par imprimante.

526 **Les éléments du livret.** Le livret contient :

– l'extrait d'acte de mariage si livret délivré à cette occasion ;

– ou le(s) extrait(s) d'acte(s) de naissance du ou des parents ;

– le(s) extrait(s) d'acte(s) de décès du ou des titulaires du livret ;

– les extraits d'actes de naissance des enfants ;

– les extraits d'actes de décès des enfants décédés avant leur majorité ;

– l'extrait d'acte d'enfant sans vie, à la demande des parents.

527 **Utilisation du livret de famille.** Les extraits et mentions contenus dans le livret de famille ont la force probante qui s'attache aux actes de l'état civil, ainsi qu'aux mentions portées en marge de ces actes.

La présentation du livret, régulièrement tenu à jour, vaut remise selon le cas, de l'extrait de l'acte de mariage, de l'acte de naissance et d'acte de décès.

La photocopie lisible des pages du livret de famille remplace les fiches d'état civil.

De plus, lorsque le livret porte une mention de nationalité française, il permet de justifier de la nationalité française de la personne concernée.

Le livret de famille doit être régulièrement tenu à jour : la présentation d'un livret falsifié ou incomplet ou inexact peut entraîner des poursuites pénales (IGREC, n° 603-1), ainsi que l'ajournement d'une année de la décision pour laquelle le livret était présenté.

Les livrets de famille, lorsqu'ils doivent être expédiés par La Poste, sont adressés à la mairie du lieu de résidence où le demandeur ira le retirer (IGREC, n° 606).

528 **Livret de famille de parents qui se marient.** Si les parents sont détenteurs d'un livret ancien modèle, ils se verront remettre un nouveau livret lors du mariage.

Les enfants seront portés sur le nouveau livret délivré lors de la cérémonie de mariage, par l'officier d'état civil du lieu de naissance des enfants concernés.

Le livret précédent doit être restitué à l'officier d'état civil, avant la date du mariage. Il est détruit après la célébration de mariage.

Néanmoins, si les titulaires souhaitent conserver leur ancien livret, les différentes pages seront barrées de rouge avec l'inscription : « Annulé ». Il convient en effet de le rendre inutilisable.

Un couple précédemment marié puis divorcé et qui se remarie aura un nouveau livret de famille sur lequel seront inscrits tous les enfants communs qu'ils soient nés lors du précédent mariage ou pendant la période de séparation ou divorce.

Ils conserveront néanmoins leur premier livret d'époux correspondant à leur première union.

Les mentions de PACS ne sont pas portées sur les livrets de famille.

529 **Livret de famille de mère seule lorsque le père reconnaît le ou les enfants.** Un livret nouveau modèle est complété ou établi (à la demande des intéressés) et remis aux parents : à la mère principalement car un seul livret est remis.

530 **Distinction du double nom et du nom composé.** La loi n° 2002-304 du 4 mars 2002 relative au nom de famille a créé le double nom qui, contrairement au nom composé, peut être scindé lors de sa transmission à l'enfant.

Le double nom est identifiable par le séparateur « -- » (double tiret) créé par la circulaire CIV/18/04 du 6 décembre 2004 relative à la dévolution du nom de famille.

Mais par une décision en date du 4 décembre 2009, le Conseil d'État a considéré que ce double tiret ne pouvait être imposé aux parents sur le seul fondement d'une circulaire.

Dans une réponse ministérielle publiée au *Journal officiel* du Sénat le 5 mai 2011 [(1)], le ministère de la Justice a indiqué que les dispositions de la circulaire CIV/18/04 seraient prochainement modifiées. Sera ainsi ajoutée une ligne supplémentaire en dessous de la partie « Nom » pour les parents et de la partie « est né(e) » pour les enfants, qui se présenterait ainsi :

« (première partie : ... seconde partie : ...) »

Cette ligne devra être complétée uniquement lorsque l'intéressé porte un double nom séparé par un simple espace. En aucune manière elle ne devra être complétée s'il s'agit d'un double nom comportant un double tiret ou d'un nom composé qui constitue une entité unique non divisible.

(1) Rép. min., n° 17100, JO *Sénat, 5 mai 2011.*

Section 2
Délivrance du livret de famille et étranger

531 **Livret de famille étranger délivré à l'étranger.** Les livrets étrangers sont en principe complétés par les autorités consulaires. Toutefois rien ne s'oppose à ce que les officiers d'état civil inscrivent sur les livrets de famille ou livrets de mariage établis dans une forme étrangère des extraits des actes qu'ils ont reçus ou qu'ils y portent des mentions sommaires valant comme simples renseignements, si la présentation du livret de famille ne permet pas de reproduire des extraits.

Mais ils ne doivent accomplir ces diligences qu'à la demande expresse des intéressés (IGREC, n° 637-1). Il convient de savoir toutefois que les livrets de famille mis à jour permettent la délivrance de titres d'identité républicains.

En ce qui concerne les pays ayant signé la convention CIEC (Commission internationale de l'état civil), ils reconnaissent :

– la valeur probante aux livrets de famille, en leur reconnaissant celle qu'accorde l'État où est délivré le livret ;

– l'obligation de mise à jour des livrets présentés à l'officier d'état civil dans l'un des pays contractants.

532 **Livret délivré en France à des étrangers.** Un livret ne peut être remis en France à des étrangers que si les actes les concernant ont été établis ou transcrits par un officier d'état civil français (IGREC, n° 637).

Ainsi un livret de famille d'époux est remis aux étrangers qui se marient en France.

Sur ce livret, outre les enfants nés en France, pourront figurer, à la demande des parents, les enfants étrangers nés à l'étranger lorsque les actes concernés (copie ou extrait) auront été déposés à Nantes au service central d'état civil qui est seul compétent pour porter ces extraits (IGREC, n° 625).

533 **Livret de famille international.** Un livret de famille international a été créé par la Convention n° 15 de la Commission internationale de l'état civil (CIEC) en date du 12 septembre 1974. Cette convention n'a pas été ratifiée par la France. Elle n'est entrée en vigueur qu'entre la Grèce, l'Italie, le Luxembourg et la Turquie.

En revanche, la France a ratifié la convention n° 24 de la CIEC relative à la reconnaissance et à la mise à jour des livrets d'état civil qui est en vigueur entre la France, l'Espagne, l'Italie et la Turquie.

Cette convention prévoit la reconnaissance, sans légalisation ou formalité équivalente, du livret de famille international ou des livrets de famille nationaux dans les divers États parties.

534 **Livret de famille consulaire.** Il est délivré par les officiers d'état civil du ministère des Affaires étrangères (IGREC, nos 617 à 620).

Un tel livret est établi suite à un acte de mariage dressé ou transcrit par un agent diplomatique ou consulaire. Il l'est également à l'occasion de la naissance d'un enfant français de parents non mariés, à l'étranger par les mêmes autorités.

Il est mis à jour dans les mêmes conditions qu'un livret de famille français. La mise à jour par le SCEC intervient notamment après jugement supplétif ou déclaratif de naissance, jugement d'adoption plénière d'un enfant né à l'étranger, ou après que des personnes ont obtenu la nationalité française, ou enfin après la transcription d'un acte dressé aux armées ou en mer.

535 **Livret de famille délivré par l'OFPRA.** Office français de protection des réfugiés et apatrides (IGREC, n° 621), l'OFPRA est compétent pour délivrer des livrets aux personnes placées sous sa protection.

Ils sont composés d'extraits de certificats tenant lieu d'actes de mariage des époux, d'actes de naissance des parents, d'actes de naissance des enfants...

536 **Livret de famille de Français vivant à l'étranger.** En pays étranger, le livret de famille est établi ou complété par l'agent diplomatique ou consulaire qui a reçu ou transcrit l'acte de mariage ou l'acte de naissance.

Le livret peut également être complété par le service central de l'état civil de Nantes s'il est en possession du second exemplaire du registre qui contient l'acte concerné (IGREC, n° 617).

Section 3
Mise à jour du livret de famille

537 **Réfection du livret de famille.** Elle intervient après modification de l'état civil des personnes portées dessus.

Le livret peut être complété par l'acte de mariage des parents, ainsi que par des mentions en marge des extraits, après la mise à jour des actes originaux concernés.

En principe, les extraits d'actes ne peuvent être apposés sur les livrets de famille que par l'officier d'état civil qui en détient l'original (IGREC, n° 612).

L'officier d'état civil, qui reçoit ou transcrit un acte ou une décision judiciaire devant être porté ou mentionné sur le livret de famille, est tenu de réclamer le livret en vue de le compléter sans délai.

De son côté, le détenteur du livret est tenu de faire procéder à la mise à jour de son livret en le remettant à la mairie de son domicile qui l'expédiera à l'officier d'état civil compétent.

Dans un certain nombre de cas, il est nécessaire de refaire le livret de famille (duplicata).

Ce sera le cas après une adoption si la date de naissance de l'enfant est antérieure à celle d'au moins un enfant du livret. Les enfants doivent être inscrits par ordre chronologique.

Un acte d'enfant sans vie peut à tout moment être porté sur le livret des parents. Selon le rang de l'enfant dans la famille, on peut être amené à faire un duplicata.

538 **Mise à jour par mention de reconnaissance.** Les mentions de reconnaissance peuvent être apposées par l'officier d'état civil dépositaire de l'acte de naissance de l'enfant, mais aussi par celui qui a reçu reconnaissance. Mais dans ce cas, il doit vérifier au préalable auprès de son collègue dépositaire de l'acte de naissance que l'enfant n'a pas déjà une filiation établie. Il a alors le choix entre deux solutions :

– soit adresser le livret à son collègue dépositaire de l'acte de naissance en même temps que l'avis de mention, en demandant à ce dernier d'apposer la mention sur le livret et de lui en faire retour ;

– soit conserver le livret en attente de l'accusé de réception de son collègue dépositaire de l'acte de naissance et le compléter lui-même dès que cette pièce, attestant que la mention a été apposée, lui sera revenue (IGREC, n° 633).

539 **Mentions relatives à la nationalité française.** Une mention relative à la nationalité française figurant sur les registres, il est possible de l'apposer sur le livret de famille, à la demande de l'intéressé :

– en marge des actes de naissance ;

– en marge de l'acte de mariage pour les époux.

C'est la mairie du lieu de naissance qui assurera la mise à jour :

« L'intéressé(e) est français(e) par déclaration d'acquisition souscrite le ... devant ... »

ou bien

« Certificat de nationalité délivré à l'intéressé(e) par le greffier en chef du tribunal d'instance de ... le ... sous le n° ... »

540 **Mention de la naissance à l'étranger d'enfants étrangers.** Ces enfants sont inscrits, sur le livret de famille délivré par une autorité française, par les officiers d'état civil du service central de l'état civil de Nantes.

541 **Mention de naissance, de décès, sur livret de famille étranger établi dans une forme étrangère.** Rien ne s'oppose à l'inscription, par l'officier d'état civil, de la naissance d'un enfant ou du décès d'un époux ou d'un enfant, à la demande expresse des intéressés et si la présentation du livret étranger le permet (IGREC, n° 637-1).

Si cette présentation ne permet pas la transcription des extraits, les renseignements qui y seront portés ne vaudront qu'à titre de simple renseignement.

542 **Reconnaissance et mise à jour des livrets de famille d'un autre pays** (IGREC, n° 637-1). Une convention signée pour l'instant par la France, l'Espagne et l'Italie prévoit la mise à jour, à l'occasion d'un acte, des livrets délivrés par l'officier d'état civil d'un autre État contractant.

543 **Décès à l'étranger d'un conjoint étranger.** La mise à jour du livret sera faite au SCEC de Nantes si la transcription a eu lieu.

Section 4
Duplicata de livret de famille

544 **Définition.** On appelle ici duplicata, le second livret et les livrets délivrés ultérieurement.

La délivrance des livrets de famille est gratuite mais les mairies peuvent décider de la rendre payante à compter du deuxième duplicata.

545 **Demande de duplicata.** La personne qui demande un second livret de famille :

– s'adresse à la mairie de son domicile ou de sa résidence qui se chargera de contacter les mairies appelées à porter les extraits composant le livret ;

– justifie du motif de sa demande : si perte ou vol, récépissé de la déclaration à la gendarmerie ou au commissariat, procédure de divorce en cours, éloignement d'un époux, présentation du livret très détérioré, etc. ;

– justifie de son identité et de sa qualité ;

– justifie de son adresse (facture EDF, téléphone, assurances...) ;

– donne tous les renseignements concernant les actes du livret (nom, prénoms, date, lieu...).

☞ *La demande doit être faite par le ou les titulaire(s) du livret (qui peut désigner un mandataire).*

Un livret ne peut pas être délivré après décès du ou des titulaires (IGREC, n° 634). La demande pour le compte des enfants dont les parents sont décédés n'est pas recevable (sauf si enfant mineur par le tuteur avec l'accord du procureur) (IGREC, n° 635).

546 **Cas d'attribution d'un second livret de famille.** Un nouveau livret de famille est attribué dans les cas suivants :

1 – perte, vol ou destruction du premier ;

2 – changement dans la filiation, dans les noms, prénoms, sexe des personnes qui figurent dans le livret ;

3 – en cas de divorce ou séparation justifiés par la production d'une décision judiciaire ou d'une convention homologuée ;

4 – après adoption ou inscription d'un enfant sans vie qui doit être placé en fonction de la chronologie des différents actes.

... et toutes les fois que le demandeur justifiera d'un intérêt légitime à disposer d'un livret de famille comme un couple marié ou non marié vivant séparément sans avoir eu recours à la justice.

Pour limiter la fraude, des justificatifs sont dorénavant exigés.

547 **Confiscation d'un livret de famille (IGREC, n° 603-1).** L'officier d'état civil qui voit un livret falsifié ou devenu inexact en raison de modifications de l'état civil des personnes confisque le livret.

Il doit également détruire les livrets qui ne correspondent plus à la situation de famille (IGREC, n° 604-1).

548 **Établissement d'un duplicata de livret de famille par reconstitution.**

Un duplicata doit dorénavant être établi sur le nouveau modèle de livret.

Ce second livret est établi de préférence par reconstitution.

L'officier d'état civil adresse le nouveau livret aux officiers de l'état civil ayant transcrit ou dressé les actes dont les extraits figurent au livret, après avoir, le cas échéant, inscrit les extraits des actes dont il est dépositaire (IGREC, n° 635).

Ce procédé doit être privilégié en raison des garanties qu'il comporte.

La mairie du lieu du mariage, si elle délivre les livrets avec le blason, peut également fournir le duplicata.

☞ *Les mentions de reconnaissance n'ont pas lieu d'être reportées sur le duplicata si les parents sont mariés (livret d'époux), ainsi que pour les enfants ayant atteint la majorité.*

En effet, ces renseignements servent uniquement à vérifier si l'autorité parentale est conjointe ou non. Or, dans ces deux situations, la question ne se pose pas.

549 **Établissement du duplicata par reproduction du premier livret.** Procédé réservé au cas où la reconstitution serait longue et difficile, en raison des risques d'erreurs qu'elle comporte.

Le livret est alors délivré « conforme au premier livret ».

La mention est portée au bas de chaque extrait et soulignée afin d'attirer l'attention des officiers d'état civil.

Le cachet apposé sera celui de la mairie où la reproduction a lieu et non celui de la mairie dépositaire des actes originaux.

550 **Mise à jour des duplicatas.** Il va de soi que les deux exemplaires d'un livret de famille seront tenus à jour avec la même rigueur.

551 **Duplicatas de livrets de famille non réclamés.** Toutes les mairies, sans doute, sont confrontées au fait qu'un certain nombre de duplicatas de livrets de famille, établis sur demande des familles, ne sont ensuite pas réclamés ou retirés.

Les demandeurs peuvent avoir retrouvé l'original ou oublié la demande de duplicatas, puis formulé une nouvelle demande à la mairie de leur nouveau domicile ; ils peuvent aussi avoir changé de situation maritale (parents qui se marient et ne peuvent utiliser leur ancien livret ou bien se passent volontiers de livrets...).

Il est nécessaire périodiquement de faire le tri dans le stock en souffrance, stock parfois important dans les grandes villes.

Lorsque les recherches pour retrouver les demandeurs sont restées infructueuses, il est souhaitable de détruire les livrets concernés.

Cela peut être fait raisonnablement une fois par an, aucune réglementation n'existe en la matière.

8

ORGANISATION D'UN SERVICE D'ÉTAT CIVIL

La tenue des registres de l'état civil est confiée, au niveau des communes, aux maires et adjoints qu'on appelle les officiers d'état civil.

L'officier d'état civil est, dans l'exercice de ses fonctions, une autorité de l'ordre judiciaire et non une autorité administrative. Il relève du procureur de la République et du ministre de la Justice.

Le Code civil et l'Instruction générale relative à l'état civil sont les ouvrages indispensables qui permettent de tenir dans les meilleures conditions le service de l'état civil : ils contiennent l'ensemble des textes législatifs et réglementaires organisant l'état civil.

La parution successive de textes nombreux et importants depuis 1999 n'a pas permis une mise à jour rapide et suivie de l'Instruction générale relative à l'état civil, c'est pourquoi il convient également de s'appuyer sur les lois, ordonnances, décrets, arrêtés et circulaires pour assurer avec rigueur la mission d'officier d'état civil.

CHAPITRE 1

Les missions des officiers d'état civil

552 **Quelle est la mission d'un service de l'état civil ?** Une mairie a, parmi ses missions de base, celle d'assurer le service de l'état civil, c'est-à-dire établir et conserver les actes, en garantir la mise à jour et la publicité.

Le maire, dont les compétences se limitent au territoire de sa commune, officie en matière d'état civil en tant que représentant de l'État et, à ce titre, il est chargé (IGREC, n° 11) de :

1 – recevoir les déclarations de naissance et d'en dresser acte;

2 – recevoir les déclarations de reconnaissance d'enfant et d'en dresser acte;

3 – recevoir les déclarations de décès et d'en dresser acte;

4 – célébrer les mariages et d'en dresser acte;

5 – procéder à l'audition préalable;

6 – recevoir les déclarations de reprise de vie commune;

7 – recevoir les déclarations parentales conjointes de changement de nom de l'enfant mineur;

8 – tenir les registres et y inscrire les actes, les transcriptions d'actes et de jugements;

9 – assurer la mise à jour des actes et transcriptions par l'apposition de mentions;

10 – délivrer copies et extraits d'actes;

11 – assurer la conservation des registres;

12 – informer les particuliers à l'occasion de leurs déclarations d'état civil;

13 – informer les administrations, organismes divers dans les cas prévus par les textes : INSEE, DASS, tribunal, service des impôts, consulats, etc.

553 **Qui est officier d'état civil ?** Sont officiers d'état civil :

1 – le maire et les adjoints, de droit;

2 – le conseiller municipal délégué;

3 – l'agent communal délégué;

4 – le préfet ou le délégué spécial du préfet;

5 – le président de la délégation spéciale.

554 **Cas spéciaux.** Sont également officiers d'état civil dans des cas spéciaux :

1 – le procureur de la République;

2 – le personnel du greffe du tribunal de grande instance;

3 – le personnel du service central de l'état civil de Nantes;

4 – les agents diplomatiques et consulaires;

5 – les autorités étrangères investies des fonctions d'officier d'état civil dans leur pays;

6 – les capitaines de navires (décès à bord);

7 – les chefs de corps d'armée (décès);

8 – les notaires (pour reconnaissance d'enfant, reprise de vie commune);

9 – les archivistes (délivrance de copies de plus de cent ans et extraits de ces actes).

555 **Comment le maire donne-t-il délégation d'officier d'état civil ?** La délégation de fonctions d'officier d'état civil est donnée par arrêté du maire.

Les arrêtés sont nominatifs.

Un conseiller municipal peut recevoir délégation pour l'ensemble des fonctions d'état civil.

Un fonctionnaire communal peut recevoir délégation pour l'ensemble des fonctions à l'exception de la célébration des mariages et de la déclaration de reprise de vie commune qui restent de la compétence exclusive d'un élu, membre du conseil municipal.

Le maire peut restreindre la délégation à certains actes ou même à la seule délivrance de copies et extraits.

556 **Absence de délégation de fonction.** Il n'y a pas délégation de fonction pour :

- les agents diplomatiques et consulaires;

- les autorités étrangères investies de fonctions d'état civil dans leur pays;

- les capitaines de navire.

Ce sont des tâches administratives pour lesquelles il n'est pas nécessaire d'avoir la délégation d'officier d'état civil.

557 **Quand le maire donne-t-il délégation ?** Le maire, officier d'état civil de droit, exerce en principe ces fonctions personnellement.

Les adjoints sont également officiers d'état civil de droit (CGCT, art. L. 2122-32).

Le Code civil prévoit qu'en cas d'absence ou d'empêchement du maire, ou des adjoints, les fonctions sont déléguées à un ou des conseillers.

☞*Dans la pratique :*

- les fonctionnaires municipaux chargés de l'état civil reçoivent délégation dès le début du mandat ou lorsque l'opportunité se présente dans leur travail;

- un conseiller municipal appelé à célébrer un mariage reçoit alors un arrêté de délégation de fonctions d'officier d'état civil. Un exemplaire de l'arrêté sera inclus dans le dossier des pièces annexes du mariage.

Mais une délégation pour la durée du mandat peut valablement être donnée.

558 **Modèle d'arrêté de délégation à un fonctionnaire municipal.**

« Arrêté du maire de ...

« Administration municipale. Délégation de fonctions d'officier d'état civil à un agent territorial, Mme ...

« Nous, maire de la ville de ...

« Vu l'article R. 2122-10 du Code général des collectivités territoriales,

« Vu le procès-verbal de l'élection du maire et des adjoints en date du ...,

« Arrêtons :

« Mme ..., née le ... à ... (...), fonctionnaire territoriale à la mairie de ..., est déléguée sous notre surveillance et notre responsabilité, pour la transcription et la mention en marge de tous les actes et jugements sur les registres de l'état civil de la ville de ..., de même que pour la délivrance de toutes copies et tous extraits d'actes d'état civil enregistrés à ...

« Mme ... est également déléguée pour recevoir les déclarations de naissance, de décès, d'enfants sans vie, de reconnaissance, de déclaration parentale conjointe de changement de nom, du consentement de l'enfant de plus de 13 ans à son changement de nom, de même que dresser tous actes relatifs aux déclarations ci-dessus.

« M. le directeur des services de la ville de ... est chargé de l'exécution du présent arrêté.

« Fait en mairie, à ..., le ... »

☞ *Il y a lieu soit de prendre un arrêté spécifique soit de compléter l'arrêté de l'officier d'état civil en charge des dossiers de mariage par « pour lui permettre de procéder à l'audition préalable à la publication des bans ». Il est évident que cette délégation ne peut pas être généralisée et donc doit être limitée à un ou deux agents par mairie.*

559 **Où adresser les arrêtés de délégation ?** Comme tout arrêté municipal, l'arrêté déléguant les fonctions d'officier d'état civil est placé dans le registre des arrêtés municipaux.

Des copies de l'arrêté sont adressées :

– au préfet ou sous-préfet ;

– au procureur de la République ;

– à l'intéressé : le fonctionnaire ou l'élu ;

– au directeur général des services pour le dossier administratif de l'intéressé.

Si l'arrêté délègue à un conseiller municipal les fonctions d'officier d'état civil à l'occasion d'un mariage, un exemplaire de l'arrêté figurera dans le dossier de mariage (pièces annexes).

560 **Quel fonctionnaire peut obtenir délégation d'officier d'état civil ?** Le maire peut déléguer à un ou plusieurs fonctionnaires communaux majeurs et titularisés dans un emploi permanent, les fonctions qu'il exerce en tant qu'officier d'état civil (IGREC, n° 6-1).

Il porte son choix sur le secrétaire de mairie ou sur un ou plusieurs agents spécialisés dans les questions d'état civil.

Il est indispensable que l'agent de l'état civil qui reçoit les déclarations et dresse les actes, puisse aussi les signer.

Les actes portant la seule signature d'un fonctionnaire municipal délégué sont valables.

561 **Durée de la délégation.** La délégation donnée par le maire est valable au maximum pour la durée du mandat municipal en cours, jusqu'à l'installation du nouveau conseil municipal.

C'est le maire en fonctions qui délègue.

Lors d'un changement de maire et après chaque élection du maire – le nouveau maire, même s'il est reconduit, détient ses fonctions du dernier scrutin – de nouveaux arrêtés de délégation doivent être pris.

Un adjoint spécial est officier d'état civil délégué, pendant la durée, au cours du mandat, où il exerce ses fonctions particulières.

Toutes les délégations sont révocables à tout moment.

Le maire ayant délégué conserve à titre personnel la capacité à exercer pleinement ses fonctions d'officier d'état civil (IGREC, n° 4).

562 **Responsabilité de l'officier d'état civil (IGREC, n°s 19 à 33).** Le maire, officier d'état civil de droit sur le territoire de sa commune, agit en tant que représentant du pouvoir central, donc de l'État.

L'officier d'état civil dispose d'une grande autonomie dans l'organisation de ses services. Il n'en est pas moins soumis à un contrôle des autorités judiciaires et en particulier du procureur de la République qui peut lui donner des directives.

Les fautes et négligences commises par l'officier d'état civil et les dépositaires de registres, dans l'exercice de leurs fonctions, engagent la responsabilité de l'État, de la commune ou encore la responsabilité de l'officier de l'état civil.

Les tribunaux judiciaires sont dès lors compétents et non les tribunaux administratifs.

Les sanctions encourues par l'officier d'état civil vont de l'amende civile à la sanction pénale selon l'infraction commise.

Une sanction disciplinaire peut en outre être infligée au fonctionnaire coupable de malveillance (IGREC, n° 33).

CHAPITRE 2

Relations des services d'état civil avec d'autres institutions

563 **Rôle du procureur de la République vis-à-vis de l'état civil.** Le procureur près le tribunal de grande instance est l'autorité supérieure en matière d'état civil. Il a un rôle de contrôle, de surveillance :

1 – Réquisitionner l'officier d'état civil et lui donner des instructions;

2 – Conseiller sur toute question d'état civil. Il convient d'ailleurs de le consulter, par téléphone en cas d'urgence, à chaque fois que l'officier d'état civil rencontre des difficultés particulières pour remplir sa fonction;

3 – Vérifier les registres;

4 – Autoriser les rectifications d'erreurs purement matérielles concernant les actes;

5 – Soumettre au tribunal, de sa propre initiative ou à la demande d'un officier d'état civil, ou encore sur requête d'un particulier formulée ou non par ministère d'avocat, les questions relatives à un acte à l'état des personnes, au choix de prénoms;

6 – Faire une enquête sur un projet de mariage, à la demande de l'officier d'état civil et le cas échéant faire opposition à mariage;

7 – Inspecter les bureaux d'état civil, s'assurer de leur bon fonctionnement;

8 – Autoriser la consultation des registres par les personnes étrangères au service;

9 – Engager des poursuites à l'encontre d'un officier d'état civil pour négligences graves ou irrégularités dans la tenue des registres, etc.

564 **Rôle du tribunal de grande instance vis-à-vis de l'état civil.** Outre le procureur de la République, le greffe, le juge aux affaires familiales, le juge des tutelles, le président enfin, concourent à permettre la tenue d'un état civil régulier.

565 **Rôle du greffe.** C'est au greffe que sont conservés le deuxième exemplaire des registres de moins de cent ans ainsi que les pièces annexes des dossiers (mariage).

Il reçoit les avis de mise à jour de ces registres et tient le répertoire civil.

Le greffier en chef du tribunal de grande instance reçoit les déclarations conjointes relatives à l'exercice commun de l'autorité parentale sur un enfant mineur.

Le greffier en chef du tribunal d'instance délivre les certificats de nationalité française et adresse un avis de mention relative à la délivrance au maire dépositaire de l'acte de naissance de l'intéressé.

Il enregistre les PACS (déclaration, modification et dissolution) et transmet également les mentions correspondantes aux officiers d'état civil.

566 **Rôle du juge aux affaires familiales.** Le juge aux affaires familiales est, depuis 1994, le juge unique des affaires relatives à la famille : séparation, divorce, exercice de l'autorité parentale, prénoms, adoptions, filiations.

Il entend les enfants en âge de discernement au cours des procédures de divorce des parents.

567 **Rôle du juge des tutelles.** Il traite entre autres de la protection des incapables majeurs avec inscription au répertoire civil.

568 **Rôle du juge d'instance.** Il établit les actes de notoriété en matière d'état civil (possession d'état, acte remplaçant l'acte de naissance dans quelques cas...).

569 **Rôle du président du tribunal de grande instance.** En matière d'état civil, il est saisi en rectification simple d'acte.

570 **Le tribunal examine les requêtes.** Elles sont soumises soit directement par avocat (tribunal de grande instance), soit par le procureur, notamment :

- les jugements déclaratifs de naissance, de décès, d'absence;
- les jugements d'adoptions simples et plénières;

– les contestations et désaveux de paternité;

– les rectifications autres que matérielles d'actes ou de mentions et concernant l'état des personnes;

– reconstitue les actes perdus ou inexistants.

571 **Relations du service de l'état civil avec l'INSEE.** L'officier d'état civil est tenu d'adresser à l'Institut national des statistiques et des études économiques des renseignements relatifs aux individus, à l'occasion d'événements divers ayant une incidence sur l'état des personnes en vue de permettre des statistiques, et d'attribuer aux nouveau-nés le numéro d'immatriculation au répertoire des personnes physiques.

Les renseignements sont transmis par système de télétransmission (Internet, AIREPNETT, TEDECO, Transpac...) ou par bulletins.

Huit sortes de bulletins existent :

– bulletin n° 1a : transcription relative à un jugement d'adoption plénière;

– bulletin n° 1b : transcription relative à un jugement déclaratif de naissance;

– bulletin n° 1c : transcription relative à un jugement déclaratif de décès ou d'absence;

– bulletin n° 2 : mariage;

– bulletin n° 3 : mention en marge d'acte de naissance ou de décès;

– bulletin n° 5 : naissance;

– bulletin n° 6 : enfant sans vie;

– bulletin n° 7 : décès;

– bulletin n° 7 *bis* : avis de décès.

L'INSEE fournit aux mairies les formulaires nécessaires lorsqu'elles ne sont pas reliées par le système informatique qui assure la transmission automatique des renseignements après chaque acte dressé.

Certains renseignements sont utilisés par l'INSEE pour la mise à jour du Répertoire national d'identification des personnes physiques (RNIPP) et l'attribution du numéro INSEE à chaque personne.

La transmission des renseignements contenus dans les bulletins INSEE intervient dorénavant dans la plupart des villes par systèmes Internet, AIREPNETT ou disquette.

En ce qui concerne les naissances, les informations font l'objet d'une transmission quotidienne afin d'attribuer dans les plus brefs délais son numéro d'identification à l'enfant, et donc son immatriculation auprès des organismes concernés.

9

ÉTAT CIVIL ET ÉTRANGER

Ce chapitre concerne la situation d'un étranger devant l'état civil français ainsi que celle d'un Français en pays étranger.

En raison de l'importance de la circulation des personnes entre les différents pays pour des raisons professionnelles, familiales ou personnelles, les services d'état civil ont à connaître des situations très nombreuses dans lesquelles une personne de nationalité étrangère est impliquée.

Un certain nombre d'accords de réciprocité ou d'accords multilatéraux ont permis une harmonisation et une simplification des traitements même si la loi entre pays prévoit des dispositions différentes.

De plus, la circulaire relative à l'application de la loi n° 2002-304 modifiée sur le nom de famille consacre un important chapitre aux aspects internationaux du nom.

La loi n° 2006-1376 relative au contrôle de la validité des mariages, son décret d'application en date du 10 mai 2007 et la dernière circulaire du garde des Sceaux en date du 22 juin 2010 relative à la lutte contre les mariages frauduleux concernent les mariages célébrés en France ou à l'étranger.

CHAPITRE 1

L'état civil des étrangers en France

572 **Principes.** Un acte d'état civil étranger fait foi en France au même titre qu'une expédition dressée par une autorité française, s'il a été rédigé dans les formes usitées dans ledit pays (IGREC, n° 486-1) mais l'expédition de l'acte étranger doit être traduite et légalisée ou apostillée le cas échéant.

Les actes de l'état civil concernant les étrangers peuvent être reçus en France, dans les formes du droit français, par nos officiers d'état civil : par exemple, le mariage des étrangers peut valablement être célébré en France par un officier de l'état civil français (IGREC, n° 527). Par contre, les règles de fond sont celles du pays concerné, lorsqu'elles ne sont pas en contradiction avec le Code civil français.

573 **Établissement des actes concernant des étrangers.** Pour l'établissement en France de certains actes d'état civil concernant des étrangers, l'intervention des autorités françaises est obligatoire : naissance, décès (IGREC, n° 538).

Pour d'autres, elle est facultative : mariage, reconnaissance. Les intéressés peuvent alors s'adresser à leur consulat compétent.

À l'adresse Internet suivante figurent les coordonnées de ces autorités :

www.expatries.diplomatie.fr/annuaires/repdipfr.asp

574 **Naissance.** La déclaration est obligatoire pour toute naissance en France.

Les conditions de forme sont identiques à celles prévues pour les citoyens français.

Toutefois, le parent d'un enfant étranger peut se prévaloir de sa loi nationale pour les conditions de fond : attribution du nom, établissement de la filiation ; il produira alors un certificat de coutume obtenu auprès de ses autorités consulaires.

Voir **n°s 1** et **s. et 521** et **s.**

575 **Transcription.** La transcription d'un acte de naissance au consulat est une formalité non obligatoire. Toutefois, la famille qui garde des relations étroites avec son pays d'origine choisit souvent de demander la transcription. Pour ce faire, une copie intégrale de l'acte de naissance lui sera indispensable.

576 **Choix des prénoms.** Le choix des prénoms est librement exercé par les parents et l'officier d'état civil respecte le choix pour les étrangers également. Mais, dans un certain nombre de pays étrangers, ne sont acceptés que les prénoms qui y sont en usage et avec une orthographe bien précise. Aussi convient-il d'avertir les parents qu'ils risquent de ne pouvoir obtenir la transcription pour une difficulté relative à un prénom.

577 **Nom de famille.** Le Code civil français prévoit l'obligation d'avoir un nom patronymique appelé nom de famille. Ce nom peut d'ailleurs être choisi par les parents, en application de la loi du 4 mars 2002, si par ailleurs les conditions sont réunies, mais les étrangers peuvent aussi se prévaloir de leur loi nationale pour l'attribution de ce nom. Ils doivent alors en justifier par un certificat de coutume obtenu auprès de leur consulat (IGREC, n° 531).

Si, conformément à son statut personnel, le père est dépourvu de nom de famille, l'enfant doit néanmoins porter en France un nom, celui-ci sera constitué par l'élément d'identification sous lequel le père est connu : prénom, nom de tribu, surnom (IGREC, n° 532).

578 **Décès.** La déclaration de tout décès intervenant en France est obligatoire : c'est une mesure d'ordre public (IGREC, n° 533).

L'acte est dressé tout à fait normalement à partir des renseignements d'état civil connus.

Copie de l'acte doit être transmise au consulat, en application d'accords réciproques internationaux intervenus entre un certain nombre de pays, ceux faisant partie de la CIEC (voir **n° 624**).

579 **Mariage.** Les étrangers qui se marient en France peuvent choisir de le faire :

– soit devant un officier d'état civil français ;

– soit devant les autorités consulaires, en fonction de conventions entre pays, à condition qu'aucun des deux conjoints ne soit de nationalité française (IGREC, n° 561).

La compétence reconnue en matière de mariage est normalement réservée aux autorités agissant en qualité d'agents diplomatiques ou consulaires, et un mariage célébré en France uniquement devant une autorité religieuse est nul (IGREC, n° 557).

Il en découle qu'un mariage dans lequel un des époux est Français ne peut pas être célébré devant un consul, en France. Il ne serait pas valable.

Pour la célébration du mariage devant l'état civil français, le Code civil s'applique autant sur les conditions de fond que sur les conditions de forme (IGREC, n°s 530 et 544).

Le mariage ne pourra être célébré que si l'application de la loi étrangère n'est pas contraire à l'ordre public français : ceci dans le cas où les futurs époux voudraient se prévaloir de leur loi nationale prévoyant des conditions moins strictes que celles du droit français (IGREC, n° 548).

L'intérêt pour les étrangers de se prévaloir de la loi étrangère est, en demandant la transcription au consulat de leur pays, de voir ultérieurement leur union reconnue dans leur pays (IGREC, n° 546).

Voir également **n°s 193** et **s.**

580 **Reconnaissance.** Une reconnaissance de paternité ou de maternité faite par un étranger peut, en application de la loi française, être reçue par un officier d'état civil, un notaire ou une autorité judiciaire, comme par un consul (IGREC, n° 534).

Un acte de reconnaissance est valable lorsqu'il est conforme soit à la loi personnelle de son auteur, soit à la loi personnelle de l'enfant (IGREC, n° 567-2).

La jurisprudence française considère généralement que la reconnaissance doit être faite par acte authentique pour être valable en France (IGREC, n° 500).

En cas de doute sur la validité d'une reconnaissance souscrite soit dans un pays étranger, soit devant le consul du pays étranger, il convient de faire réitérer la reconnaissance dans les formes du droit français.

La loi française établit la filiation maternelle par l'indication de la mère dans l'acte de naissance. Toutefois, pour certains pays, la reconnaissance de la mère reste obligatoire pour l'établissement de la filiation maternelle, il convient donc de continuer à recevoir la reconnaissance de la part d'une maman (et d'un papa) de nationalité étrangère.

581 **Reconnaissance avec ou sans filiation.** Les effets d'une reconnaissance sont régis par la loi nationale du déclarant ou celle de l'enfant et non par la loi française.

En général, la reconnaissance établit la filiation mais une législation étrangère peut limiter la reconnaissance à une simple créance d'aliments et n'entraîner aucun lien de filiation. Dans ce cas, l'officier d'état civil est néanmoins tenu de recevoir et mentionner la reconnaissance. Il devra alors (et uniquement dans ce cas) mentionner la nationalité dont s'est prévalu le déclarant.

Il convient de compléter l'acte comme suit :

« Le déclarant s'est prévalu de la nationalité … (allemande) et, en vertu de sa loi nationale, a entendu souscrire une reconnaissance sans (ou avec) établissement de filiation. »

582 **Mention marginale.** Dans le cas de reconnaissance sans filiation ne créant que des liens alimentaires, la mention ne peut être apposée d'office : consulter, pour chaque cas, le procureur (IGREC, n° 581).

583 **Légitimation.** La loi française, depuis juillet 2006, ne fait plus la différence entre les enfants dont les parents sont mariés ou non (ordonnance portant réforme de la filiation). Un couple de nationalité(s) étrangère(s) qui se marie, en présence d'enfant, s'adressera à son consulat au cas où ils seraient concernés par la légitimation.

584 **Utilisation en France d'actes étrangers.** Pour pouvoir être utilisés en France, les actes étrangers doivent toujours être traduits et dans certains cas légalisés (IGREC, n° 586).

585 **Traduction.** La traduction peut être faite par (IGREC, n° 586-1) :

– un traducteur assermenté figurant sur la liste des experts judiciaires déposée auprès du tribunal de grande instance ;

– le consul étranger en France.

La traduction n'est pas gratuite. Elle donne lieu à perception de droits ou à rémunération du traducteur.

La traduction doit être revêtue de la signature et du sceau du traducteur.

L'utilisation de formulaires plurilingues dispense de la traduction.

586 **Légalisation.** L'expédition de l'acte étranger doit parfois être légalisée (IGREC, n°s 587 et 589) :

- à l'étranger par le consul de France ;
- en France, par le consul étranger.

Le document légalisé doit être revêtu de la signature et du sceau de l'autorité étrangère qui l'a délivré.

Les actes établis en France par un consul étranger – en langue française donc – sont acceptés sans formule de légalisation.

La légalisation facilite la preuve de l'authenticité d'un acte ou d'un document.

La légalisation favorise la production et l'admission d'un acte dans un autre pays.

C'est l'authentification d'une signature par un contreseing officiel (IGREC, n° 596).

La légalisation d'actes d'état civil utilisés à l'étranger n'est pas systématique. Il appartient au pays qui les reçoit d'exiger ou non la légalisation (IGREC, n° 599).

Pour une expédition d'actes dispensés de toute légalisation en vertu d'accords internationaux, si le doute porte sur la véracité de la signature, l'identité du cachet ou la qualité du signataire, il est conseillé de la faire vérifier par l'autorité qui l'a délivrée, au moyen d'une formule plurilingue, après en avoir référé au procureur.

Voir extraits plurilingues, **n°s 703, 717** et **722**.

587 **Visa de conformité** (IGREC, n° 589). La légalisation peut revêtir une forme simplifiée :

- apposition du visa de conformité par le bureau des légalisations du ministère des Affaires étrangères ;
- apposition du visa de conformité par l'autorité consulaire française.

588 **Vérification.** L'officier d'état civil qui reçoit une expédition d'acte étranger devra bien vérifier :

- les dates ;

- l'indication du lieu d'origine ;

- parfois la présentation du document lui-même ;

- le sceau et la signature portés sur le document, qui doivent toujours être des originaux ;

- la légalisation si prévue ;

- enfin la traduction.

En cas de doute sur un élément ou sur un des énoncés de l'acte, en référer au procureur.

589 **Durée de validité des extraits délivrés à l'étranger.** En principe, les expéditions d'acte délivrés en France comme à l'étranger sont toujours valables quelle que soit la date de leur délivrance.

Néanmoins, pour la constitution de dossier de mariage, les expéditions d'actes français sont valables s'ils ont moins de trois mois à la date du mariage (IGREC, n° 352) s'ils ont été délivrés en France ; la durée de validité est de 6 mois s'ils ont été délivrés par un consulat ou une ambassade.

Il importe aussi d'être vigilant concernant les documents étrangers et demander des expéditions récentes (moins de six mois) (IGREC, n° 543) dans toute la mesure du possible, même si, par ailleurs, il sera exigé un certificat de coutume et un certificat de capacité matrimoniale (IGREC, n°s 546 et 549).

Certains pays étrangers ne délivrent pas de copie ou d'extrait d'acte à la demande, mais un document unique qui devra donc être accepté. De plus, ce document sera restitué à l'intéressé après que l'officier d'état civil en ait fait une photocopie sur laquelle il indique les raisons qui l'ont amené à restituer l'original.

590 **Extraits plurilingues.** La production d'extraits plurilingues est tout à fait possible entre certains pays et supprime toute traduction et légalisation (voir **n°s 703, 717 et 722**).

591 **Dossier de mariage concernant deux étrangers ou un Français et un étranger**. Voir **n°s 150** et **s.**

592 **Documents particuliers pour dossier de mariage.** En plus des pièces habituelles, certains documents particuliers sont parfois exigés pour constituer le dossier de mariage (IGREC, n° 543) :

– acte de naissance dressé à l'étranger traduit par un traducteur assermenté ou par un consul, le cas échéant légalisé par un consul. Mais l'acte peut être établi sur un formulaire plurilingue, ce qui évite la traduction et la légalisation.

– certificat de coutume contenant l'indication des actes ou documents d'état civil qui permettent de connaître avec exactitude l'état civil de l'intéressé et notamment l'existence ou non d'une précédente union (IGREC, n° 546).

Ce certificat peut être obtenu auprès des consulats concernés, auprès de professeurs ou assistants de faculté de droit, d'avocats, conseillers juridiques des ambassades (IGREC, n° 530).

593 **Pas de demande de certificat de coutume pour certains pays adhérant à la Commission internationale de l'état civil (CIEC).** Pour le dossier de mariage d'un national d'un des pays cités ci-dessous, il y a lieu de demander :

– extrait d'acte de naissance (délivré en vue de mariage) : Autriche, Espagne, Italie, Luxembourg, Portugal ;

– extrait d'acte de naissance et une pièce complémentaire :

Allemagne : certificat de capacité matrimoniale,

Pays-Bas et Belgique : extrait du registre de la population,

Suisse : certificat à partir du registre des familles,

Turquie : extrait du registre des familles.

594 **En cas d'empêchement en application de la loi étrangère.** S'il résulte d'un document produit qu'en application de la loi étrangère un empêchement existe au mariage des intéressés, et que par ailleurs les conditions de la loi française sont remplies, établir une note comme suit (IGREC, n° 547).

« Nous ... (officier d'état civil)

« Appelé à célébrer le mariage de ... et de ...

« Avons constaté qu'il résulte des documents produits qu'en application de la loi étrangère, un empêchement existe au mariage des intéressés.

« En conséquence, les conditions de la loi française étant par ailleurs remplies, nous les avons avertis que le mariage ne sera célébré que sur leur demande expresse et au risque d'une annulation ultérieure.

« Les parties ont déclaré persister dans leur projet.

« En foi de quoi, nous avons établi la présente note qui sera jointe aux pièces annexes de l'acte de mariage. »

Fait à ..., le ...

L'officier d'état civil

595 **Publication à l'étranger (IGREC, n° 539).** Si le futur époux français a son adresse uniquement à l'étranger, l'officier d'état civil adresse au consulat de France dans le pays concerné un avis de publication. Pour un futur époux étranger, il appartient à l'intéressé lui-même d'effectuer les démarches nécessaires pour une publication de mariage dans le pays d'où il est originaire, ou dans lequel il réside.

La non-production d'un certificat de publication n'est pas un élément suffisant pour refuser la célébration.

Les pays suivants prévoient la publication du mariage de leurs ressortissants et résidents célébré à l'étranger : Andorre, Grèce, Burkina Faso, Cameroun, Cap-Vert, Centrafrique, Guinée-Bissau, Haïti, Honduras, Inde, Italie, Lesotho, Lituanie, Liechtenstein, Maurice, Monaco, Mozambique, Niger, Nigeria, Ouganda, Portugal, Rwanda, Saint-Marin, Suisse, Tchad, Togo.

596 **Cas particulier : Italie.** Les règles imposées précédemment pour une publication en Italie ont été supprimées.

597 **Cas particulier : musulman marocain.** L'officier d'état civil doit attirer l'attention des futurs époux sur le fait que la validité de leur union au regard de la loi marocaine est subordonnée à l'enregistrement de ce mariage par les fonctionnaires consulaires marocains sur justification de la célébration du mariage (IGREC, n° 555).

598 **Cas particulier : apatrides et réfugiés.** Il leur est fait application de la loi du pays de refuge. Ils n'ont donc pas à produire de certificat de coutume ou de capacité matrimoniale.

Les actes tenant lieu d'actes d'état civil leur sont délivrés par l'OFPRA.

Il n'y aura jamais lieu de demander un acte de notoriété au juge d'instance.

Tout acte et jugement concernant un réfugié et apatride doivent être communiqués à l'OFPRA : mariage, décès, divorce, reconnaissance.

599 **Cas particulier : Algérie.** Des conditions exceptionnelles de facilité sont prévues, jusqu'à reconstitution complète des actes d'état civil dressés en Algérie avant l'indépendance (1962), pour permettre aux personnes concernées de justifier de leur état civil.

Même dans un dossier de mariage, l'état civil peut être justifié par (IGREC, n°s 687 à 690) :

- la présentation du livret de famille ;
- la production d'une fiche d'état civil, même ancienne ;
- la production d'un acte de notoriété.

S'en référer à chaque fois au procureur.

De plus, le futur conjoint né en Algérie avant le 1er janvier 1963 devra soit par attestation sur l'honneur, soit sur présentation de pièces, soit par acte de notoriété prouver qu'il est célibataire ou non engagé dans un autre mariage.

600 **Cas particulier : un des futurs époux est divorcé à l'étranger (IGREC, n°s 583 et 585-4).** L'officier d'état civil peut remarier un Français ou un étranger divorcé à l'étranger dès lors qu'il est établi par un certificat de l'autorité étrangère compétente que le divorce est définitif dans le pays où il a été prononcé.

Toutefois, l'officier d'état civil, s'il a connaissance d'une décision française frappant le jugement étranger d'inopposabilité (pas définitif) ou lui refusant l'*exequatur* officiel et définitif (contrôle de la régularité), devra refuser de procéder au mariage.

601 **Régime matrimonial.** Les époux peuvent, avant le mariage, désigner la loi applicable d'un pays étranger :

- celle d'un État dont l'un des futurs époux a la nationalité au moment de la désignation ;

– celle de l'État sur le territoire duquel l'un des époux a sa résidence habituelle au moment de cette désignation ;

– celle du premier État sur le territoire duquel l'un des époux établira une nouvelle résidence habituelle après le mariage.

À défaut de cette désignation ou de contrat de mariage, le régime qui lui est applicable est celui prévu par le pays où le couple a sa première résidence après le mariage.

L'information que la désignation a été faite dans le cadre de la Convention sur la loi applicable aux régimes matrimoniaux, faite à La Haye le 14 mars 1978, est consignée dans l'acte de mariage (voir **n° 220**).

602 **Livret de famille étranger.** Un livret de famille délivré à l'étranger, quelles que soient l'appellation utilisée pour désigner un tel livret et la forme de ce document, peut être complété à la demande expresse des intéressés, par un officier d'état civil français, pour un acte qu'il vient de dresser : naissance, décès.

Les indications qui seront ainsi portées ne vaudront qu'à titre de simples renseignements.

Ce même livret peut être mis à jour par le consulat où l'acte est transcrit.

Enfin, il ne paraît pas possible d'établir des certificats d'hérédité d'après de tels livrets : les législations étrangères en matière de droit successoral pouvant être tout à fait différentes du droit français.

Divers pays ne connaissent pas la pratique du livret de famille. Or, en France, il sera fréquemment demandé à ces extranationaux de fournir des photocopies de livret en remplacement de fiches familiales supprimées.

Voir **n°s 521** et **s.**

Il faut leur conseiller de s'adresser à leur consulat afin d'obtenir une « traduction des divers actes les concernant qui vaudra livret de famille ».

603 **Accueil, aide aux étrangers, Inter-Service Migrants.** L'adresse en est la suivante : 2, cité de l'Ameublement, 75011 Paris – Tél. : 01.53.26.52.50.

604 **Organismes et associations d'aide aux immigrés.** Par Internet, consulter les rubriques Étrangers ou Immigrés.

605 **Étranger en situation irrégulière de séjour devant l'état civil.** La situation de séjour d'un étranger en France est sans effet en matière d'état civil.

Un étranger qui viendrait en France uniquement pour se marier ne pourrait se voir opposer un refus de la part du maire appelé à célébrer le mariage si, par ailleurs, la constitution du dossier est tout à fait régulière et complète (IGREC, n° 552).

Toutefois, un officier d'état civil qui aurait connaissance, à l'occasion de la constitution du dossier, de l'irrégularité du séjour d'un futur conjoint étranger est légalement tenu d'en informer le procureur de la République ou le commissaire de police (C. pr. pén., art. 40 et IGREC, n° 421-1).

CHAPITRE 2

L'état civil des Français à l'étranger

606 **Principes.** Tout acte de l'état civil – naissance, mariage, décès, reconnaissance – des Français fait en pays étranger est considéré comme valable en France, s'il a été établi en respect des formes en usage dans ce pays étranger, dans la mesure où les conditions de fond déterminées par notre loi nationale sont respectées (IGREC, n° 486-1).

Les conditions de forme sont :

– présence de l'officier d'état civil ;

– acte dressé par une autorité locale : officier d'état civil compétent ; dans certains pays, les fonctions publiques d'officier d'état civil sont exercées par l'autorité ecclésiastique, comme au Portugal et au Canada... ;

– présentation matérielle des actes ;

– rédaction des actes ;

– qualité des témoins ;

– délai pour dresser l'acte.

Les conditions de fond sont :

– capacité des parties ;

– âge légal des époux ;

– degré de parenté ou d'alliance ne créant pas d'empêchement ;

– autorisation requise ;

– situation maritale.

Concurremment à l'établissement d'un acte dans les formes usitées dans un pays étranger, les Français peuvent s'adresser au consulat de France pour dresser les actes :

– soit en demandant la transcription d'un acte de naissance, de mariage, de décès, de reconnaissance ;

– soit pour célébrer un mariage et en dresser l'acte ou pour prendre une déclaration de reconnaissance.

607 **Actes de naissance et de décès dressés à l'étranger (IGREC, n° 489-1).** Dans la plupart des pays, les déclarations de naissance et de décès sont, de par la loi, obligatoires à l'état civil local et la transcription au consulat faite soit d'office, soit à l'initiative des intéressés, présente un réel intérêt dans la mesure où, ensuite, ces actes sont centralisés au service central de l'état civil à Nantes, auprès duquel il est alors toujours possible d'obtenir délivrance de diverses expéditions quel que soit le pays d'origine.

608 **Actes de mariage et de reconnaissance dressés à l'étranger (IGREC, n°s 492 à 500).** Les mariages de Français à l'étranger peuvent être célébrés soit à l'état civil local, soit auprès des autorités consulaires ou diplomatiques. D'ailleurs, un mariage célébré en respect du droit local peut ultérieurement faire l'objet d'une demande de transcription près du consulat de France. Il doit toutefois être précédé de la délivrance d'un certificat de capacité à mariage délivré par le consulat ou l'ambassade.

Les reconnaissances d'enfant peuvent être formulées soit auprès des autorités publiques en matière d'état civil, soit auprès du consulat.

Il est toujours conseillé de refaire une telle déclaration, devant les autorités consulaires, pour éviter d'éventuels conflits de filiation inextricables en raison de conflits de lois dans ce domaine particulier.

Enfin, une déclaration de reconnaissance établie par acte authentique devant notaire est également tout à fait valable comme en France.

609 **Déclaration de choix de nom.** En cas de naissance à l'étranger d'un enfant dont au moins un parent est français, les parents qui n'ont pas usé de la faculté de choix du nom lors de la naissance peuvent effectuer une telle déclaration lors de la demande de transcription de l'acte, au plus tard dans les trois ans de l'enfant. Cette déclaration écrite est remise à l'officier d'état civil consulaire compétent pour transcrire l'acte de naissance (D. n° 2004-1159 du 29 octobre 2004, art. 4).

610 **Utilisation à l'étranger d'actes d'état civil français.** Au même titre que l'état civil français admet comme valables les pièces d'état civil délivrées à l'étranger, les pays étrangers agréent les expéditions d'actes français. Un certain nombre d'accords réciproques sont intervenus en la matière entre divers pays.

611 **Légalisation.** La légalisation consiste à vérifier que les pièces établies ou certifiées par un organisme public sont conformes à la réglementation ; elle se matérialise par un contre-seing officiel de la signature (IGREC, n° 587 ; voir **n°s 164** et **165**).

À défaut de convention particulière en matière de légalisation avec un pays, cette formalité est exigée par l'autorité étrangère destinataire du document. Elle n'est donc pas systématique.

Le site du ministère des Affaires étrangères donne le tableau de l'état actuel en matière de légalisation (voir **n° 630**).

Si aucune dispense n'existe, il est de règle de demander la légalisation : l'autorité consulaire du pays concerné est compétente, ainsi que le consul de France dans le pays où le document va être utilisé.

Le document d'état civil devra être revêtu de la signature et du sceau ou du cachet de l'officier d'état civil qui l'aura délivré.

Quand un obstacle de force majeure empêche les intéressés d'obtenir la légalisation, il faut soumettre au procureur, qui peut émettre un avis favorable à l'utilisation de l'expédition en l'état, en particulier en l'absence de convention ou de doute sur l'obligation de légalisation (IGREC, n° 591).

612 **Visa de conformité.** Certains pays exigent un visa sur l'expédition d'acte d'état civil qu'ils reçoivent, en l'absence de légalisation (IGREC, n° 590).

Le visa de conformité constate que l'expédition est établie dans les formes prévues par la loi française.

Il est apposé par le ministère des Affaires étrangères : bureau de la Légalisation, 34, rue de la Pérouse, 75775 Paris Cedex 16.

Un acte, pour être admis au visa de conformité, doit :

- être revêtu de la signature manuscrite (pas la griffe) ;
- porter le nom et la qualité du signataire ;
- porter le sceau ou le cachet du service du signataire.

613 **Apostille.** Lorsque le document est destiné à être utilisé dans un certain nombre de pays, la légalisation ou le visa de conformité sont remplacés par l'apostille (IGREC, n° 598-1).

Pour la liste des pays concernés sur le site du ministère des Affaires étrangères, voir **n° 630**.

L'apostille en France, pour les actes destinés aux autorités étrangères, est apposée par le procureur général près des cours d'appel.

Elle se présente sous la forme d'un carré de 9 cm × 9 cm environ, elle contient la référence à la Convention de La Haye (5 octobre 1961). Elle indique l'autorité ayant établi le document et celle ayant apposé l'apostille.

614 **Mariage de Français célébré à l'étranger : publication.** Quel que soit le lieu où est célébré le mariage au niveau local ou devant le consul de France à l'étranger, la publication en France est une formalité obligatoire lorsque les lieux prévus par le Code civil se trouvent en France (domicile du ou des futurs époux ; IGREC, n° 496). Cette formalité conditionne la délivrance du certificat de capacité à mariage.

615 **Certificat de capacité à mariage.** L'attestation de la publication est indiquée dans le certificat de capacité à mariage que le futur époux français obtiendra auprès des agents diplomatiques ou consulaires (IGREC, n° 497).

Mais l'inobservation de cette formalité (C. civ., art. 110) n'entraîne pas la nullité du mariage.

616 **Conditions de fond pour le mariage des Français célébré à l'étranger (IGREC, nos 494 et 494-1).** Seules les conditions de fond imposées par le Code civil français doivent au minimum être respectées pour que le mariage soit reconnu valable en France ; ainsi notre Code civil, interdisant la polygamie, exige que les futurs époux soient libres de tout engagement matrimonial, or, dans les pays musulmans cette condition n'existe pas pour les individus du sexe masculin.

617 **Conditions de forme pour le mariage des Français célébré à l'étranger.** C'est la loi étrangère qui prévoit les conditions de forme.

En revanche, le futur époux de nationalité française doit obtenir au préalable un certificat de capacité à mariage auprès des autorités consulaires ou diplomatiques (L. n° 2006-1376 du 14 novembre 2006).

618 **Actes transcrits.** Les actes concernant des Français sont transcrits soit d'office, soit à la demande des intéressés auprès du consulat de France qui détient en double exemplaire les registres de transcription (IGREC, n° 507).

Le second exemplaire de ces registres est transmis au service central de l'état civil à Nantes, après échéance de l'année concernée.

La transcription d'un acte au consulat (mariage en particulier) n'entraîne aucune présomption sur la validité de l'acte.

La transcription en France, sur les registres de la commune de domicile, de l'acte de mariage d'un Français reçu à l'étranger dans les formes locales, a été supprimée depuis 1938 (L. du 10 mars 1938).

En revanche, sera retranscrit en France, à la mairie de la commune siège du consulat étranger, l'acte de mariage de deux étrangers célébré au consulat, après acquisition de la nationalité française par l'un ou l'autre ou les deux époux étrangers.

619 **Mentions consécutives à des actes ou des jugements intervenus à l'étranger.** La transcription d'une mention est uniquement à but de publicité et non de présomption de validité.

620 **Mentions consécutives à des jugements.** D'une manière générale, les jugements étrangers produisent en France leurs effets sans qu'il soit nécessaire de prononcer l'*exequatur*.

Toutefois, les tribunaux français peuvent être appelés à exercer un contrôle sur la régularité de la décision étrangère.

Concrètement, les officiers d'état civil ne devront en aucun cas apposer sur les registres des mentions relatives à des décisions étrangères sans instructions du procureur qu'ils sollicitent (IGREC, n° 585).

621 **Mentions consécutives à des actes.** L'officier d'état civil porte les mentions lorsqu'il reçoit expédition ou avis relatifs à mariage, reconnaissance et décès, légalisés le cas échéant ou revêtus du certificat de conformité (IGREC, n° 224).

L'expédition peut également être faite sous la forme d'un extrait plurilingue ou d'une transcription auprès du consulat.

622 **Que peut délivrer le service central de l'état civil ?** Le service central délivre (IGREC, n° 520-2) :

– copies et extraits d'actes ou transcriptions de jugements qu'il détient ;

– livret de famille et duplicata. Il assure aussi leur mise à jour pour tout acte déposé auprès de lui ;

– il assure la mise à jour et la rectification des actes et transcriptions par apposition de mentions.

623 **Comment obtenir une pièce d'état civil auprès du SCEC ?** Un particulier, tout comme l'officier d'état civil, peut obtenir, dans les mêmes conditions, sans frais et directement, un document d'état civil : extrait d'acte, livret de famille.

La demande est généralement formulée par courrier, (voir adresse en fin d'ouvrage) accompagnée d'une enveloppe affranchie pour la réponse ou bien par Internet : *www.diplomatie.gouv.fr*

CHAPITRE 3

Relations internationales en matière d'état civil

624 **La Commission internationale de l'état civil : CIEC (IGREC, n° 600).** C'est un organisme de coopération internationale créé en 1948 entre plusieurs pays d'Europe qui y ont adhéré successivement ; il a son siège 3, place Arnold, 67000 Strasbourg – tél. : 03 88 61 18 62.

À ce jour en font partie : Belgique, France, Luxembourg, Pays-Bas, Suisse, Turquie, Allemagne, Italie, Grèce, Hongrie, Autriche, Portugal, Espagne, Royaume-Uni, Pologne et Croatie (ont le statut d'observateur : Chypre, Lituanie, Moldavie, Russie, Saint-Siège, Slovénie et Suède).

Une section nationale existe dans chacun des pays pour le rôle de commission permanente de l'état civil et d'organisme consultatif (IGREC, n° 600-1).

En France, cette section siège auprès de la Chancellerie : direction des Affaires civiles et du Sceau.

Sept pays sont observateurs : Chypre, Lituanie, Moldavie, Russie, Saint-Siège, Slovénie, Suède.

La CIEC a pour objet (IGREC, n° 600-2) de constituer et tenir à jour une documentation législative et jurisprudentielle exposant le droit des divers États membres dans les matières relatives à la condition des personnes, à la famille et à la nationalité, de procéder à études et travaux tendant à harmoniser les dispositions en vigueur et à améliorer les techniques des services d'état civil.

625 **Extraits plurilingues (IGREC, n° 574).** Les extraits plurilingues ont été institués pour éviter la traduction lors d'utilisation en pays étranger et parfois aussi la légalisation, en particulier dans les pays signataires de la convention relative à la délivrance d'extraits plurilingues.

Les énonciations invariables sont imprimées en neuf langues : français, anglais, allemand, espagnol, italien, néerlandais, turc, grec et portugais.

626 **Formes d'extraits plurilingues (IGREC, n° 577-1).** Il s'agit d'extraits avec filiation et mentions.

La délivrance en est possible aux personnes habilitées à obtenir de tels documents.

Voir **n°s 499** et **s.**

627 **Avis plurilingues (IGREC, n° 569).** La Commission internationale de l'état civil, dans une convention de 1958, prévoit que tout officier d'état civil, exerçant ses fonctions sur le territoire de l'un des États contractants, doit donner avis de mariage et de décès à l'officier d'état civil des deux conjoints ou du défunt si ce lieu est situé sur le territoire de l'un des États contractants.

628 **Conventions et accords internationaux (IGREC, n° 568).** Ils ont prévu l'allégement de formalités concernant l'utilisation des actes d'état civil à l'étranger, ainsi que l'échange d'informations.

C'est ainsi que la mairie qui dresse un acte de décès ou de mariage pour un national d'un de ces pays en transmet directement copie, et un extrait plurilingue, au lieu de naissance.

Les pays signataires sont : Algérie, Allemagne, Autriche, Belgique, Croatie, Espagne, Hongrie, Italie, Luxembourg, Macédoine, Pays-Bas, Portugal, Slovaquie, Slovénie, République tchèque et Turquie.

En ce qui concerne l'information d'un pays ayant accédé à l'indépendance par rapport à la France, d'un acte concernant un de ses nationaux, il convient d'adresser au service central de l'état civil de Nantes, une copie de l'acte avec une lettre de transmission se référant à la Convention appliquée.

« J'ai l'honneur de vous transmettre une copie de l'acte de (mariage, décès…) concernant M…, national de (pays concerné), ou né ou marié sur le territoire de (ce pays) en application de la Convention (IGREC, n°s 568 à 568-4). »

629 **Consulats et ambassades.** Le consulat a pour mission la défense des intérêts des nationaux et assure diverses fonctions administratives dans un pays étranger.

L'ambassade représente un État auprès d'une puissance étrangère.

La liste à jour, avec les coordonnées précises (adresses et numéros de téléphone) des consulats et ambassades, est accessible par Internet sur le site : *www.diplomatie.gouv.fr*

630 **Pays ayant supprimé la légalisation mais la remplaçant parfois par l'apostille.** À la date du 4 juin 2008, quatre-vingt-treize pays ont ratifié la convention de La Haye supprimant la légalisation et la remplaçant ou non par l'apostille.

La liste en évolution régulière est disponible sur le site Internet : *www.hcch.net*

Il peut également être utile de consulter le tableau récapitulatif de l'état actuel du droit conventionnel en matière de légalisation dressé par le Bureau des légalisations du ministère des Affaires étrangères :

www.diplomatie.gouv.fr, rubrique « Les Français à l'étranger », « Vos droits et démarches » puis « Légalisation de documents ».

631 **Pays soumis à légalisation.** Les pays qui ne figurent pas dans ces listes sont soumis à la légalisation sans exception (IGREC, n° 599).

CHAPITRE 4

Réfugiés et apatrides

632 **Office français des réfugiés et apatrides : OFPRA.** Il est à l'adresse suivante : 45, rue Maximilien-de-Robespierre, 94136 Fontenay-sous-Bois Cedex – Tél. : 01 48 76 00 00, et par Internet : *www.ofpra.gouv.fr*

Établissement public créé en 1952, il assure la protection juridique et administrative des réfugiés et apatrides. Il est seul habilité à leur délivrer les certificats d'état civil qui ont valeur d'actes authentiques (IGREC, n°s 664 et 666). Il leur délivre en cas de besoin les certificats de coutume (IGREC, n° 668).

Il doit être informé de tout changement d'état civil (mariage, décès) concernant un réfugié ou un apatride (IGREC, n° 665).

633 **Livret de famille délivré par l'OFPRA.** La délivrance et la mise à jour du livret de famille spécial sont assurées par l'OFPRA pour ses ressortissants, il est alors utilisé dans les mêmes conditions qu'un livret de famille français.

Si les intéressés obtiennent la nationalité française, un nouveau livret sera délivré par le service central de l'état civil de Nantes et le premier sera restitué.

☞ *Pour toute question relative à l'état civil d'un réfugié ou d'un apatride, il y a toujours intérêt à se rapprocher de l'OFPRA.*

10

DÉMARCHES ET FORMALITÉS ADMINISTRATIVES

Des mesures de simplification des démarches administratives intervenues en 2000 et 2001 ont sensiblement allégé pour les mairies le travail de délivrance de pièces ou de vérification de documents.

D'autres trains de mesures de simplification sont intervenus, certains se préparent…

La contrepartie de la simplification et donc du principe de confiance accordée à l'usager est le droit pour l'administration d'effectuer des contrôles.

Malgré tout, un certain nombre de formalités restent obligatoires et peuvent continuer à être exigées par des personnes ou des organismes non administratifs, lorsqu'un texte de droit le prévoit.

CHAPITRE 1

Le contrôle des justificatifs d'état civil

Section 1
Les documents produits par les usagers

634 **Suppression des fiches d'état civil.** Instituée en 1953 pour simplifier les formalités administratives des usagers, la fiche d'état civil a été supprimée par le décret n° 2000-1277 du 26 décembre 2000.

635 **Documents de substitution.** Dans les démarches auprès des administrations diverses et des organismes et caisses contrôlées par l'État, les fiches d'état civil sont remplacées par la présentation de l'original du document justifiant de l'état civil ou de la composition de la famille, ou par la production d'une photocopie lisible du même document. Ainsi, la photocopie du ou des livrets de famille justifie de la cellule familiale.

Le livret de famille tenu à jour. Il dispense de produire :

- l'extrait d'acte de mariage des parents ;
- l'extrait de naissance des parents ;
- l'extrait de naissance des enfants ;
- copie de l'acte de décès des parents ;
- copie de l'acte de décès des enfants décédés avant leur majorité ;
- certificat de nationalité française, lorsque la mention relative à la nationalité figurant sur l'acte de naissance (époux, épouse, enfant) a été portée sur le livret.

La carte nationale d'identité. Elle dispense de produire :

- le certificat de nationalité française ;
- l'extrait d'acte de naissance sans filiation.

Le certificat de nationalité française. Il dispense de la production de l'extrait d'acte de naissance.

Le passeport en cours de validité. Il dispense de la production de :

– l'extrait d'acte de naissance du titulaire ;

– l'extrait d'acte de naissance des enfants mineurs qui y sont mentionnés.

La carte d'ancien combattant, la carte d'invalide de guerre et la carte d'invalide civil. Ces documents dispensent de fournir l'extrait de naissance du titulaire.

L'extrait ou copie d'acte de naissance avec mention de la nationalité française. Il dispense de produire le certificat de nationalité française.

Le livret de famille étranger peut être également accepté s'il comporte les informations requises pour la démarche pour laquelle il est présenté.

Le passeport étranger peut être accepté pour justifier de l'identité des personnes qui y sont mentionnées.

☞ *Les extraits d'actes délivrés par des autorités étrangères sont admis s'ils sont légalisés et s'il y a lieu traduits.*

636 **Justificatif de domicile.** Une déclaration ou attestation sur l'honneur de domicile suffit dans un certain nombre de procédures administratives. Toutefois pour les démarches suivantes, un vrai justificatif reste obligatoire :

– délivrance d'une carte nationale d'identité ;

– délivrance d'un certificat de nationalité française ;

– délivrance de passeport ou de titre de voyage ;

– délivrance d'un titre de séjour ;

– délivrance d'une attestation d'accueil ;

– la remise d'un livret de famille, notamment à l'occasion de la demande d'un duplicata ;

– constitution d'un dossier de mariage ;

– immatriculation consulaire ;

– inscription sur une liste électorale ;

– procédures d'acquisition de la nationalité française ;

– inscription dans un établissement scolaire ou d'enseignement supérieur.

637 **Justificatif de la vie de couple.** Sont acceptés selon la situation :

- le livret de famille ;
- une copie ou extrait d'acte de mariage ;
- l'attestation de l'enregistrement du PACS, ou l'extrait d'acte de naissance avec mention de PACS.

Un concubinage simple peut être attesté par une déclaration sur l'honneur ou par tout moyen dont des documents justifiant d'une adresse commune.

638 **Justificatif de rupture de vie maritale.** Le livret de famille avec mention de divorce ou de séparation de corps.

639 **Justificatif de célibat, de non-mariage, de non-décès.** La circulaire d'application du décret n° 2000-1277 du 26 décembre 2000 prévoit une simple attestation sur l'honneur de l'intéressé. En effet, il ne doit pas être imposé une formalité plus lourde (fourniture d'un extrait d'acte de naissance récent) en remplacement de la fiche d'état civil.

Section 2
Le contrôle exercé par l'administration

640 **Contrôle de l'administration.** En contrepartie de la confiance qui sous-tend les mesures de simplification par la suppression de formalités : fiches d'état civil, certification conforme, légalisation de signature, l'administration se voit conférer des moyens de vérification :

- elle peut exiger l'original en cas de doute sérieux sur la photocopie produite ;
- l'instruction de la demande présentée pour l'usager est suspendue.

641 **Réclamation du document original.** L'administration peut réclamer l'original par lettre motivée en recommandé avec avis de réception.

Par ailleurs, depuis le décret n° 2004-1159 du 29 octobre 2004, les administrations et organismes publics peuvent obtenir directement des officiers d'état civil copies ou extraits d'acte si pour l'instruction d'un dossier ce document est prévu par un texte officiel ; de plus, l'usager concerné doit en être informé.

642 **Saisine du procureur de la République.** Si le domicile déclaré ne correspond pas dans les faits au principal établissement (définition du Code civil concernant le domicile) ou si les justificatifs ont été falsifiés, l'administration doit saisir le procureur de la République territorialement compétent.

643 **Exception aux mesures de simplification.** La simplification ne s'applique pas aux instances gouvernementales et autorités administratives étrangères. En effet, celles-ci peuvent continuer à demander notamment la légalisation des signatures ou des photocopies certifiées conformes à l'original. Les mairies continuent donc, dans ces situations à procéder comme sous l'ancienne réglementation.

De même, les mesures de simplification ne s'appliquent pas d'emblée aux relations entre les particuliers et les organismes ou personnes non administratives : notaires, agences immobilières, entreprises, particuliers. Lorsqu'un texte officiel prévoit l'exigence d'une formalité telle que l'authentification de signature, justificatif de domicile, etc., celle-ci continue à devoir être acceptée. L'organisme demandeur doit donc produire ce texte.

644 **Liste des administrations et organismes contrôlés par l'État.** Les organismes concernés sont les administrations et établissements publics de l'État, des collectivités territoriales ainsi que les banques publiques (Banque de France, Caisse des dépôts et consignations, Banque du développement des petites et moyennes entreprises. Crédit foncier de France, Agence française de développement, Institut français de l'outre-mer, Crédit Lyonnais, Banque Hervet), les compagnies d'assurances publiques (Caisse centrale de réassurance, Compagnie nationale de prévoyance), les compagnies maritimes Société nationale maritime Corse Méditerranée, Compagnie générale maritime et financière ; les établissements publics administratifs ou industriels et commerciaux (caisses d'allocations familiales, caisses de sécurité sociale, Office national des anciens combattants, Société nationale des chemins de fer, Réseau ferré de France, Société Air France, Électricité de France, Gaz de France, Charbonnages de France, les houillères de bassins et leurs filières, les chambres des métiers, les chambres de commerce et d'industrie, les associations syndicales autorisées et forcées), les caisses de retraites, les mutuelles.

CHAPITRE 2

La légalisation

645 **Légalisation et certification matérielle de signature.** La légalisation de signature est une mesure administrative qui consiste à authentifier une signature et la qualité du signataire (IGREC, n° 587) par l'apposition d'un contreseing officiel.

Elle peut être assurée par le maire en sa qualité d'autorité publique.

Les mesures de simplifications administratives ont largement limité les cas où la législation est requise : décret n° 2000-1277 du 26 décembre 2000.

Lorsqu'elle reste possible la formalité obéit à des règles précises.

646 **Qui peut légaliser en mairie ?** Lorsque la légalisation est requise en mairie, le maire est habilité, il peut donner délégation à un autre élu ou à un fonctionnaire titulaire.

Modèle d'arrêté :

« ... Nous, ... maire de la commune de ...

« Vu l'article R. 2122-8 du Code général des collectivités territoriales

« Vu le procès-verbal de l'élection du maire et des adjoints en date du ...

Arrêtons

« M ... (NOM, prénoms, date et lieu de naissance), fonctionnaire territorial à la mairie de ... est délégué sous notre surveillance et notre responsabilité pour la certification matérielle et conforme des pièces et documents présentés à cet effet dans les conditions prévues par le décret n° 2001-899 du 1er octobre 2001 ainsi que pour la légalisation des signatures dans les conditions prévues par le décret n° 2000-1277 du 26 décembre 2000 et sa circulaire d'application

« ... formule d'exécution. »

647 **Forme de la légalisation.** La signature à légaliser en mairie devra être apposée en présence du maire, ou du fonctionnaire habilité, qui apposera ensuite sa propre signature.

Les signatures doivent être manuscrites. Le sceau ou le cachet de la mairie seront apposés ainsi que la date indiquée.

648 **Identification du signataire.** L'administré présentera une pièce d'identité avec photo et signature.

En cas de non-présentation de pièce d'identité, deux témoins justifiant de leur identité attesteront de l'identité du signataire, à moins que le maire ne le connaisse personnellement (CGCT, art. L. 2122-30).

Dans certains cas, comme pour la traduction d'actes étrangers, le maire pourra légaliser la signature du traducteur assermenté s'il possède en mairie la signature de ce traducteur.

649 **Formule de légalisation.**

« Vu, pour légalisation de la signature de M. ... apposée ci-dessus (ou ci-contre). »

(signature)

(date et cachet)

650 **Quand légaliser ?** Lorsque l'acte ou le document présente un caractère légal, d'utilité publique essentiellement, sur des documents rédigés en français et destinés à être utilisés à l'étranger.

La légalisation ne doit donc être donnée qu'aux pièces demandées par une autorité publique qui se fonde elle-même sur un texte de droit (IGREC, n° 587). Elle facilite la preuve de l'authenticité d'un acte ou d'un document et favorise leur production et leur admission à l'étranger.

651 **Cas particulier : la légalisation de signature des traducteurs assermentés.**

Depuis le 1er février 2009, le bureau des légalisations du ministère des Affaires étrangères ne procède plus à la légalisation de la signature des traducteurs assermentés, dans la mesure où ces traductions ne constituent pas des actes publics.

En effet, conformément à l'article 3.1 du décret 2007-1205 du 10 août 2007 relatif aux attributions du ministre des Affaires étrangères, des ambassadeurs et des chefs de poste consulaire en matière de légalisation d'actes, ce bureau ne peut légaliser que des actes publics.

Cette décision oblige les traducteurs à faire légaliser leurs signatures auprès de la mairie afin que cet acte sous seing privé devienne un acte public qui pourra faire l'objet d'une légalisation du bureau des légalisations du ministère.

Il s'agit donc du seul cas où on légalisera une signature sur un acte en langue étrangère. Dans ce cas, le maire n'a pas à prendre en considération le contenu du document mais uniquement la signature et la qualité du signataire.

652 **Responsabilité de l'autorité qui légalise.** La légalisation est une formalité réglementaire que le maire remplit en tant qu'autorité publique et non en tant qu'officier d'état civil.

En cas de faute personnelle, la responsabilité personnelle du maire peut être engagée.

En cas de faute professionnelle, c'est la responsabilité de l'État et non celle de la commune qui est en jeu.

CHAPITRE 3

La certification conforme

653 **Copie conforme à l'original.** Le décret n° 2001-899 du 1er octobre 2001 supprime la certification conforme des documents délivrés par les autorités administratives.

Il interdit aux administrations de l'État, des collectivités territoriales, établissements publics, organismes, caisses, entreprises contrôlés par l'État, d'exiger une copie certifiée conforme d'un document délivré par l'un d'eux.

Dorénavant la copie lisible du document suffit.

Mais l'organisme demandeur qui aurait des doutes sur la fiabilité du document peut demander en recommandé avec accusé de réception à lui adresser l'original.

En cas de fraude, des sanctions sont prévues : suppression du droit que la remise du document était censée obtenir.

654 **Que doit-on certifier conforme à l'original ?** Les administrations continuent à certifier conformes les copies demandées par les autorités étrangères ; en effet, les simplifications décidées en France ne s'imposent pas aux autorités étrangères.

655 **Procédures pour lesquelles la certification reste possible.** La certification est toujours envisageable pour les procédures suivantes :

– celles destinées à des administrations étrangères : la certification est possible en mairie ;

– les copies et ampliations d'actes judiciaires ou authentiques qui relèvent de la compétence des tribunaux, des officiers ministériels : notaires, huissiers. La certification est de la seule compétence des autorités concernées administratives ou judiciaires ou des professionnels de droit.

656 **Comment certifier conforme ?** L'original doit être présenté ; la copie doit être scrupuleusement comparée à l'original et celui-ci ne doit pas avoir été rectifié (blanc correcteur, ratures, gommages...), apposition du cachet ou de l'inscription :

« certifié conforme à l'original »

date, cachet ou sceau, nom et qualité du signataire et signature.

657 **Qui peut en mairie certifier conforme ?** Le maire ou un fonctionnaire de la commune ayant reçu délégation par arrêté du maire certifie conformes les copies.

CHAPITRE 4

La délivrance de certificats

658 **Qui établit les certificats ?** L'officier d'état civil qui détient les actes établit les certificats au vu des renseignements contenus dans l'acte ou ses mentions. Est aussi compétent le maire de la commune de résidence de l'intéressé au vu des documents authentiques qui lui sont présentés (livret de famille, extraits d'acte de naissance). Enfin, l'autorité consulaire peut en établir également au vu des pièces exigées en France pour prouver le fait invoqué. Les certificats doivent mentionner les actes ou les pièces qui ont permis de les rédiger.

659 **Certificat de séjour.** Il s'agit de certificat demandé aux maires par des vacanciers désireux de bénéficier d'allocations vacances.

Rien n'interdit au maire de les établir s'il s'est assuré de la réalité du séjour.

Mais une simple attestation sur l'honneur établie par l'intéressé ou la personne chez qui il séjourne est généralement acceptée (Circ. min. Int. 22 octobre 1956).

660 **Certificat de bonne vie et mœurs.** La délivrance d'un tel certificat est autorisée dans deux cas uniquement (décret n° 52-553 du 16 mai 1952) :

– par les consuls de France à l'étranger aux seuls ressortissants français,

– par les maires, à toute personne domiciliée dans la commune et se rendant à l'étranger.

Établi par le maire, après enquête s'il ne connaît pas l'intéressé, il est rédigé sur papier libre et le texte libre également est attesté sur l'honneur.

661 **Certificat de diversité de nom de famille.** Institué par décret n° 88-978 du 11 octobre 1988, le certificat de diversité de nom de famille a pour objet de constater que pour un même individu, les divers noms de

famille mentionnés par lui et utilisés pour le nommer dans des pays différents désignent la même personne (IGREC, n° 579-1).

Ce certificat facilite la preuve de son identité.

Il est établi sur le territoire national par un officier d'état civil français.

Le modèle de certificat a été créé par le même décret, il est plurilingue et peut donc être utilisé sans être soumis à l'obligation de légalisation dans un certain nombre de pays.

662 **Certificat de célibat.** Un tel certificat pour justifier que l'intéressé est libre de tout lien marital, ou un certificat de coutume, fera foi de l'état de la personne concernée de nationalité étrangère : il est délivré par les autorités étrangères compétentes (consulat principalement).

En ce qui concerne une personne ayant un acte de naissance à l'état civil français ou consulaire ou née dans un pays pratiquant les mentions marginales sur les actes, l'acte de naissance en principe justifie du célibat.

663 **Certificat de vie.** Un modèle Cerfa n° 11753*02 a été mis au point par la COSA, il est destiné aux autorités étrangères et est établi par le maire en présence de l'intéressé.

664 **Certificat de vie-procuration.** Destiné aux autorités étrangères porte le n° Cerfa 11753*02, suite au décret n° 2000-1277 du 26 décembre 2000, il est établi par le maire du domicile qui certifie, après vérification des pièces d'état civil ou enquête que le mandant est vivant, qu'il n'a pu se déplacer et qu'il donne pouvoir au mandataire dont l'identité est vérifiée au vu d'une pièce d'identité.

Ce certificat signé du maire et du mandataire a une durée de validité limitée, il sert pour une démarche ponctuelle principalement.

665 **Certificat de non-divorce, de non-séparation, de non-remariage...** Une simple attestation sur l'honneur suffit.

666 **Certificat de nationalité française.** Le maire n'est pas compétent pour la délivrance d'un tel certificat.

Celui-ci est délivré par le greffier en chef du tribunal d'instance dont dépend le domicile du demandeur au vu d'un certain nombre de pièces variables selon la situation de l'intéressé.

La délivrance est gratuite.

Il est rappelé que toute délivrance d'un certificat de nationalité entraîne une mention sur l'acte de naissance : « certificat de nationalité française délivré par le greffier en chef du tribunal d'instance de ... le ... sous le n° ... ».

Dans ce cas, il n'y a plus lieu de demander le certificat au tribunal, l'extrait de naissance avec cette mention justifie de la nationalité française.

Le livret de famille mis à jour à la demande de l'intéressé justifie également de la nationalité.

667 **Cachet de la mairie.** L'apposition du cachet de la mairie auprès de la signature du maire, d'un adjoint, d'un conseiller municipal ou d'un fonctionnaire, a pour effet d'authentifier la signature.

Une lettre ne doit jamais être expédiée avec le seul cachet comme signature.

En revanche, l'origine d'un rapport, d'une note ou d'un dossier peut être indiquée par l'apposition du cachet du service ou de la mairie.

Une commune peut détenir plusieurs cachets, un modèle au nom de chacun des services et portant, bien évidemment, le nom de la collectivité.

Un cachet doit être en la seule possession des personnes habilitées à signer. Il doit rester en mairie et être conservé dans un lieu sûr, si possible sous clé, en dehors des heures d'ouverture des bureaux afin d'éviter des vols et disparitions.

Les signatures des maires, adjoints, conseillers et fonctionnaires municipaux sont très souvent inconnues des tiers et l'apposition du cachet de la mairie leur donne un caractère officiel.

CHAPITRE 5

La délivrance d'autorisations de sortie du territoire

668 **Autorisation de sortie du territoire.** Un mineur ne peut quitter le territoire français, non accompagné de son représentant légal, s'il n'est porteur d'un document tel que le passeport ou une autorisation de sortie du territoire, demandée à la mairie du domicile ou de la résidence (Circ. n° 90-124 du 11 mai 1990).

669 **C'est le parent qui autorise.** Dans le cadre de l'exercice de l'autorité parentale, l'un ou l'autre parent peut autoriser son enfant mineur à se rendre à l'étranger, ce droit n'est pas réservé au parent chez qui l'enfant a sa résidence habituelle (L. n° 2002-305 du 4 mars 2002).

670 **En l'absence des parents.** L'autorité parentale peut être confiée à une tierce personne ou à une œuvre par décision de justice. Un enfant mineur et non émancipé est toujours sous l'autorité ou la tutelle de quelqu'un d'autre.

671 **Vérification par le maire de la capacité juridique du demandeur.** Le maire ou son représentant vérifie que la personne qui autorise l'enfant mineur à partir possède bien la capacité juridique pour le faire : autorité parentale ou tutelle.

La loi du 4 mars 2002 a généralisé l'exercice conjoint de l'autorité parentale sur enfant mineur et non émancipé mais néanmoins, il convient de s'assurer que les conditions sont remplies.

La vérification se fait au vu des documents présentés ou demandés : livret de famille, jugement de divorce, ordonnance du JAF, déclaration conjointe ou délibération du conseil de famille selon le cas.

En cas de difficulté, le ou les parents doivent saisir le Juge aux affaires familiales.

672 **Quand l'enfant a-t-il besoin de cette autorisation ?** Lorsqu'il sort du territoire national seul ou accompagné d'une autre personne que son père ou sa mère.

Il devra, en outre, être en possession de sa carte nationale d'identité ou du titre d'identité républicain (mineur étranger né en France).

Enfin la possession du passeport dispense en principe de l'autorisation de sortie du territoire.

673 **Au vu de quelles pièces l'autorisation est établie ?** Doivent être présentés : le livret de famille sur lequel figure l'enfant, un justificatif de domicile pour le document de voyage, ainsi que, si possible, la carte d'identité de l'enfant.

De plus le parent doit justifier de l'autorité parentale.

674 **Qui exerce l'autorité parentale sur un mineur ?** Sauf décisions judiciaires contraires, l'exercice de l'autorité parentale est assuré (C. civ., art. 371 à 381) dans les conditions suivantes :

– les père et mère exercent en commun l'autorité parentale, (C. civ., art. 372) ;

– une réserve toutefois : lorsque la reconnaissance paternelle intervient après que l'enfant ait eu un an, seule la mère a l'exercice de l'autorité parentale. Le père pourra également l'exercer après déclaration conjointe parentale au greffe du tribunal de grande instance ou suite à une ordonnance délivrée par le juge aux affaires familiales ;

– les parents adoptifs sous la forme simple exercent l'autorité parentale sur l'adopté, les parents d'origine en sont donc dessaisis, sauf le cas d'un enfant adopté sous la forme simple par le conjoint du parent d'origine, pour lequel seul le parent d'origine exerce l'autorité parentale ;

– dans ces deux cas, l'autorité pourra néanmoins être exercée conjointement en cas de déclaration conjointe des père et mère au greffe du tribunal de grande instance ou sur décision du juge aux affaires familiales ;

– la séparation des parents (divorcés, séparés, mariés ou non) est sans incidence sur les règles de dévolution de l'autorité parentale.

675 **La preuve de l'autorité parentale.** Le livret de famille suffit souvent pour prouver l'autorité parentale.

S'il y a divorce, en principe les parents restent tous deux investis de l'autorité parentale ; néanmoins, il convient de réclamer le jugement pour s'en assurer.

Enfant reconnu avant son 1er anniversaire : le livret suffit car sur les livrets de famille figurent dorénavant les dates des reconnaissances. Mais au vu d'un livret ancien, on peut être amené à demander en plus, soit la copie de la reconnaissance soit la copie intégrale de l'acte de naissance pour connaître la ou les dates de reconnaissance, soit le récépissé de la déclaration conjointe devant le tribunal.

Enfin si l'autorité parentale a été confiée à un seul parent ou à un tiers, grands-parents, tuteur, famille d'accueil ou autre, ce tiers devra apporter la preuve délivrée par le juge.

676 **Un parent peut-il s'opposer à la sortie de son enfant du territoire français ?** Si le parent a des soupçons sur un éventuel départ à l'étranger contre sa volonté, il peut s'y opposer à tout moment.

La demande d'opposition à la sortie des mineurs est présentée à la préfecture ou sous-préfecture ; en cas d'urgence au commissariat ou à la gendarmerie.

L'opposition enregistrée, tous les postes frontières en sont avisés dans la journée qui suit, et assurent la surveillance pendant un an.

677 **Durée de validité de l'autorisation.** Cette durée peut aller de un mois à cinq ans.

Il est conseillé de limiter la durée : un mois, trois mois, ou jusqu'à telle date ou pendant la durée du séjour qui sera précisée.

De plus l'autorisation peut préciser le pays, la période concernée, le nom de l'accompagnateur...

678 **Sortie du territoire d'un enfant de nationalité étrangère.** Si l'enfant né en France est titulaire d'un titre d'identité républicain, on considère que les formalités pour un enfant de nationalité française sont applicables, en effet ce document facilite les voyages et surtout les retours pour un certain nombre de pays.

Néanmoins, il convient de s'assurer avant le départ que l'on est en possession des documents nécessaires pour franchir les différentes étapes du voyage (entrée dans le pays de destination, passage par les pays de transit, retour en France).

679 **Documents requis pour la sortie du territoire des mineurs.** Ce tableau fait le point sur les documents requis, dans le cadre de la réglementation actuelle, en matière de circulation transfrontalière et de séjour à l'étranger des mineurs, en fonction, d'une part, de leur nationalité (ressortissants ou non d'un pays de l'Union européenne) et, d'autre part, des pays de destination.

Mineurs	**Voyage à destination :**	
	d'un État membre de l'U.E.	**d'un État hors de l'U.E.**
ressortissant d'un autre État de l'U.E.	accord exprès d'un détenteur de l'autorité parentale ; un titre certifiant l'identité du mineur (carte d'identité ou passeport en cours de validité). Cette obligation demeure malgré la libre circulation des personnes.	accord exprès d'un détenteur de l'autorité parentale ; un titre certifiant l'identité du mineur (carte d'identité ou passeport en cours de validité) ; se renseigner auprès du consulat du pays de destination des exigences d'entrée et séjour pour la nationalité considérée (visa).
ressortissant d'un État hors de l'U.E. (réf. : décision du Conseil de l'U.E. du 30 novembre 1994).	accord exprès d'un détenteur de l'autorité parentale ; un titre d'identité ou de voyage au nom du mineur : – soit un passeport en cours de validité (ou le cas échéant, un titre de voyage pour réfugié et apatride délivré par la préfecture) accompagné : - d'un document de circulation pour étranger mineur délivré par la préfecture ; - ou d'un titre d'identité républicain délivré par la préfecture ; - ou d'un visa préfectoral de retour (un visa d'entrée peut être exigé par le pays de destination) ; – soit une liste collective établie par la préfecture valant document de voyage et visa d'entrée (elle concerne tous les élèves). Cette liste n'est pas valable pour les voyages à destination de la Grande-Bretagne ou de l'Irlande.	accord exprès d'un détenteur de l'autorité parentale ; un titre d'identité ou de voyage au nom du mineur : Passeport en cours de validité (ou, le cas échéant, un titre de voyage pour réfugié et apatride délivré par la préfecture), accompagné : - soit d'un document de circulation pour étranger mineur délivré par la préfecture ; - soit d'un titre d'identité républicain délivré par la préfecture ; - soit d'un visa préfectoral de retour. Se renseigner auprès du consulat du pays de destination des exigences d'entrée et séjour pour la nationalité considérée (visa).

ANNEXES

Annexe 1

Questions diverses posées aux services de l'état civil

680 **Consultation des registres.** La consultation des registres d'état civil : naissances, mariages, décès, de moins de 75 ans est interdite. En effet, il convient d'éviter que les particuliers soient lésés par la divulgation de certains renseignements relatifs à leur filiation (IGREC, n° 72).

Voir **n° 455** les exceptions à cette interdiction.

681 **Consultation des tables annuelles et décennales.** La consultation des tables annuelles des actes de naissances, mariages de moins de 75 ans est également interdite, cela pour les mêmes raisons que ci-dessus (IGREC, n° 72-3).

Les tables annuelles de décès ainsi que les tables décennales sont consultables dès leur clôture (loi n° 2008-696 du 15 juillet 2008 sur les archives.

682 **Recherche pour l'établissement d'arbre généalogique.** Les dépositaires des registres de plus de 75 ans ne sont pas tenus de faire les recherches pour les particuliers.

Toutefois, si ceux-ci indiquent de manière suffisamment précise les références ou les éléments des actes, l'officier d'état civil délivrera les documents correspondants à titre de simple renseignement.

683 **Renseignements relatifs aux actes.** Les seuls éléments communicables à tout requérant sont ceux indiqués dans l'extrait partiel de l'acte de naissance et de l'acte de mariage, il s'agit de l'extrait sans filiation (IGREC, n°s 197-9 et 200).

Les mentions de décès, de mariage, de divorce, de séparation sont communicables.

Les actes de décès et les actes d'enfant sans vie sont communicables dans leur intégralité.

En ce qui concerne l'heure et la minute de la naissance, rien ne s'opposera à leur communication.

684 **Demande de rectification d'un acte (IGREC, n°s 175 à 192).** Un acte est définitif dès sa signature par le déclarant et l'officier d'état civil. Une rectification, suppression ou addition de mots, est possible lorsque cela est réalisé en présence du déclarant qui signera alors la modification apportée dans la marge.

L'acte ne peut plus dès lors être modifié que sur instructions du procureur de la République, auquel il conviendra de s'adresser par courrier. La requête peut émaner de :

- l'officier d'état civil ;
- l'intéressé lui-même ;
- un avocat, selon l'objet de la demande de rectification.

Le procureur saisi dans un premier temps indiquera si la requête doit être présentée par ministère d'avocat.

685 **Demande d'annulation de reconnaissance.** Une telle démarche n'est pas exceptionnelle de la part du père, comme de la part de la mère qui s'oppose à ce que son enfant soit reconnu par le père.

Un acte établi est juridiquement intouchable sauf procédure judiciaire.

L'officier d'état civil ne saurait trop rappeler que la démarche faite volontairement de reconnaître un enfant engage officiellement son auteur. D'ailleurs, lors de la reconnaissance, il est fait lecture à son auteur des articles 371-1 et 371-2 du Code civil relatifs à l'autorité parentale.

686 **Demande de mention de séparation de fait, de droit de garde, de mesures provisoires, prises par le juge en cours de procédure de divorce, etc.** L'officier d'état civil ne peut porter en marge des actes que les mentions légalement et strictement prévues.

De plus, lorsqu'il s'agit de décisions de justice, celles-ci doivent être définitives, soit parce que non susceptibles de recours, soit parce que les possibilités de recours n'ont pas été exercées dans les délais, soit enfin parce que les parties ont déclaré officiellement, par écrit, qu'elles renoncent à exercer un recours (IGREC, n° 227-1).

687 **Demande par un enfant adoptif de la copie de son acte de naissance d'origine (IGREC, n° 197-8).** Il y a lieu de considérer si l'enfant a été adopté (adoption plénière ou légitimation adoptive) avant ou après la loi n° 66-500 du 12 juillet 1966 sur l'adoption.

688 **Enfant adopté après l'entrée en vigueur de la loi du 12 juillet 1966.** L'acte de naissance d'origine est annulé et ne peut plus être délivré. La copie de la transcription du jugement d'adoption plénière tient lieu d'acte de naissance.

689 **Enfant adopté avant la loi du 12 juillet 1966.** La demande de la copie intégrale de l'acte est satisfaite dans deux cas :

1 – l'enfant sait qu'il a été adopté et indique son nom d'origine ainsi que celui de ses parents ;

2 – l'enfant n'a aucune filiation d'origine, qu'il fasse état ou non de son adoption et de son nom d'origine.

690 **Demande de copie des actes après adoption antérieure à la loi du 12 juillet 1966 (IGREC, n° 197-8).** Les parents d'origine ne peuvent les obtenir qu'avec l'autorisation du procureur de la République en précisant bien la nouvelle identité de l'enfant.

691 **Demande de copie des actes après adoption plénière postérieure à la loi du 12 juillet 1966 (IGREC, n° 197-8).** Les parents d'origine pourront obtenir une copie intégrale de la transcription du jugement s'ils en font la demande au procureur de la République en précisant la nouvelle identité de l'enfant.

692 **Gratuité du service de l'état civil.** Mission de service public, l'état civil est assuré au nom de l'État. L'établissement des actes, la délivrance des documents d'état civil sont gratuits.

Néanmoins, les frais d'expédition des documents sont à la charge du demandeur qui doit fournir une enveloppe affranchie portant ses nom et adresse (arrêté du 26 juillet 2002).

Par ailleurs, le conseil municipal peut décider de rendre payante la délivrance d'un duplicata de livret de famille après le premier duplicata (IGREC, n° 605).

693 **Demande de documents par voie télématique.** Il convient de répondre aux demandes transmises par voie télématique (Minitel, Internet...) dans la mesure où les renseignements exigés sont fournis (IGREC, n° 193).

D'ailleurs un site officiel a été créé dans ce but : *www.acte-etat-civil.fr.*

La réponse sera adressée par courrier aux particuliers.

Entre administrations, après avoir effectué les vérifications sur l'origine de la demande et s'être assuré de l'urgence, un envoi par fax peut être fait, en précisant bien que le document ne peut avoir valeur authentique.

694 **Photo numérique de registres.** Lors de recherches généalogiques les particuliers demandent à photographier des actes de registres de plus de soixante-quinze ans. Dans la mesure où l'opération ne risque pas de détériorer le registre, elle peut être acceptée.

695 **Les inscriptions au répertoire civil sont-elles confidentielles ?** Tout particulier peut obtenir copies des extraits d'actes ou de jugements conservés au Répertoire civil (IGREC, n° 268).

696 **La photocopie des registres est-elle interdite ?** L'Instruction générale relative à l'état civil autorise les différents procédés de reproduction des actes d'état civil (IGREC, n° 195) : procédé manuel ou mécanique, informatique ou optique. Les photocopies ne sont donc pas interdites.

Néanmoins, ce procédé utilisé sans manipulation soigneuse des registres, avec l'effet de flash lumineux et la chaleur dégagée fait souffrir les registres.

L'utilisation de la photocopieuse doit être faite avec précaution autant sur le soin à apporter aux registres que sur les règles de délivrance des copies et extraits.

Annexe 2

Actes, extraits et documents pratiques

Naissance

697 **Acte de naissance.**

Numéro … (Prénoms, NOM) (analyse marginale)

« Le …, à … heures,… minutes, est né à …, rue de … n° …, … (Prénoms, NOM, *éventuellement* (première partie : seconde partie : [1](suivi de : déclaration conjointe en date du …) de sexe …, de … (Prénoms, NOM du père), né à … le …, … (profession), et de … (Prénoms, NOM de la mère), née à … le …, … (profession), son épouse, domiciliés à …

« Dressé le …, à … heures … minutes, sur la déclaration de … (Prénoms, NOM, âge, profession et domicile du déclarant), qui, lecture faite, et invité à lire l'acte, a signé avec Nous, … (Prénoms, NOM et qualité de l'officier d'état civil) »

Mentions marginales : toutes sauf quelques exceptions (une inscription au répertoire civil lorsqu'elle a été annulée et la légitimation adoptive).

(signature)

(1) L'ajout des rubriques « première partie » – « seconde partie » a été annoncé par le ministère de la Justice dans une réponse ministérielle du 5 mai 2011. Une circulaire est actuellement en préparation pour tenir compte de la décision du Conseil d'État du 4 décembre 2009 (voir ***n° 7****). Pour l'heure, il convient donc de ne pas insérer ces rubriques dans les actes d'état civil et les livrets de famille.*

698 Acte de naissance (formulaire).

Acte de naissance N°......................

Prénom(s) NOM

ENFANT : NOM : .... suivant déclaration conjointe du ....(1)
Prénom(s) : ....
Sexe : ....
Né(e) le : jour, mois, année ....
à : .... heure(s) .... minutes
à : commune (département ou pays) ....

PERE : NOM : ....
Prénom(s) : ....
Né le : jour, mois, année ....
à : commune (département ou pays)
Profession : ....
Domicile : ....

MERE : NOM : ....
Prénom(s) : ....
Née le : jour, mois, année ....
à : commune (département ou pays)
Profession : ....
Domicile : ....

EVENEMENTS RELATIFS A LA FILIATION (antérieurs à l'établissement du présent acte)
Mariage des père et mère depuis le ....
Reconnu(e) par le père le .... à (2) ....
Reconnu(e) (3) .... le .... à (2) ....
Acte de notoriété constatant la possession d'état en date du .... délivré par le juge d'instance de ....

Parent(s) déclarant (4) :
Tiers déclarant : Prénom(s), NOM, âge, profession, domicile
Date et heure de l'acte : jour, mois, année, heure(s), minute(s)
Après lecture et invitation à lire l'acte, Nous, Prénom(s), NOM, (qualité de l'officier de l'état civil) avons signé avec le(s) déclarant(s).

Signatures du (des) déclarant(s) de l'officier de l'état civil

---

MENTION(S)

(1) A supprimer en l'absence de présentation d'une déclaration conjointe ou en cas d'application d'une loi étrangère (cf n° 531. 1° de l'IGREC)
(2) Préciser la mairie de ..., l'ambassade de France de ..., au consulat général de .... ou par devant maître .... Notaire à ....
(3) Uniquement en cas de reconnaissance maternelle, préciser, « par la mère » ou, en cas de reconnaissance conjointe « par les père et mère »
(4) Père et/ou mère ; préciser, le cas échéant, « par le père, qui déclare le reconnaître ce jour être informé du caractère divisible du lien de filiation ainsi établi »

699 Acte de naissance pour un enfant adopté sous la forme plénière (formulaire).

Acte de naissance N°........................

Prénom(s) NOM

ENFANT : NOM : .... suivant déclaration conjointe du .... (date de la déclaration reçue pour le premier enfant commun (1)
Prénom (s) :
Sexe : ....
Né(e) le : (jour, mois, année) à : .... heure(s) .... minutes
à : (lieu de naissance)

PERE : NOM : ....
Prénom(s) : ....
Né le : jour, mois, année
à : commune (département ou pays)
Profession :
Domicile :

MERE : NOM : ....
Prénom(s) : ....
Née le : jour, mois, année
à : commune (département ou pays)
Profession :
Domicile :

EVENEMENTS RELATIFS A LA FILIATION (antérieurs a l'établissement du présent acte)
Mariage des père et mère le .... à ....
Transcription du dispositif du jugement d'adoption (2) plénière (3) rendu le .... par le tribunal de grande instance de ....

Acte transcrit par Nous, Prénom(s), NOM, (qualité de l'officier de l'état civil) sur réquisitions du procureur de la République près le tribunal de grande instance de .... transmises à la date du ....
Date et heure de l'acte : jour, mois, année, heure(s), minute(s)

Signature de l'officier de l'état civil

MENTION(S)

(1) A supprimer en l'absence de présentation d'une déclaration conjointe ou en cas d'application d'une loi étrangère (cf n° 531. 1° de l'IGREC)
(2) Si la réquisition est adressée par le parquet de Nantes au service central d'état civil après vérification d'opposabilité (voir n° 585-3), il y a lieu d'ajouter « rendu le ..... Par .... dont les effets sont identiques à l'adoption plénière en droit français ».
(3) S'il s'agit d'une décision d'adoption rendue à l'étranger déclarée exécutoire par une juridiction française, il y a lieu d'ajouter les mots suivants : « rendu le .... par ...., déclaré exécutoire par jugement ».

700 Acte d'enfant sans vie (formulaire).

Acte d'enfant sans vie n°........................

Date de l'accouchement : jour, mois, année
Heure : heure(s), minute(s)
Lieu : commune (département)

Prénom(s) de l'enfant sans vie(1) ....

PERE : Nom : ....
Prénom(s): ....
Né le : jour, mois, année
à : commune (département ou pays)
Profession : ....
Domicile : ....

MERE : Nom : ....
Prénom(s) : ....
Née le : jour, mois, année
A : commune (département ou pays)
Profession : ....
Domicile : ....

Parent(s) déclarant (2) :
Tiers déclarant : Prénom(s), NOM, âge, profession, domicile
Date et heure de l'acte : jour, mois, année, heure(s), minute(s)
Après lecture et invitation à lire l'acte avec Nous, Prénom(s) NOM (qualité de l'officier de l'état civil), avons signé avec le déclarant.

(Signatures) **du déclarant** **de l'officier de l'état civil**

MENTION(S)

(1) le cas échéant
(2) Père et/ou mère

701 Extrait d'acte de naissance avec filiation (IGREC, n° 204).

Numéro … Prénoms, NOM.

« Le …, à … heures, … minutes est né à … (localité et département uniquement)

« Prénoms … NOM …, *éventuellement* (première partie : . seconde partie :), [(1)] de sexe …, de … Prénoms, NOM, né le … à … et de … Prénoms, NOM, née le … à … ».

Mentions marginales avec leurs dates d'apposition :

« Marié(e) (seul le dernier mariage, sauf demande expresse) »

« Séparé(e) de corps … (sauf si suivi du divorce ou de la reprise de vie commune) »

« Divorcé(e) … »

« Adopté(e) par la Nation »

« Adopté(e) en la forme de l'adoption simple … »

« Répertoire civil … »

« Pacte civil de solidarité enregistré … »

« Modification du pacte civil de solidarité … »

« Dissolution … »

« Déclaré absent … »

« Décédé … »

« Mention relative à la nationalité. »

« Délivré conforme au registre. »

« Lieu et date de délivrance. »

« Nom et qualité de l'officier d'état civil. »

(signature et cachet)

(1) L'ajout des rubriques « première partie » – « seconde partie » a été annoncé par le ministère de la Justice dans une réponse ministérielle du 5 mai 2011. Une circulaire est actuellement en préparation pour tenir compte de la décision du Conseil d'État du 4 décembre 2009 (voir ***n° 7****). Pour l'heure, il convient donc de ne pas insérer ces rubriques dans les actes d'état civil et les livrets de famille.*

702 Extrait d'acte de naissance sans filiation (IGREC, n° 200-1).

N° Prénoms, NOM.

« Le … à … est né … à … (localité et département), Prénoms … NOM … du sexe … »

Mentions marginales avec leurs dates d'apposition :

« Marié … (seul le dernier mariage, sauf demande expresse) » ;

« séparé de corps … (sauf si suivi du divorce ou de la reprise de vie commune) »

« Divorcé … »

« Répertoire civil … »

« Pacte civil de solidarité enregistré … »

« Modification du pacte civil de solidarité … »

« Dissolution … »

« Adopté par la Nation … »

« Déclaré absent … »

« Décédé … »

« Mention relative à la nationalité. »

« Délivré conforme au registre. »

« Lieu et date de délivrance. »

« Nom et qualité de l'officier d'état civil. »

(signature et cachet)

703 **Extrait plurilingue de l'acte de naissance.**

Référence Berger-Levrault : 240 725

EXTRAITS PLURILINGUES D'ACTES DE L'ÉTAT CIVIL

FORMULE A

1	**ÉTAT :**	2	SERVICE DE L'ÉTAT CIVIL DE

3 EXTRAIT DE L'ACTE DE NAISSANCE N°

4	DATE ET LIEU DE NAISSANCE Jo Mo An		
5	NOM		
6	PRÉNOMS		
7	SEXE	8 PÈRE	9 MÈRE
5	NOM		
6	PRÉNOMS		
10	AUTRES ÉNONCIATIONS DE L'ACTE		
11	DATE DE DÉLIVRANCE, SIGNATURE, SCEAU Jo Mo An		

SYMBOLES / ZEICHEN / SYMBOLS / SÍMBOLOS / ΣΥΜΒΟΛΑ **/ SIMBOLI / SYMBOLEN / SIMBOLOS / ISARETLER / SIMBOLI**

- **Jo** : Jour / Tag / Day / Dia / Ἡμερα / Giorno / Dag / Dia / Gün / Dan
- **Mo** : Mois / Monat / Month / Mes / Μην / Mese / Maand / Mês / Ay / Mesec
- **An** : Année / Jahr / Year / Año / Ετος / Anno / Jaar / Ano / Yil / Godina
- **M** : Masculin / Männlich / Masculine / Masculino / Αρρεν / Maschile / Mannelijk / Masculino / Erkek / Muzki
- **F** : Féminin / Weiblich / Feminine / Femenino / Θηλυ / Femminile / Vrouwelijk / Feminino / Kadin / Zenski
- **Mar** : Mariage / Eheschließung / Marriage / Matrimonio / Γαμος / Matrimonio / Huwelijk / Casamento / Evlenme / Zakljucenje braka
- **Sc** : Séparation de corps / Trennung von Tisch und Bett / Legal separation / Separación personal / Χωρισμος απο τραπεζης και κοιτης / Separazione personale / Scheiding van tafel en bed / Separação de pessoas e bens / Ayrilik / Fizicka rastava
- **Div** : Divorce / Scheidung / Divorce / Divorcio / Διαζυγιον / Divorzio / Echtscheiding / Divórcio / Bosanma / Razvod
- **A** : Annulation / Nichtigerklärung / Annulment / Anulación / Ακυρωσις / Annullamento / Nietigverklaring / Anulação / Iptal / Ponistenje
- **D** : Décès / Tod / Death / Defunción / Θανατος / Morte / Overlijden / Óbito / Ölümü / Smrt
- **Dm** : Décès du mari / Tod des Ehemanns / Death of the husband / Defunción del marido / Θανατος του συζυγου / Morte del marito / Overlijden van de man / Óbito do marido / Kocanin ölümü / Smrt muza
- **Df** : Décès de la femme / Tod der Ehefrau / Death of the wife / Defunción de la mujer / Θανατος της συζυγου / Morte della moglie / Overlijden van de vrouw / Óbito da mulher / Karinin ölümü / Smrt zene

EXTRAIT DÉLIVRÉ EN APPLICATION DE LA CONVENTION SIGNÉE A VIENNE LE 8 SEPTEMBRE 1976*
AUSZUG AUGESTELLT GEMÄSS DEM ÜBEREINKOMMEN VON WIEN VOM 8. SEPTEMBER 1976
EXTRACT ISSUED IN PURSUANCE OF THE CONVENTION SIGNED AT VIENNA ON SEPTEMBER 8, 1976
CERTIFICACION EXPEDIDA EN APLICACION DEL CONVENIO FIRMADO EN VIENA EL 8 SEPTIEMBRE DE 1976
ΑΠΟΣΠΑΣΜΑ ΧΟΡΗΓΟΥΜΕΝΟΝ ΚΑΤ' ΕΦΑΡΜΟΓΗΝ ΤΗΣ ΣΥΜΒΑΣΕΩΣ ΤΗΣ ΒΙΕΝΝΗΣ ΤΗΣ 8 ΣΕΠΤΕΜΒΡΙΟΥ 1976
ESTRATTO RILASCIATO IN APPLICAZIONE DELLA CONVENZIONE FIRMATA A VIENNA IL 8 SETTEMBRE 1976
UITTREKSEL AFGEGEVEN INGELVOLGE DE OVEREENKOMST ONDERTEKEND TE WENEN OP 8 SEPTEMBER 1976
CERTIDÃO EMITIDA AO ABRIGO DA CONVENÇÃO ASSINADA EM VIENA AOS 8 DE SETEMBRO DE 1976
VIYANADA 8 EYLÜL 1976 TARIHINDE IMZALANAN SÖZLESME UGARINCA VERILEM ÖRNEK
IZVOD IZDAT NA OSNOVU PRIMJENE KONVENCIJE PORPISANE U BECU 8 SEPTEMBRA 1976

1	Staat / Country / Estado / Κρατος / Stato / Staat / Estado / Devlet / Drzava
2	Standesamtsbehörde / Civil Registry Office of / Registro Civil de / Ληξιαρχικη 'Αρχη του (η της η των) / Servizio dello stato civile / Dienst van de burgerlijke stand van / Serviços do registo civil de / Nüfus Idaresi / Maticna sluzba
3	Auszug aus dem Geburtseintrag Nr. / Extract from birth registration no. / Certificacion del acta de nacimiento n° / 'Αποσπασμα ληξιαρχικης πραξεως γεννησεως αριθ / Estratto dell'atto di nascita n. / Uittreksel uit de geboorteakte nr. / Certidão do assento de nascimento n° / Dogum sicilli örnegi No. / Izvod iz maticne knjige nodjenih br.
4	Tag und Ort der Geburt / Date and place of birth / Fecha y lugar de nacimiento / Χρονολογια και τοπος γεννησεως / Data e luogo di nascita / Geboortedatum en -plaats / Data e lugar do nascimento / Dogum yeri ve tarihi / Datum i mjesto rodjenja
5	Name / Name / Apellidos / 'Επωνυμον / Cognome / Naam / Apelidos / Soyadi / Prezime
6	Vornamen / Forenames / Nombre proprio / 'Ονοματα / Prenomi / Voornamen / Nome próprio / Adi / Ime
7	Geschlecht / Sex / Sexo / Φυλον / Sesso / Geslacht / Sexo / Cinsiyeti / Pol
8	Vater / Father / Padre / Πατηρ / Padre / Vader / Pai / Baba / Otac
9	Mutter / Mother / Madre / Μητηρ / Madre / Moeder / Mae / Ana / Majka
10	Andere Angaben aus dem Eintrag / Other particulars of the registration / Otros datos del acta / 'Ετεραι εγγραφαι της πραξεως / Altre enunciazioni dell'atto / Andere vermeldingen van de akte / Outros elementos do assento / Isleme ait diger bilgiler / Drugi podaci iz izvoda
11	Tag der Ausstellung, Unterschrift, Siegel / Date of issue, signature, seal / Fecha de expedición, firma, sello / Χρονολογια εκδοσεως, υπογραφη, σφραγις / Data di rilascio, firma, bollo / Datum van afgifte, handtekening, zegel / Data de emissão, assinatura, selo / Verilis tarihi, imza, mühür / Datum izdavanja, potpis, pecat

*** Selon les articles 3, 4, 5 et 7 de cette Convention**

- Les inscriptions sont écrites en caractères latins d'imprimerie ; elles peuvent en outre être écrites dans les caractères de la langue qui a été utilisée pour la rédaction de l'acte auquel elles se réfèrent.
- Les dates sont inscrites en chiffres arabes indiquant successivement le jour, le mois et l'année. Le jour et le mois sont indiqués par deux chiffres, l'année par quatre chiffres. Les neuf premiers jours du mois et les neuf premiers mois de l'année sont désignés par des chiffres allant de 01 à 09.
- Le nom de tout lieu est suivi du nom de l'État où ce lieu est situé chaque fois que cet État n'est pas celui où l'extrait est délivré.
- Les symboles *Mar, Sc, Div, A, D, Dm* et *Df* sont suivis de la date et du lieu de l'événement. Le symbole *Mar* est en outre suivi des nom et prénoms du conjoint.
- Si le libellé de l'acte ne permet pas de remplir une case ou une partie de case, elles sont rendues inutilisables par des traits.
- L'adjonction d'autres cases ou symboles est soumise à l'accord préalable de la Commission internationale de l'état civil.

50034-000687

704 Demande de transcription d'acte de naissance d'un enfant mineur né à l'étranger.

Référence Berger-Levrault : 240 329

Demande de transcription d'acte de naissance d'un enfant mineur

Je (Nous) soussigné(e)(s),

Prénom(s) NOM(s) du/des parents

adresse et numéro de téléphone

sollicite(ons) la transcription sur les registres de l'état civil consulaire français de l'acte de naissance dont ci-joint copie délivrée

le ______________________, concernant :

Prénom(s) NOM

Je (Nous) suis (sommes) informé(e)(s) qu'en vue de la transcription, l'officier de l'état civil français s'assure de la régularité de l'acte étranger produit.

RENSEIGNEMENTS RELATIFS A L' ENFANT	
Date et lieu de naissance	
Prénom(s)	
NOM	
Prénom(s) NOM du père	
Prénom(s) NOM de la mère	
Date et lieu de la reconnaissance (en l'absence de mariage des parents)	
Date et lieu du mariage des parents	
Nationalité de la mère au jour de la naissance	
Nationalité du père au jour de la naissance	

A ______________________ le ______________

Signature du ou des parents

réf. 240 329 Berger-Levrault (0501), tél. : 03 83 38 83 83

Reconnaissance

705 Acte de reconnaissance conjointe avant naissance.

« N° ... Reconnaissance antérieure à la naissance / (NOMS des père et mère)

Le ... à ..., (Prénoms, NOM du père, *éventuellement* (première partie : seconde partie :) [(1)]), né à ... . le... , ... (profession), domicilié à ... (si domicile séparé) et (Prénoms, NOM de la mère, *éventuellement* (première partie : seconde partie : [(1)])), née à ... le ... , ... (profession), domiciliée à ... (si domicile séparé) ou domiciliés à ... (si domicile commun), ont déclaré reconnaître pour leur enfant ou leurs enfants, le ou les enfants dont (Prénoms, NOM de la mère) déclare être actuellement enceinte.

Lecture faite et invités à lire l'acte, informés du caractère divisible du lien de filiation ainsi établi, les déclarants ont signé avec Nous, (Prénom NOM et qualité de l'OEC) »

(signatures)

*(1) L'ajout des rubriques « première partie » – « seconde partie » a été annoncé par le ministère de la Justice dans une réponse ministérielle du 5 mai 2011. Une circulaire est actuellement en préparation pour tenir compte de la décision du Conseil d'État du 4 décembre 2009 (voir **n° 7**). Pour l'heure, il convient donc de ne pas insérer ces rubriques dans les actes d'état civil et les livrets de famille.*

706 Acte de reconnaissance maternelle avant naissance.

« N° ... Reconnaissance antérieure à la naissance / (NOM de la mère)

Le ... à ..., (Prénoms, NOM de la mère, *éventuellement* (première partie : seconde partie :) [(1)]), née à ... le ..., ... (profession), domiciliée à ... a déclaré reconnaître pour son ou ses enfants le ou les enfants dont elle se déclare actuellement enceinte.

Lecture faite et invitée à lire l'acte, informée du caractère divisible du lien de filiation ainsi établi, la déclarante a signé avec Nous, (Prénom NOM et qualité de l'OEC)... »

(signatures)

*(1) L'ajout des rubriques « première partie » – « seconde partie » a été annoncé par le ministère de la Justice dans une réponse ministérielle du 5 mai 2011. Une circulaire est actuellement en préparation pour tenir compte de la décision du Conseil d'État du 4 décembre 2009 (voir **n° 7**). Pour l'heure, il convient donc de ne pas insérer ces rubriques dans les actes d'état civil et les livrets de famille.*

707 Acte de reconnaissance paternelle avant naissance.

« N° ... Reconnaissance antérieure à la naissance / (NOM du père)

Le ... à , ... (Prénoms, NOM du père, *éventuellement* (première partie : seconde partie :) [(1)]), né ... à le ... , ... (profession), domicilié à ... a déclaré reconnaître pour son ou ses enfants le ou les enfants dont il affirme que (Prénoms, NOM de la mère, *éventuellement* (première partie : seconde partie :) [(1)]) née à ... le ..., ... (profession), domiciliée à ... , est actuellement enceinte.

Lecture faite et invité à lire l'acte, informé du caractère divisible du lien de filiation ainsi établi, le déclarant a signé avec Nous, (Prénom NOM et qualité de l'OEC)... »

(signatures)

(1) L'ajout des rubriques « première partie » – « seconde partie » a été annoncé par le ministère de la Justice dans une réponse ministérielle du 5 mai 2011. Une circulaire est actuellement en préparation pour tenir compte de la décision du Conseil d'État du 4 décembre 2009 (voir ***n° 7****). Pour l'heure, il convient donc de ne pas insérer ces rubriques dans les actes d'état civil et les livrets de famille.*

708 Acte de reconnaissance conjointe après naissance.

« N° ... Reconnaissance par les père et mère / (NOM des père et mère)

Le ... à ..., (Prénoms, NOM du père, *éventuellement* (première partie : seconde partie :) [(1)]), né ... à ... le ... , ... (profession), domicilié à ... (si domicile séparé) et (Prénoms, NOM de la mère, *éventuellement* (première partie : seconde partie) [(1)]), née ... à ... le ... , ... (profession), domiciliée à ... (si domicile séparé) ou domiciliés à (si domicile conjoint) ont déclaré reconnaître pour leur fils (fille), (Prénoms, NOM de l'enfant) né(e) ... à ... le ... de (Prénoms, NOM de la mère).

Lecture faite et invités à lire l'acte, informés du caractère divisible du lien de filiation ainsi établi, les déclarants ont signé avec Nous, (Prénom, NOM et qualité de l'OEC)... »

(signatures)

(1) L'ajout des rubriques « première partie » – « seconde partie » a été annoncé par le ministère de la Justice dans une réponse ministérielle du 5 mai 2011. Une circulaire est actuellement en préparation pour tenir compte de la décision du Conseil d'État du 4 décembre 2009 (voir ***n° 7****). Pour l'heure, il convient donc de ne pas insérer ces rubriques dans les actes d'état civil et les livrets de famille.*

709 Acte de reconnaissance maternelle après naissance.

« N° ... Reconnaissance par la mère / (NOM de la mère)

Le ... à ..., (Prénoms, NOM de la mère, *éventuellement* (première partie : seconde partie :) [(1)]), née ... à ... le ... , ... (profession), domiciliée à ... a déclaré reconnaître pour son fils (sa fille), (Prénoms, NOM de l'enfant) dont elle est accouchée à ... le ....

Lecture faite et invitée à lire l'acte, informée du caractère divisible du lien de filiation ainsi établi, la déclarante a signé avec Nous, (Prénom, NOM et qualité de l'OEC)... »

(signatures)

(1) L'ajout des rubriques « première partie » – « seconde partie » a été annoncé par le ministère de la Justice dans une réponse ministérielle du 5 mai 2011. Une circulaire est actuellement en préparation pour tenir compte de la décision du Conseil d'État du 4 décembre 2009 (voir ***n° 7****). Pour l'heure, il convient donc de ne pas insérer ces rubriques dans les actes d'état civil et les livrets de famille.*

710 Acte de reconnaissance paternelle après naissance.

« N° ... Reconnaissance par le père / (NOM du père)

Le ... à ... , (Prénoms, NOM du père, *éventuellement* (première partie : seconde partie :)[(1)]), né ... à ... le ..., ... (profession), domicilié à ... a déclaré reconnaître pour son fils (sa fille), (Prénoms, NOM de l'enfant) né(e) ... à ... le ..., de (Prénoms, NOM de la mère, éventuellement (première partie : seconde partie :)[(1)]).

Lecture faite et invité à lire l'acte, informé du caractère divisible du lien de filiation ainsi établi, le déclarant a signé avec Nous, (Prénom, NOM et qualité de l'OEC)... »

(signatures)

(1) L'ajout des rubriques « première partie » – « seconde partie » a été annoncé par le ministère de la Justice dans une réponse ministérielle du 5 mai 2011. Une circulaire est actuellement en préparation pour tenir compte de la décision du Conseil d'État du 4 décembre 2009 (voir ***n° 7****). Pour l'heure, il convient donc de ne pas insérer ces rubriques dans les actes d'état civil et les livrets de famille.*

Choix et changement de nom

711 **Certificat de diversité de noms de famille.**

N° CERTIFICAT DE DIVERSITÉ DE NOMS DE FAMILLE

1 Etat : ....

2 Autorité de délivrance : ....

3 Certificat de diversité de noms de famille.

4 Ce certificat ne fait pas échec aux dispositions légales régissant le nom.

5 L'autorité soussignée certifie que :

6	Nom de famille dans l'Etat précité : ....
7	Prénoms : ....
8	Sexe : 9 Lieu et numéro du registre de famille : ....
10	Nationalité * : ....
11	Date et lieu de naissance : JO ☐☐ MO ☐☐ AN ☐☐☐☐

12 Est, selon les pièces produites, désigné(e) en

13	Etat attribuant un autre nom de famille : ....

14 Est, selon les pièces produites, désigné(e) en

15	Autre nom de famille : ....

16 Date et délivrance, de naissance : J.O ☐☐ MO ☐☐ AN ☐☐☐☐

(*) Mettre les lettres désignant le pays pour l'immatriculation des voitures automobiles. Mettre *REF* pour réfugié et *APA* pour apatride.

SYMBOLES - ZEICHEN - SYMBOLS - SIMBOLOS - ΣΥΜΒΟΛΑ - SIMBOLI - SYMBOLEN - SIMBOLOS - ISARETLER

JO : Jour - Tag - Day - Dia - Ημὲρα - Giorno - Dag - Dia - Gün.
MO : Mois - Monat - Month - Mes - Μήναζ - Mese - Maand - Mês - Ay.
AN : Année - Jahr - Year - Año - Ετοζ - Anno - Jaar - Ano - Yil.
M : Masculin - Männlich - Masculine - Masculino - Ανσραζ - Maschile - Mannelijk - Masculino - Erkek.
F : Féminin - Weiblich - Female - Femenino - Γυναζχα - Femminile - Vrouwelijk - Feminino - Kadin.
REF : Réfugié - Flüchtling - Refugee - Refugiado - Ροσοψυγαζ - Rifugiato - Vluchteling - Refugiado - Mülteci.
APA : Apatride - Staatenloser - Stateless - Apatrida - Ἰωριζ ζα- γὲνεια - Apolide - Staatloze - Apátrida - Vatansiz.

Certificat délivré en application de la convention signée à La Haye, le 8 septembre 1982.

1	
2	
3	
4	
5	
6	
7	
8	
9	
10	
11	
12	
13	
14	
15	
16	

Les inscriptions sont écrites en caractères latins d'imprimerie; elles peuvent en outre être écrites dans les caractères de la langue de l'autorité qui délivre le certificat.

Les dates sont inscrites en chiffres arabes indiquant successivement sous les symboles *JO*, MO et AN le jour, le mois et l'année. Le jour et le mois sont indiqués par deux chiffres, l'année par quatre chiffres. Les neuf premiers jours du mois et les neuf premiers mois de l'année sont indiqués par des chiffres allant de 01 à 09.

Le nom de tout lieu mentionné dans le certificat est suivi du nom de l'Etat où ce lieu est situé, chaque fois que cet État n'est pas celui dont l'autorité délivre le certificat.

Si l'autorité délivrant le certificat n'est pas en mesure de remplir une case ou une partie de case, cette case ou partie de case est rendue inutilisable par des traits.

Toute modification du modèle du présent certificat et toute traduction sont soumises à l'approbation de la Commission internationale de l'état civil.

712 Déclaration conjointe de choix de nom.

Référence Berger-Levrault : 240 325

MODELE DE DECLARATION DE CHOIX D'UN NOM DE FAMILLE

(Enfant dont la filiation est établie à l'égard des père et mère à la date de la déclaration de naissance – application de l'article 311-21 du Code civil)

Nous soussignés,

Prénom(s) :
NOM du père :
né le :
à :
domicile :

Prénom(s) :
NOM de la mère :
née le :
à :
domicile :

attestons sur l'honneur que l'enfant[1]
Prénom(s) :
né(e) le :
à :
(ou) **à naître**
est notre premier enfant pour lequel une déclaration conjointe de choix de nom est possible et déclarons choisir pour lui le nom de famille suivant :

....

Nous sommes informés que ce nom sera inscrit dans l'acte de naissance[2] de notre enfant si et cette déclaration est remise à l'officier de l'état civil lors de la déclaration de naissance et sous réserve que le lien de filiation soit établi à l'égard de chacun de nous.

Fait à ..... le .....

Signatures **du père** **de la mère**

Avertissement : En application de l'article 441-7 du Code pénal est puni d'un an d'emprisonnement et de 15 000 € d'amende le fait :
1° d'établir une attestation ou un certificat faisant état de faits matériellement inexacts ;
2° de falsifier une attestation ou un certificat originairement sincère ;
3° de faire usage d'une attestation ou d'un certificat inexact ou falsifié.
Les peines sont portées à trois ans d'emprisonnement et à 45 000 d'euros d'amende lorsque l'infraction est commise en vue de porter préjudice au Trésor public ou au patrimoine d'autrui.

---

[1] Il peut s'agir du premier jumeau ou d'un enfant adopté plénièrement.
[2] Si l'enfant de nationalité française naît à l'étranger, la déclaration de choix de nom doit être remise à l'officier de l'état civil consulaire et la transcription de l'acte de naissance doit lui être demandée le plus rapidement possible, dans un délai maximum de trois ans après la naissance (art. 311-21, al. 2).

713 Consentement pour mineur de plus de 13 ans à son changement de nom.

Référence Berger-Levrault : 240 330

Consentement pour mineur de plus de 13 ans

Article 23 de la loi du 4 mars 2002 modifiée (déclaration d'adjonction de nom) - Article 334-2 du Code civil (déclaration conjointe de changement de nom)

Je soussigné(e),

Nom actuel : ______________________________

Prénom(s) : ______________________________

né(e) le : ____________________ à ______________________________

Ville, arrondissement, pays

approuve la demande de choix ou de changement[1] de nom que mes parents ont formulée.

En conséquence, je donne mon accord, conformément à l'exigence prévue par les textes en vigueur, pour que mon nom de famille soit désormais :

____

Fait à , le

Signature du mineur de plus de 13 ans
(Nom actuel)

(1) Article 23 de la loi du 4 mars 2002 modifiée (déclaration d'adjonction de nom) ; article 334-2 du Code civil (déclaration conjointe de changement de nom)

réf. 240 330 Berger-Levrault (0501), tél. : 03 83 38 83 83

Mariage

714 Acte de mariage.

N° ... Prénoms, NOM (époux) – Prénoms, NOM (épouse)

« Le ... à ..., devant Nous, ont comparu publiquement en la maison commune, ... (Prénoms, NOM, *éventuellement* (première partie : seconde partie :) [(1)] profession, date et lieu de naissance de l'époux, domicile), fils de ... (Prénoms, NOM, profession, domicile de son père) et de ... (Prénoms, NOM, profession, domicile de sa mère), adopté par ..., divorcé ou veuf de ..., (Prénoms, NOM du précédent conjoint), et, ... (Prénoms, NOM, *éventuellement* (première partie : seconde partie :) [(1)], profession, date et lieu de naissance de l'épouse, domicile), fille de ... (Prénoms, NOM, profession, domicile du père) et de ... (Prénoms, NOM, profession, domicile de la mère). ».

« Sur notre interpellation, les futurs époux ont déclaré qu'il n'a pas été fait de contrat de mariage ou qu'un contrat de mariage a été reçu le ... par maître ..., notaire à ... ; ils ont déclaré l'un après l'autre vouloir se prendre pour époux, en présence de ... (Prénoms, NOM, professions, domicile des témoins, témoins majeurs).

Désignation le cas échéant de la loi applicable étrangère sous la forme suivante : « Ils ont déclaré qu'il a été fait un acte de désignation de la loi applicable conformément à la convention sur la loi applicable aux régimes matrimoniaux faite à La Haye le 14 mars 1978, le ... à ... devant (prénoms, nom et qualité de la personne – à l'étranger ou au consulat étranger ... qui a établi l'acte.)

« Lecture faite et invités à lire l'acte, les époux et les témoins ont signé avec Nous ... (Prénom, NOM, qualité de l'officier d'état civil).

« Mentions marginales : toutes.

(1) L'ajout des rubriques « première partie » – « seconde partie » a été annoncé par le ministère de la Justice dans une réponse ministérielle du 5 mai 2011. Une circulaire est actuellement en préparation pour tenir compte de la décision du Conseil d'État du 4 décembre 2009 (voir ***n° 7****). Pour l'heure, il convient donc de ne pas insérer ces rubriques dans les actes d'état civil et les livrets de famille.*

715 Extrait d'acte de mariage avec filiation (IGREC, n° 204-1).

N° ... Prénoms, NOM (époux) – Prénoms, NOM (épouse)

« Le ... à ... a été célébré à ... (localité), le mariage de ... (Prénoms, NOM *éventuellement* (première partie : seconde partie) [(1)]) né le ... à ... fils de ... (Prénoms, NOM) et de ... (Prénoms, NOM) adopté par ... (Prénoms, NOM) et ... (Prénoms, NOM), (si adoption avant mariage) et de (Prénoms, NOM éventuellement (première partie : seconde partie :) [(1)]), née le ... à ..., fille de ... (Prénoms, NOM) et de ... (Prénoms, NOM) adoptée par ... (Prénoms, NOM) et ... (Prénoms, NOM) sans contrat préalable, ou indication relative au contrat »

Mentions marginales avec leurs dates d'appositions :

« L'époux a été adopté par … (si adoption après mariage)

« Changement de régime matrimonial …

« Transfert de pouvoirs …

« Déclaration relative au régime matrimonial …

« Désignation de la loi applicable …

« Séparés de corps …

« Mariage dissous …

« Extrait délivré conforme …

« Délivré conforme au registre.

« Lieu et date de délivrance.

« Nom et qualité de l'officier d'état civil.

(signature et cachet)

(1) L'ajout des rubriques « première partie » – « seconde partie » a été annoncé par le ministère de la Justice dans une réponse ministérielle du 5 mai 2011. Une circulaire est actuellement en préparation pour tenir compte de la décision du Conseil d'État du 4 décembre 2009 (voir ***n° 7****). Pour l'heure, il convient donc de ne pas insérer ces rubriques dans les actes d'état civil et les livrets de famille.*

716 Extrait d'acte de mariage sans filiation (IGREC, n° 200-2).

N° … Prénoms, NOM, Prénoms, NOM,

« Le … à … a été célébré à … (localité) … le mariage de … Prénoms, NOM, né le … à … et de … Prénoms, NOM née le … à …

« Sans contrat préalable ou indication relative au contrat. »

Mentions marginales :

« Changement de régime matrimonial …

« Transfert de pouvoirs …

« Déclaration relative au régime matrimonial …

« Désignation de la loi applicable …

« Séparés de corps …

« Mariage dissous … »

« Délivré conforme au registre.

« Lieu et date de délivrance.

« Nom et qualité de l'officier d'état civil.

(signature et cachet)

717 Extrait plurilingue de l'acte de mariage.

Référence Berger-Levrault : 240 965

EXTRAITS PLURILINGUES D'ACTES DE L'ÉTAT CIVIL

FORMULE B

1 **ÉTAT :**

2 SERVICE DE L'ÉTAT CIVIL DE

3 EXTRAIT DE L'ACTE DE MARIAGE N°

4	DATE ET LIEU DU MARIAGE	Jo Mo An	
		5 MARI	6 FEMME
7	NOM AVANT LE MARIAGE		
8	PRÉNOMS		
9	DATE ET LIEU DE NAISSANCE	Jo Mo An	Jo Mo An
10	NOM APRÈS LE MARIAGE		
11	AUTRES ÉNONCIATIONS DE L'ACTE		
12	DATE DE DÉLIVRANCE, SIGNATURE, SCEAU	Jo Mo An	

SYMBOLES / ZEICHEN / SYMBOLS / SÍMBOLOS / ΣΥΜΒΟΛΑ **/ SIMBOLI / SYMBOLEN / SIMBOLOS / ISARETLER / SIMBOLI**

- **Jo** : Jour / Tag / Day / Dia / 'Ημερα / Giorno / Dag / Dia / Gün / Dan
- **Mo**: Mois / Monat / Month / Mes / Μην / Mese / Maand / Mês / Ay / Mesec
- **An** : Année / Jahr / Year / Año / Ετος / Anno / Jaar / Ano / Yil / Godina
- **Sc** : Séparation de corps / Trennung von Tisch und Bett / Legal separation / Separación personal / Χωριομος απο τραπεζης καί κοίτης / Separazione personale / Scheiding van tafel en bed / Separação de pessoas e bens / Ayrilik / Fizicka rastava
- **Div**: Divorce / Scheidung / Divorce / Divorcio / Διαζυγιον / Divorzio / Echtscheiding / Divórcio / Bosanma / Razvod
- **A** : Annulation / Nichtigerklärung / Annulment / Anulación / Ακυρωσις / Annullamento / Nietigverklaring / Anulação / Iptal / Ponistenje
- **Dm**: Décès du mari / Tod des Ehemanns / Death of the husband / Defunción del marido / θανατος του συζυγου / Morte del marito / Overlijden van de man / Óbito do marido / Kocanin ölumu / Smrt muza
- **Df** : Décès de la femme / Tod der Ehefrau / Death of the wife / Defunción de la mujer / θανατος της συζυγου / Morte della moglie / Overlijden van de vrouw / Óbito da mulher / Karinin ölumu / Smrt zene

EXTRAIT DÉLIVRÉ EN APPLICATION DE LA CONVENTION SIGNÉE A VIENNE LE 8 SEPTEMBRE 1976*
AUSZUG AUGESTELLT GEMÄSS DEM ÜBEREINKOMMEN VON WIEN VOM 8. SEPTEMBER 1976
EXTRACT ISSUED IN PURSUANCE OF THE CONVENTION SIGNED AT VIENNA ON SEPTEMBER 8, 1976
CERTIFICACION EXPEDIDA EN APLICACION DEL CONVENIO FIRMADO EN VIENA EL 8 SEPTIEMBRE DE 1976
ΑΠΟΣΠΑΣΜΑ ΧΟΡΗΓΟΥΜΕΝΟΝ ΚΑΤ' ΕΦΑΡΜΟΓΗΝ ΤΗΣ ΣΥΜΒΑΣΕΩΣ ΤΗΣ ΒΙΕΝΝΗΣ ΤΗΣ 8 ΣΕΠΤΕΜΒΡΙΟΥ 1976
ESTRATTO RILASCIATO IN APPLICAZIONE DELLA CONVENZIONE FIRMATA A VIENNA IL 8 SETTEMBRE 1976
UITTREKSEL AFGEGEVEN INGELVOLGE DE OVEREENKOMST ONDERTEKEND TE WENEN OP 8 SEPTEMBER 1976
CERTIDÃO EMITIDA AO ABRIGO DA CONVENÇÃO ASSINADA EM VIENA AOS 8 DE SETEMBRO DE 1976
VIYANADA 8 EYLÜL 1976 TARIHINDE IMZALANAN SÖZLESME UGARINCA VERILEM ÖRNEK
IZVOD IZDAT NA OSNOVU PRIMJENE KONVENCIJE PORPISANE U BECU 8 SEPTEMBRA 1976

1	Staat / Country / Estado / Κρατος / Stato / Staat / Estado / Devlet / Drzava
2	Standesamtsbehörde / Civil Registry Office of / Registro Civil de / Ληξιαρχικη 'Αρχη του (η της η των) / Servizio dello stato civile / Dienst van de burgerlijke stand van / Serviços do registo civil de / Nüfus Idaresi / Maticna sluzba
3	Auszug aus dem Geburtseintrag Nr. / Extract from birth registration no. / Certificacion del acta de nacimiento n° / 'Αποσπασμα ληξιαρχικης πραξεως γεννησεως αριθ / Estratto dell'atto di nascita n. / Uittreksel uit de geboorteakte nr. / Certidão do assento de nascimento n° / Dogum sicilli örnegi No. / Izvod iz maticne knjige nodjenih br.
4	Tag und Ort der Geburt / Date and place of birth / Fecha y lugar de nacimiento / Χρονολογια και τοπος γεννησεως / Data e luogo di nascita / Geboortedatum en -plaats / Data e lugar do nascimento / Dogum yeri ve tarihi / Datum i mjesto rodjenja
5	Name / Name / Apellidos / 'Επωνυμον / Cognome / Naam / Apelidos / Soyadi / Prezime
6	Vornamen / Forenames / Nombre proprio / 'Ονοματα / Prenomi / Voornamen / Nome próprio / Adi / Ime
7	Geschlecht / Sex / Sexo / Φυλον / Sesso / Geslacht / Sexo / Cinsiyeti / Pol
8	Vater / Father / Padre / Πατηρ / Padre / Vader / Pai / Baba / Otac
9	Mutter / Mother / Madre / Μητηρ / Madre / Moeder / Mae / Ana / Majka
10	Andere Angaben aus dem Eintrag / Other particulars of the registration / Otros datos del acta / 'Ετεραι εγγραφαι της πραξεως / Altre enunciazioni dell'atto / Andere vermeldingen van de akte / Outros elementos do assento / Isleme ait diger bilgiler / Drugi podaci iz izvoda
11	Tag der Ausstellung, Unterschrift, Siegel / Date of issue, signature, seal / Fecha de expedición, firma, sello / Χρονολογια εκδοσεως, υπογραφη, σφραγις / Data di rilascio, firma, bollo / Datum van afgifte, handtekening, zegel / Data de emissão, assinatura, selo / Verilis tarihi, imza, mühür / Datum izdavanja, potpis, pecat

*** Selon les articles 3, 4, 5 et 7 de cette Convention**

- Les inscriptions sont écrites en caractères latins d'imprimerie ; elles peuvent en outre être écrites dans les caractères de la langue qui a été utilisée pour la rédaction de l'acte auquel elles se réfèrent.
- Les dates sont inscrites en chiffres arabes indiquant successivement le jour, le mois et l'année. Le jour et le mois sont indiqués par deux chiffres, l'année par quatre chiffres. Les neuf premiers jours du mois et les neuf premiers mois de l'année sont désignés par des chiffres allant de 01 à 09.
- Le nom de tout lieu est suivi du nom de l'État où ce lieu est situé chaque fois que cet État n'est pas celui où l'extrait est délivré.
- Les symboles *Mar, Sc, Div, A, D, Dm* et *Df* sont suivis de la date et du lieu de l'événement. Le symbole *Mar* est en outre suivi des nom et prénoms du conjoint.
- Si le libellé de l'acte ne permet pas de remplir une case ou une partie de case, elles sont rendues inutilisables par des traits.
- L'adjonction d'autres cases ou symboles est soumise à l'accord préalable de la Commission internationale de l'état civil.

50034-000687

718 **Attestation de dispense d'audition préalable à la publication du projet de mariage.**

Dispense d'audition préalable à la publication du projet de mariage

Monsieur	Mademoiselle
Nom : ______________________	Nom : ______________________
Prénom(s) : ______________________	Prénom(s) : ______________________
______________________	______________________

Nous, soussigné,

Nom : ______________________ | Prénom(s) : ______________________

Attestons que l'audition prévue par l'article 63 du Code civil
du 26 novembre 2003

☐ ne se justifiait pas au vu des éléments en notre possession

☐ ne pouvait se réaliser en raison de[1]

____

de ____

Fait à ______________________ le ______________________

Signature de l'officier de l'état civil

Mention :
(1) Écrire la cause de l'impossibilité.

719 Attestation d'audition préalable à la publication du projet de mariage sans procès-verbal.

Audition préalable
à la publication du projet de mariage

Monsieur	Mademoiselle
Nom : ______________________	Nom : ______________________
Prénom(s) : ______________________	Prénom(s) : ______________________
______________________	______________________

Nous, soussigné,

Nom : ______________________ | Prénom(s) : ______________________

Attestons que l'audition prévue par l'article 63 du Code civil a été réalisée par nous.

☐ Audition commune, le ______________________

☐ Audition séparée,

Pour Monsieur ______________________ , le ______________________

Pour Mademoiselle ______________________ , le ______________________

En présence de ______________________

des éléments recueillis ne paraissent pas créer un doute sur la sincérité du projet.
Aucun procès-verbal n'a donc été établi.

Fait à ______________________ le ______________________

Signature de l'officier de l'état civil

720 Formule d'avis de mariage.

FORMULE D'AVIS DE MARIAGE

COMMISSION INTERNATIONALE DE L'ÉTAT CIVIL
CONVENTION DU 4 SEPTEMBRE 1958

INTERNATIONALE ZIVILSTANDS KOMMISSION
ABKOMMEN VOM 4 SEPTEMBER 1958

COMMISSIONE INTERNAZIONALE DELLO STATO CIVILE
CONVENZIONE DEL 4 SETTEMBRE 1958

INTERNATIONALE COMMISSIE VOOR DE BURGERLIJKE STAND
OVEREENKOMST VAN 4 SEPTEMBER 1958

BEYNELMILEL AHVALI SAHSIYE KOMISYONU
4 EYLUL 1958 TARIHLI MUKAVELE

INTERNATIONAL COMMISSION ON CIVIL STATUS
CONVENTION OF 4 SEPTEMBER 1958

COMISIÓN INTERNACIONAL DEL ESTADO CIVIL
CONVENIO DE 4 DE SEPTIEMBRE DE 1958

ΔΙΕΘΝΗΣ ΕΠΙΤΡΟΠΗ ΠΡΟΣΩΠΙΚΗΣ ΚΑΤΑΣΤΑΣΗΣ
ΣΥΜΒΑΣΗ 4 ΣΕΠΤΕΜΒΡΙΟΥ 1958

COMISSÃO INTERNACIONAL DO ESTADO CIVIL
CONVENÇÃO DE 4 SETEMBRO DE 1958

A Monsieur l'officier de l'état civil,
An den Standesbeamten,
All'ufficiale dello stato civile,
Aan de ambtenaar van de burgerlijke stand,
Nüfus memuru,
To the registrar of births, deaths and marriages,
Al encargado del registo civil,
Προσ τον κυριο ληξιαρχο,
A repartição do registo civil.

Localité.................
Ort.........................
Luogo....................
Plaats....................
Mahal.................... } ....
Town.......................
Localidad..............
Τοποσ....................
Localidade............

Département........
Kreis.......................
Distretto................
Provincie..............
Vilâyet.................... } ....
Country.................
Provincia..............
Νομοσ...................
Distrito..................

Etat.........................
Staat.......................
Stato.......................
Staat.......................
Devlet.................... } ....
State.......................
Estado...................
Κρατοσ.................
Estado...................

Indiquer ici, dans les neuf langues, le nom du pays de l'expéditeur : ....

....

Commune de......................
Gemeinde..........................
Commune di.......................
Gemeente...........................
Mahal.................................
Municipality........................
Municipio de.......................
Κοινοτητα...........................
Concelho de........................ } ....

MARIAGE • HEIRAT • MATRIMONIO • HUWELIJK • EVLENME • MARRIAGE • MATRIMONIO • ΓΑΜΟΣ • CASAMENTO

Date et lieu du mariage........................
Tag und Ort der Heirat........................
Data e luogo del matrimonio..............
Datum en plaats von het huwelijk......
Evlenme tarihi ve yeri.........................
Date and place of marriage................
Fecha y lugar del matrimonio.............
Ημερομηνια και τοποσ του γαμου..........
Data e lugar do casamento................. } ....

Nom du mari................... Name des Mannes........... Nome dello sposo............ Naam van de man............ Kocanin soyadi................. Husband's surname......... Apellidos del marido........ Επωνυμο του αντρα.......... Apelido do marido...........	....	Nom de la femme............ Name der Frau................. Nome dello sposa............ Naam van de vrouw........ Karinin soyadi.................. Wife's surname................ Apellidòs del mujer.......... Επωνυμο τησ γυναίκασ..... Apelido da muhler...........	....
Prénoms............................ Vornamen.......................... Prenomi............................. Voornamen....................... Adi...................................... Forenames........................ Nombre propio.................. Ονοματα............................ Nomes proprios...............	....	Prénoms............................ Vornamen.......................... Prenomi............................. Voornamen....................... Adi...................................... Forenames........................ Nombre propio.................. Ονοματα............................ Nomes próprios...............	....
Né le.................................. Geboren am....................... Nato il............................... Geboren de........................ Dogumu............................. Born on.............................. Nacido el........................... Γεννημενοσ την................ Nascido a...........................	....	Née le................................. Geboren am....................... Nata il............................... Geboren de........................ Dogumu............................. Born on.............................. Nacida el........................... Γεννημενη την................... Nascida a...........................	....
A... In.. In.. Te....................................... Yeri..................................... At.. En....................................... Τοποσ................................. Em......................................	....	A... In.. In.. Te....................................... Yeri..................................... At.. En....................................... Τοποσ................................. Em......................................	....

Sceau : Siegel : Stampiglio : Zegel : Mühür : Seal : Sello : Σφραγιδα : Selo :	Signature : Unterschrift : Firma : Handtekening : Imza : Signature : Firma : Υπογραφη : Assinatura : ....

Décès

721 Acte de décès.

« N° ... acte ..., Prénoms, NOM (épouse ... ou veuve ... ou divorcée ...),

« Le ... (jour, mois, année) à ... (heures et minutes) est décédé à ... (adresse du lieu de décès), ... (Prénoms, NOM), domicilié à ... (commune, département, adresse) né à ... (commune de naissance, département) le ... (date de naissance), (profession), fils de ... (Prénoms et NOM du père, profession, domicile) et de ... (Prénoms et NOM de la mère, profession, domicile) ou ... (Prénoms et NOMS des père et mère) décédé, célibataire, ou époux ou veuf ou divorcé de ... (Prénoms et NOM du conjoint).

« Dressé le ... (date) à ... (heures et minutes), sur déclaration de ... (Prénoms et NOM, profession, adresse) qui, lecture faite et invité à lire l'acte, a signé avec Nous ... (Prénom, NOM, qualité de l'officier d'état civil). »

Si les parents sont décédés : « fils de (Prénoms, NOM), et de ... (Prénoms, NOM), décédés ».

Si le défunt était séparé de corps : « époux de ... (Prénoms, NOM) ».

Si la personne décédée était liée par un pacte civil de solidarité, sont précisés les prénoms et nom de l'autre partenaire : « partenaire pacsé de (Prénoms, NOM) » [1].

(1) Cet ajout a été effectué, à la demande des sénateurs lors de l'examen de la proposition de loi de simplification et d'amélioration de la qualité du droit, définitivement adoptée le 17 mai 2011.

722 **Extrait plurilingue de l'acte de décès.**

Référence Berger-Levrault : 241 227

EXTRAITS PLURILINGUES D'ACTES DE L'ÉTAT CIVIL

FORMULE C

1 **ÉTAT :**

2 SERVICE DE L'ÉTAT CIVIL DE

3 EXTRAIT DE L'ACTE DE DÉCÈS N°

4	DATE ET LIEU DU DÉCÈS	Jo / Mo / An	
5	NOM		
6	PRÉNOMS		
7	SEXE		
8	DATE ET LIEU DE NAISSANCE	Jo / Mo / An	
9	NOM DU DERNIER CONJOINT		
10	PRÉNOMS DU DERNIER CONJOINT		
		12 PÈRE	13 MÈRE
5	NOM		
6	PRÉNOMS		
11	DATE DE DÉLIVRANCE, SIGNATURE, SCEAU	Jo / Mo / An	

SYMBOLES / ZEICHEN / SYMBOLS / SÍMBOLOS / ΣΥΜΒΟΛΑ / SIMBOLI / SYMBOLEN / SIMBOLOS / ISARETLER / SIMBOLI

- **Jo** : Jour / Tag / Day / Dia / Ἡμερα / Giorno / Dag / Dia / Gün / Dan
- **Mo**: Mois / Monat / Month / Mes / Μηv / Mese / Maand / Mês / Ay / Mesec
- **An** : Année / Jahr / Year / Año / Ετος / Anno / Jaar / Ano / Yil / Godina
- **M** : Masculin / Männlich / Masculine / Masculino / Αρρεν / Maschile / Mannelijk / Masculino / Erkek / Muzki
- **F** : Féminin / Weiblich / Feminine / Feminino / θηλυ / Femminile / Vrouwelijk / Feminino / Kadin / Zenski

EXTRAIT DÉLIVRÉ EN APPLICATION DE LA CONVENTION SIGNÉE A VIENNE LE 8 SEPTEMBRE 1976*
AUSZUG AUGESTELLT GEMÄSS DEM ÜBEREINKOMMEN VON WIEN VOM 8. SEPTEMBER 1976
EXTRACT ISSUED IN PURSUANCE OF THE CONVENTION SIGNED AT VIENNA ON SEPTEMBER 8, 1976
CERTIFICACION EXPEDIDA EN APLICACION DEL CONVENIO FIRMADO EN VIENA EL 8 SEPTIEMBRE DE 1976
ΑΠΟΣΗΑΣΜΑ ΧΟΡΗΓΟΥΜΕΝΟΝ ΚΑΤ' ΕΦΑΡΜΟΓΗΝ ΤΗΣ ΣΥΜΒΑΣΕΩΣ ΤΗΣ ΒΙΕΝΝΗΣ ΤΗΣ 8 ΣΕΠΤΕΜΒΡΙΟΥ 1976
ESTRATTO RILASCIATO IN APPLICAZIONE DELLA CONVENZIONE FIRMATA A VIENNA IL 8 SETTEMBRE 1976
UITTREKSEL AFGEGEVEN INGELVOLGE DE OVEREENKOMST ONDERTEKEND TE WENEN OP 8 SEPTEMBER 1976
CERTIDÂO EMITIDA AO ABRIGO DA CONVENÇÂO ASSINADA EM VIENA AOS 8 DE SETEMBRO DE 1976
VIYANADA 8 EYLÜL 1976 TARIHINDE IMZALANAN SÖZLESME UGARINCA VERILEM ÖRNEK
IZVOD IZDAT NA OSNOVU PRIMJENE KONVENCIJE PORPISANE U BECU 8 SEPTEMBRA 1976

1	Staat / Country / Estado / Κρατος / Stato / Staat / Estado / Devlet / Drzava
2	Standesamtsbehörde / Civil Registry Office of / Registro Civil de / Ληξιαρχικη 'Αρχη του (η της η των) / Servizio dello stato civile / Dienst van de burgerlijke stand van / Serviços do registo civil de / Nüfus Idaresi / Maticna sluzba
3	Auszug aus dem Sterbeeintrag Nr. / Extract from death registration no. / Certificacion del acta de defunción Núm. / 'Αποσπασμα ληξιαρχικης πραξεως δανατου αριδ. / Estratto dell'atto di morte n. / Uittreksel uit de overlijdensakte nr. / Certidão do assento de óbito n° / Olüm sicilli örnegi No. / Izvod iz maticne knjige umrlih
4	Tag und Ort des Todes / Date and place of death / Fecha y lugar de la defunción / Χρονολογια και τοπος δανατου / Data e luogo della morte / Datum en plaats van overlijden / Data e lugar do óbito / Ólüm yeri ve tarihi / Datum i mjesto smrti
5	Name / Name / Apellidos / 'Επωνυμον / Cognome / Naam / Apelidos / Soyadi / Prezime
6	Vornamen / Forenames / Nombre proprio / 'Ονοματα / Prenomi / Voornamen / Nome próprio / Adi / Ime
7	Geschlecht / Sex / Sexo / Φυλον / Sesso / Geslacht / Sexo / Cinsiyeti / Pol
8	Tag und Ort der Geburt / Date and place of birth / Fecha y lugar de nacimiento / Χρονολογια και τοπος γεννησεως / Data e luogo di nascita / Geboortedatum en -plaats / Data e lugar do nascimento / Dogum yeri ve tarihi / Datum i mjesto rodjenja
9	Name des letzen Ehegatten / Name of the last spouse / Apellidos del cónyuge / Επωνυμον του τελευταιου συζυγου / Cognome dell'ultimo coniuge / Naam van de laatste echtgenoot / Apelidos do último cónjuge / Son esin soyadi / Prezime posljednega supruznika
10	Vornamen des letzen Ehegatten / Forenames of the last spouse / Nombre proprio del cónyuge / 'Ονολατα του τελευταιου συζυγου / Prenomi dell'ultimo coniuge / Voornamen van de laatste echtgenoot / Nome proprio do último cónjuge / Son esin adi / Ime posljednegá supruznika
11	Tag der Ausstellung, Unterschrift, Siegel / Date of issue, signature, seal / Fecha de expedición, firma, sello / Χρονολογια εκδοσεως, υπογραφη, σφραγις / Data di rilasco, firma, bollo / Datum van afgifte, handtekening, zegel / Data de emissão, assinatura, selo / Verilis tarihi, imza, mühür / Datum izdavanja, potpis, zig
12	Vater / Father / Padre / Πατηρ / Padre / Vader / Pai / Baba / Otac
13	Mutter / Mother / Madre / Μητηρ / Madre / Moeder / Mae / Ana / Majka

*** Selon les articles 3, 4, 5 et 7 de cette Convention**

- Les inscriptions sont écrites en caractères latins d'imprimerie ; elles peuvent en outre être écrites dans les caractères de la langue qui a été utilisée pour la rédaction de l'acte auquel elles se réfèrent.
- Les dates sont inscrites en chiffres arabes indiquant successivement le jour, le mois et l'année. Le jour et le mois sont indiqués par deux chiffres, l'année par quatre chiffres. Les neuf premiers jours du mois et les neuf premiers mois de l'année sont désignés par des chiffres allant de 01 à 09.
- Le nom de tout lieu est suivi du nom de l'État où ce lieu est situé chaque fois que cet État n'est pas celui où l'extrait est délivré.
- Les symboles *Mar, Sc, Div, A, D, Dm* et *Df* sont suivis de la date et du lieu de l'événement. Le symbole *Mar* est en outre suivi des nom et prénoms du conjoint.
- Si le libellé de l'acte ne permet pas de remplir une case ou une partie de case, elles sont rendues inutilisables par des traits.
- L'adjonction d'autres cases ou symboles est soumise à l'accord préalable de la Commission internationale de l'état civil.

50036-000687

723 Formule d'avis de décès.

Référence Berger-Levrault : 241 244

FORMULE D'AVIS DE DÉCÈS

COMMISSION INTERNATIONALE DE L'ÉTAT CIVIL
CONVENTION DU 4 SEPTEMBRE 1958

INTERNATIONALE ZIVILSTANDS KOMMISSION
ABKOMMEN VOM 4 SEPTEMBER 1958

COMMISSIONE INTERNAZIONALE DELLO STATO CIVILE
CONVENZIONE DEL 4 SETTEMBRE 1958

INTERNATIONALE COMMISSIE VOOR DE BURGERLIJKE STAND
OVEREENKOMST VAN 4 SEPTEMBER 1958

BEYNELMILEL AHVALI SAHSIYE KOMISYONU
4 EYLUL 1958 TARIHLI MUKAVELE

INTERNATIONAL COMMISSION ON CIVIL STATUS
CONVENTION OF 4 SEPTEMBER 1958

COMISIÓN INTERNACIONAL DEL ESTADO CIVIL
CONVENIO DE 4 DE SEPTIEMBRE DE 1958

ΔΙΕΘΝΗΣ ΕΠΙΤΡΟΠΗ ΠΡΟΣΩΠΙΚΗΣ ΚΑΤΑΣΤΑΣΗΣ
ΣΥΜΒΑΣΗ 4 ΣΕΠΤΕΜΒΡΙΟΥ 1958

COMISSÃO INTERNACIONAL DO ESTADO CIVIL
CONVENÇÃO DE 4 SETEMBRO DE 1958

A Monsieur l'officier de l'état civil,
An den Standesbeamten,
All'ufficiale dello stato civile,
Aan de ambtenaar van de burgerlijke stand,
Nüfus memuru,
To the registrar of births, deaths and marriages,
Al encargado del registro civil,
Προσ τον κυριο ληξιαρχο,
A repartição do registo civil.

Localité.................
Ort.........................
Luogo....................
Plaats....................
Mahal.................... } ....
Town......................
Localidad.............
Τοποσ...................
Localidade............

Département........
Kreis.....................
Distretto...............
Provincie..............
Vilâyet.................. } ....
Country.................
Provincia..............
Νομοσ..................
Distrito..................

Etat........................
Staat......................
Stato......................
Staat......................
Devlet.................... } ....
State......................
Estado...................
Κρατοσ.................
Estado...................

Indiquer ici, dans les neuf langues, le nom du pays de l'expéditeur : ....
....

Commune de.......................
Gemeinde.............................
Commune di.........................
Gemeente.............................
Mahal...................................
Municipality.........................
Municipio de........................
Κοινοτητα............................
Concelho de.........................
....

DÉCÈS • TOD • MORTE • OVERLIJDEN • ÖLÜM • DEATH • DEFUNCIÓN • ΘΑΝΑΤΟΣ • MORTE

Date et lieu du décès...........................
Tag und Ort des Todes..........................
Data e luogo della morte.......................
Datum en plaats van overlijden.........
Ölüm tarihi ve yeri...............................
Date and place of death.......................
Fecha y lugar de la defunciōn.............
ξμερομηνια και τοποσ ϑανατου.........
Data e lugar da morte...........................
....

Nom..
Familienname......................................
Cognome..
Naam..
Soyadi..
Surname..
Apellidos...
Επωνυμο...
Apelido de familia...............................
....

Prénoms...
Vornamen..
Prenomi...
Voornamen..
Adi..
Forenames...
Nombre propio....................................
Ονοματα..
Nomes próprios...................................
....

Date et lieu de naissance....................
Tag und Ort der Geburt.......................
Data e luogo della nascita..................
Datum en plaats der geboorte...........
Dogüm tarihi ve yeri...........................
Date and place of birth........................
Fecha y lugar de nacimiento..............
Εμερομενια και τοποσ γεννησησ.......
Data e lugar do nascimento................
....

Sceau :
Siegel :
Stampiglio :
Zegel :
Mühür :
Seal :
Sello :
Σφραγιδα :
Selo :

Signature :
Unterschrift :
Firma :
Handtekening :
Imza :
Signature :
Firma :
Υπογραφη :
Assinatura : ....

724 Certificat d'hérédité à produire par les héritiers.

Référence Berger- Levrault : 240 320

DÉSIGNATION DE LA MAIRIE

RÉPUBLIQUE FRANÇAISE

Certificat d'hérédité
à produire par les héritiers

des créanciers de l'État, des départements, des communes, des établissements publics, etc., et des budgets annexes : Légion d'honneur, Caisse des Dépôts et Consignations, etc.

PAIEMENT
des sommes de
CINQ MILLE TROIS CENTS EUROS
(soit trente cinq mille francs)
et au-dessous.

Circulaire du 30 mars 1989 du Ministère de l'Économie, des Finances et du Budget

Ce certificat est dispensé de la formalité de l'enregistrement.
Il n'y a pas lieu de faire légaliser la signature du Maire (art. 61 du décret du 5 novembre 1926).

(1) Nom, prénoms et qualité du décédé.
(2) Obligatoirement en toutes lettres.
(3) Nom, prénoms et qualité et domiciles exacts des héritiers, distinguer les majeurs des mineurs. S'il y a des mineurs, indiquer leur date de naissance et donner les noms, prénoms qualités et domiciles exacts de leurs tuteurs, ainsi que la date de la délibération du conseil de famille qui les a nommés à ces fonctions. Si les femmes sont mariées, désigner les noms, prénoms qualités et domiciles exacts de leurs maris.
(4) La présence de témoins n'est exigée que si le Maire estime ne pas posséder les éléments d'information suffisants.

Je soussigné(e), Maire de la commune désignée ci-dessus, certifie que l.... nommé(e)

(1) ....

.... ,

est décédé(e) à ....

le (2) .... deux mille ....

et que les personnes ci-après paraissent avoir la qualité d'héritiers (3) ....

....

....

....

....

....

....

....

....

Attestation des témoins désignés ci-après (4) ....

....

....

....

....

....

....

et que .... dit .... héritier .... seul .... droit de toucher toutes les sommes qui peuvent revenir et appartenir à la succession du susnommé décédé, sous réserve de dispositions matrimoniales ou testamentaires passées devant notaire.

En foi de quoi j'ai délivré le présent certificat, à la demande de M ....
déclarant expressément se porter fort et garant de tous les ayants-droits entre lesquels il s'engage à faire la répartition des sommes revenant à chacun d'entre eux, pour servir et valoir ce que de raison.

Fait en Mairie, le ______________

Le Maire

Cachet

Le(s) héritier(s) mandataire(s)
Signature(s)

Les témoins
Signature(s)

réf. 240 320 (feuillet simple) – 240 322 (bloc) **Berger-Levrault** (0308), tél. : 03 83 38 83 83

725 Procès-verbal de mise en bière en vue du transport hors de la commune.

Référence Berger-Levrault : 241 230

DÉSIGNATION DE LA MAIRIE

RÉPUBLIQUE FRANÇAISE

Procès-verbal de mise en bière

en vue du transport hors de la commune

N° d'ordre ________ du procès-verbal

Art. R. 2213-44 et suivants du Code général des collectivités territoriales (CGCT)

Le ____________ à .... heures .... minutes,

Mise en bière du corps de

M

décédé(e) à

le

Nous (1) ....,

Vu la déclaration écrite préalable tel que prévu par l'article R. 2213-7 du CGCT

De M ____________

en date du ....

relative au transport à ____________

du corps de M ....

____

décédé(e) à ....

____________,

Nous nous sommes rendus à la maison mortuaire et avons fait procéder à la mise en bière du corps d___ défunt ___ dans un cercueil remplissant les conditions réglementaires **pour être transporté hors de la commune.**

Ladite opération a été faite avec tout le respect dû à la mémoire des morts.
Nous avons ensuite scellé à la cire les deux extrémités du cercueil et nous y avons appliqué notre sceau.

Après quoi, nous avons remis les restes mortels d........ défunt ... à

M ____________

qui s'est chargé(e) de les accompagner à ....

____

pour y être inhumés ou incinérés.

De quoi, nous avons rédigé le présent procès-verbal qui sera remis à M. le Maire

d ....

par M ____________
susnommé(e).

À ...., le ....

signature

Pièces jointes

1°

2°

3°

4°

(1) Le commissaire de police, le garde champêtre, ou l'agent de police municipale.

Réf. 241230 **Berger-Levrault** (1104), tél : 03 83 38 83 83

726 Déclaration préalable aux soins de conservation.

Référence Berger-Levrault : 241 215

Commune

Déclaration préalable aux soins de conservation

Art. R. 2213-2-2 du Code général des collectivités territoriales (CGCT)

Madame, Monsieur le Maire,

Vu le CGCT et notamment son article R. 2213-2-2

Je soussigné(e)

Nom, prénoms ou dénomination sociale ....

....

Domicilié(e) ....

....

(1) ☐ Ayant qualité pour pourvoir aux funérailles au titre de (1) (2) ....

....

(1) ☐ Agissant en qualité d'opérateur habilité (1) ....

....

Déclare détenir le certificat de décès prévu à l'art. L. 2223-42 attestant que le décès ne pose pas de problème médico-légal et que le défunt n'était pas atteint de l'une des maladies transmissibles dont la liste a été fixée à l'art. R. 2213-2-1.

Déclare faire procéder à l'opération tendant à la conservation du corps de

M ....

Né(e) le .... à ....

Domicilié(e) à ....

Décédé(e) le .... (date du décès)

à .... (lieu du décès)

L'opération de conservation du corps sera effectuée le ....

.... à .... heures

Par (3) ....

Au moyen de (4) ....

Fait à ....

le ....

Signature du déclarant

(1) Cocher la case correspondante

(2) Titre du déclarant ayant qualité pour pourvoir aux funérailles (parent, exécuteur testamentaire...)

(3) Désignation du thanatopracteur ou de l'entreprise habilitée

(4) Précisez le mode opératoire et le produit qui sera utilisé

Réf. 241215 **Berger-Levrault** (1104), tél. : 03 83 38 83 83

727 Déclaration préalable au transport de corps avant mise en bière.

Référence Berger-Levrault : 241 244

Commune

Déclaration préalable au transport de corps avant mise en bière

Art. R. 2213-7 du Code général des collectivités territoriales (CGCT)

Madame, Monsieur le Maire,

Vu le CGCT et notamment ses articles R. 2213-7 à R. 2213-14

Je soussigné(e)

Nom et prénoms ou dénomination sociale (1) ....

....

(1) ☐ Ayant qualité pour pourvoir aux funérailles au titre de (2) ....

....

(1) ☐ Agissant en qualité d'opérateur habilité (3) ....

....

Domicilié(e) ....

....

Déclare détenir l'autorisation du directeur de l'établissement après accord du médecin légalement habilité, si le décès a eu lieu dans un établissement de santé, social ou médico-social, public ou privé ;

Déclare détenir l'extrait de certificat de décès prévu à l'art. L. 2223-42 attestant que le décès ne pose pas de problème médico-légal et que le défunt n'était pas atteint de l'une des maladies transmissibles dont la liste a été fixée à l'art. R. 2213-2-1 ;

Déclare que l'opération de transport avant mise en bière de la dépouille mortelle de :

M ....

Né(e) le .... à ....

Domicilié(e) à ....

Décédé(e) à (lieu du décès) ....

le (date du décès) ....

à (heure du décès) .... heures ....

se déroulera le .... à .... heures

Par (3) ....

....

dans les conditions fixées aux articles D. 2223-110 à D. 2223-115 du CGCT.

Lieu de départ (4) ....

Lieu d'arrivée (5) ....

Fait à ....

le ....

Signature du déclarant

(1) Cocher la case correspondante
(2) Titre du déclarant ayant qualité pour pourvoir aux funérailles (parent, exécuteur testamentaire...)
(3) Désignation et adresse de l'opérateur de transport dûment habilité
(4) Préciser le lieu de départ du transport
(5) Préciser le lieu d'arrivée du transport

Réf. 241 244 **Berger-Levrault** (1104), tél. : 03 83 38 83 83

728 Déclaration préalable au transport de corps après mise en bière.

Référence Berger-Levrault : 241 242

Commune

Déclaration préalable au transport de corps après mise en bière

Art. R. 2213-21 du Code général des collectivités territoriales (CGCT)

Madame, Monsieur le Maire,

Vu le CGCT et notamment ses articles R. 2213-21 à R. 2213-27 et R. 2213-44 à R. 2213-57,

Je soussigné(e)

Nom et prénoms ou dénomination sociale (1) ....

....

(1) ☐ Ayant qualité pour pourvoir aux funérailles au titre de (2) ....

....

(1) ☐ Agissant en qualité d'opérateur habilité (3) ....

....

Domicilié(e) ....

....

Déclare détenir l'autorisation du directeur de l'établissement après accord du médecin légalement habilité, si le décès a eu lieu dans un établissement de santé, social ou médico-social, public ou privé ;

Déclare avoir accompli au préalable les formalités prescrites aux articles 78, 79 et 80 du Code civil relatifs à la déclaration de décès ;

Déclare détenir l'extrait de certificat de décès prévu à l'art. L. 2223-42 attestant que le décès ne pose pas de problème médico-légal et que le défunt n'était pas atteint de l'une des maladies transmissibles dont la liste a été fixée à l'art. R. 2213-2-1 ;

Déclare que l'opération de transport après mise en bière de la dépouille mortelle de

M ....

Né(e) le .... à ....

Domicilié(e) à ....

Décédé(e) à (lieu du décès) ....

le (date du décès) ....

à (heure du décès) .... heures ....

se déroulera le .... à .... heures

Par (3) ....

....

dans les conditions fixées aux articles D. 2223-110 à D. 2223-115 du CGCT.

Lieu de départ (4) ....

Lieu d'arrivée (5) ....

Fait à ....

le ....

Signature du déclarant

(1) Cocher la case correspondante
(2) Titre du déclarant ayant qualité pour pourvoir aux funérailles (parent, exécuteur testamentaire...)
(3) Désignation et adresse de l'opérateur de transport dûment habilité
(4) Préciser le lieu de départ du transport
(5) Préciser le lieu d'arrivée du transport

Livret de famille

Mis à part les modèles n°s 729 et 730, les suivants ont été établis avant la parution de la circulaire et ne font donc pas apparaître la référence à la nouvelle rubrique « (première partie : ... seconde partie : ... ».

729 **Extrait d'actes de naissance des parents.**

ÉPOUX OU PÈRE

Prénoms ....

Nom ....

(première partie : .... seconde partie : ....) [(1)]

ÉPOUSE OU MÈRE

Prénoms ....

Nom ....

(première partie : .... seconde partie : ....) [(1)]

*(1) L'ajout des rubriques «première partie» – «seconde partie» a été annoncé par le ministère de la Justice dans une réponse ministérielle du 5 mai 2011. Une circulaire est actuellement en préparation pour tenir compte de la décision du Conseil d'État du 4 décembre 2009 (voir **n° 7**). Pour l'heure, il convient donc de ne pas insérer ces rubriques dans les actes d'état civil et les livrets de famille.*

730 **Extrait d'acte de naissance d'enfant adopté en la forme simple (époux ou parent seul).**

PREMIER ENFANT

Extrait de l'acte de naissance n° … 1257 …

Le … 21 août 2001 …

à … 06 heures 21 …

est né(e) … Ludivine MARTIN …

(première partie : …****** … seconde partie : … ****** …) [(1)]

du sexe … féminin … à … Brest (Finistère) …

reconnu(e) … ****** …

par … ****** …

Délivré conforme aux registres, le … 11 octobre 2010 …

L'officier de l'état civil

Sceau

Mentions marginales

Fille de … (*Prénoms, NOM du père d'origine*), né le … à … et de … (*Prénoms, NOM de la mère d'origine*) née le … à … Adoptée en la forme simple par jugement du tribunal de grande instance de … (*lieu*) rendu le … (*date*).

Le nom de l'adoptée est désormais (*nouveau NOM*).

Les adoptants ne sont pas désignés dans la mention, ils sont les titulaires du livret.

*(1) L'ajout des rubriques «première partie» – «seconde partie» a été annoncé par le ministère de la Justice dans une réponse ministérielle du 5 mai 2011. Une circulaire est actuellement en préparation pour tenir compte de la décision du Conseil d'État du 4 décembre 2009 (voir **n° 7**). Pour l'heure, il convient donc de ne pas insérer ces rubriques dans les actes d'état civil et les livrets de famille.*

731 Extrait d'acte de naissance des enfants (fratrie de deux enfants dont l'aîné a bénéficié d'un choix de nom).

PREMIER ENFANT

Extrait de l'acte de naissance n° … 807 …

Le … 24 février 2005 …

à … 07 heures 00 …

est né(e) … Loïck DUPONT LATOUX …

suivant déclaration conjointe en date du 25 février 2005

du sexe … masculin … à … Amiens (Somme) …

reconnu(e) … en mairie de Péronne (Somme) le 03 novembre 2004 …

par … ses père et mère …

Délivré conforme aux registres, le … 25 février 2005 …

L'officier de l'état civil

Sceau

DEUXIÈME ENFANT

Extrait de l'acte de naissance n° … 2956 …

Le … 16 novembre 2008 …

à … 21 heures 06 …

est né(e) … Anaïs DUPONT LATOUX …

suivant déclaration conjointe en date du 25 février 2005

du sexe … féminin … à … Lille (Nord) …

reconnu(e) … en mairie de Lille le 18 novembre 2008 …

par … son père …

Délivré conforme aux registres, le … 18 novembre 2008 …

L'officier de l'état civil

Sceau

732 Extrait d'acte de naissance des enfants (fratrie de deux enfants dont l'aîné a bénéficié d'une adjonction de nom).

PREMIER ENFANT

Extrait de l'acte de naissance n° … 1547 …

Le … 15 août 2003 …

à … 18 heures 26 …

est né(e) … Steven LE GALL **ROUDAUT** …

du sexe … masculin … à … Quimper (Finistère) …

reconnu(e) … en mairie de Quimper le 09 mai 2003 …

par … ses père et mère …

Délivré conforme aux registres, le … 18 août 2003 …

L'officier de l'état civil

Sceau

Mentions marginales

Prend le nom de LE GALL--ROUDAUT suivant déclaration conjointe d'adjonction de nom en date du 17 janvier 2006. Quimper, le … 25 janvier 2006 …

DEUXIÈME ENFANT

Extrait de l'acte de naissance n° … 13 …

Le … 03 janvier 2009 …

à … 16 heures 58 …

est né(e) … Émilie, Soazic LE GALL ROUDAUT …

suivant déclaration conjointe en date du 17 janvier 2006

du sexe … féminin … à … Brest (Finistère) …

reconnu(e) … en mairie de Brest le 06 janvier 2009 …

par … son père …

Délivré conforme aux registres, le … 06 janvier 2009 …

L'officier de l'état civil

Sceau

733 Extrait d'acte de naissance des enfants (fratrie de deux enfants dont l'aîné a bénéficié d'un changement de nom après le 1er juillet 2006).

PREMIER ENFANT

Extrait de l'acte de naissance n° … 631 …

Le … 25 avril 2004 …

à … 11 heures 20 …

est né(e) … Ludovic HENRY **PODEUR** …

du sexe … masculin … à … Lille (Nord) …

reconnu(e) … en mairie de Maubeuge (Nord) le 11 février 2004 …

par … sa mère et en mairie de Lille le 16 juillet 2006 par son père …

Délivré conforme aux registres, le … 28 juillet 2006 …

L'officier de l'état civil

Sceau

Mentions marginales

Prend le nom de HENRY--PODEUR suivant déclaration conjointe de changement de nom faite devant l'officier de l'état civil de Valenciennes (Nord) le 12 juin 2008. Lille, le 19 juin 2008.

DEUXIÈME ENFANT

Extrait de l'acte de naissance n° … 13 …

Le … 14 juillet 2008 …

à … 05 heures 12 …

est né(e) … Loïck, Pierre HENRY PODEUR …

suivant déclaration conjointe en date du 12 juin 2008

du sexe … masculin … à … Lille (Nord) …

reconnu(e) … en mairie de Valenciennes (Nord) le juin 2008…

par … ses père et mère …

Délivré conforme aux registres, le … 15 juillet 2008 …

L'officier de l'état civil

Sceau

Démarches et formalités administratives

734 Déclaration sur l'honneur.

Référence Berger-Levrault : 240 319

Liberté • Égalité • Fraternité
RÉPUBLIQUE FRANÇAISE

Premier ministre

Commission pour les simplifications administratives

Déclaration sur l'honneur

cosa
N° 11752*02

Décret 1277-2000 du 26 décembre 2000

Article 441-7 du Code pénal :
«Est puni d'un an d'emprisonnement et de 15 000 euros d'amende le fait :
1° d'établir une attestation ou un certificat faisant état de faits matériellement inexacts ;
2° de falsifier une attestation ou un certificat originairement sincère ;
3° de faire usage d'une attestation ou d'un certificat inexact ou falsifié.
Les peines sont portées à trois ans d'emprisonnement et à 45 000 euros d'amende lorsque l'infraction est commise en vue de porter préjudice au Trésor public ou au patrimoine d'autrui.»

Je soussigné(e) ☐ M. ☐ Mme ☐ Mlle (1)

Mon nom de naissance ....

Mon nom d'usage *(nom du mari, de l'autre parent...)* ....

Mes prénoms ....

Ma date de naissance |_|_|_|_|_|_|_|_|

(1) Cocher la case utile.

☐ (1) **confirme l'exactitude de l'adresse figurant sur ce document**

☐ (1) **déclare sur l'honneur être domicilié(e) à une autre adresse, indiquée ci-après**

Mon adresse complète ....

....

....

Code postal |_|_|_|_|_|

Commune ....

Fait à ...., le |_|_|_|_|_|_|_|_|

Signature de l'intéressé(e), attestant sur l'honneur l'exactitude des renseignements portés ci-dessus,

réf. 240 319 Berger-Levrault (C203), tél. : 03 83 38 83 83

735 **Attestation.**

Référence Berger-Levrault : 240 140

Attestation

En application des articles 441-6 et 441-7 du nouveau code pénal, sera puni d'un à deux an(s) d'emprisonnement et de 15 000 € à 30 000 € d'amende, quiconque aura établi ou se sera fait délivrer indûment une attestation ou un certificat faisant état de faits matériellement inexacts, aura falsifié une attestation ou un certificat originairement sincère ou aura fait usage d'une attestation ou d'un certificat inexact ou falsifié.

Je soussigné(e) [1] ______________________

né(e) le ______________ à ______________

atteste

☐ avoir mon **domicile** sis [2] ______________________
justificatifs à joindre obligatoirement*

______________ depuis le ______________

☐ avoir ma **résidence** sise [2] ______________________
justificatifs à joindre obligatoirement*

______________ depuis le ______________ jusqu'au ______________

☐ exercer la **profession** de ______________________

☐ être **célibataire** ☐ être **veuf(ve)** ☐ être **divorcé(e)** ☐ **ne pas** être **remarié(e)**

A ______________ le ______________

Signature :

(1) Nom en majuscule et prénom.
(2) Adresse complète.
☒ Cocher les cases utiles.
* Exemples de justificatifs : quittances EDF, France Télécom, de loyer...

réf. 24-01-40 **Berger-Levrault** (0206). tél. : 03 83 38 83 83

736 Certificat de vie.

Référence Berger-Levrault : 240 317

Liberté • Égalité • Fraternité
RÉPUBLIQUE FRANÇAISE

Premier ministre

Commission pour les simplifications administratives

Certificat de vie

cosa
N° 11753*02

Décret 1277-2000 du 26 décembre 2000

Article 441-7 du Code pénal :
«Est puni d'un an d'emprisonnement et de 15 000 euros d'amende le fait :
1° d'établir une attestation ou un certificat faisant état de faits matériellement inexacts ;
2° de falsifier une attestation ou un certificat originairement sincère ;
3° de faire usage d'une attestation ou d'un certificat inexact ou falsifié.
Les peines sont portées à trois ans d'emprisonnement et à 45 000 euros d'amende lorsque l'infraction est commise en vue de porter préjudice au Trésor public ou au patrimoine d'autrui.»

Autorité étrangère destinataire

Le Maire de ....

certifie que ☐ M. ☐ Mme ☐ Mlle [1]

Nom de naissance ....

Nom d'usage *(nom du mari, de l'autre parent...)* ....

Prénoms ....

Date de naissance |_|_|_|_|_|_|_|_|

Domicilié(e) ....

Code postal |_|_|_|_|_|

Commune ....

(1) Cocher la case utile.

☐ [1] **s'est présenté(e) aujourd'hui devant moi.**

Pièce d'identité présentée ....

Je lui ai délivré le présent certificat de vie qu'il (elle) a signé devant moi.

PROCURATION

☐ [1] **qui n'a pu se présenter en raison de son état de santé, a donné pouvoir le** |_|_|_|_|_|_|_|_| **à :**

☐ M. ☐ Mme ☐ Mlle [1]

Nom ....

Prénoms ....

Pièce présentée par le mandataire ....

Je lui ai délivré le présent certificat de vie que le mandataire a signé devant moi.

Fait à ...., le |_|_|_|_|_|_|_|_|

Signature de l'intéressé(e), attestant sur l'honneur l'exactitude des renseignements portés ci-dessus,

Pour le Maire et par délégation,

réf. 240 317 **Berger-Levrault** (0303), tél. : 03 83 38 83 83

Liste des principales abréviations

AP	Adoption plénière
Arr.	Arrondissement
C. civ.	Code civil
C. communes	Code des communes
CGCT	Code général des collectivités territoriales
CIEC	Commission internationale de l'état civil
CN	Changement de nom
COM	Collectivité d'outre-mer
COSA	Commission pour les simplifications administratives
C. pr. pén.	Code de procédure pénale
DASS	Direction des affaires sanitaires et sociales
DASD	Direction des affaires de solidarité départementales
DPAS	Direction de la prévention et de l'action sociale
DOM	Départements d'outre-mer
IGREC	Instruction générale relative à l'état civil
INSEE	Institut national de la statistique et des études économiques
ITVF	Imprimerie des timbres-postes et de valeurs fiduciaires
JAF	Juge aux affaires familiales
JDD	Jugement déclaratif des décès
JDN	Jugement déclaratif de naissance
JO	*Journal officiel de la République française*
OFPRA	Office français des réfugiés et des apatrides
PACS	Pacte civil de solidarité
PMI	Protection maternelle et infantile
RNIPP	Répertoire national d'identification des personnes physiques
RVC	Reprise de vie commune (déclaration de)

SCEC	Service central de l'état civil
TGI	Tribunal de grande instance
TI	Tribunal d'instance
TOM	Territoire d'outre-mer
UE	Union européenne

ADRESSES UTILES

Allô service public
Tél. : 3939

Casier judiciaire national
107, rue de Landreau
44079 Nantes Cedex 1
Tél. : 02 51 89 89 51
Fax : 02 51 89 89 18
Site Internet : *www.cjn.justice.gouv.fr*

CIEC
Commission internationale de l'état civil
Secrétariat général
3, place Arnold
67000 Strasbourg
Tél. : 03 88 61 18 62
Fax : 03 88 60 58 79
E-mail : ciec-sg@ciec1.org
Site Internet : *www.ciec1.org*

CNIL
Commission nationale informatique et libertés
8, rue Vivienne
CS 30223
75083 Paris Cedex 02
Tél. : 01 53 73 22 22
Fax : 01 53 73 22 00
Site Internet : *www.cnil.fr*

Grand Chancelier de la Légion d'honneur
1, rue Solferino
75007 Paris
Tél. : 01 40 62 84 00
Fax : 01 45 56 02 98
Site Internet : *www.legiondhonneur.fr*

INSEE
Institut national des statistiques et des études économiques,
Centre informatique national
105, rue des Français-Libres
BP 67406
44274 Nantes Cedex 02
Tél. : 02 40 41 75 75
08 99 88 20 52
Fax : 02 40 41 79 39
Site Internet : *www.insee.fr*

Inter-Service Migrants
251, rue du Faubourg-Saint-Martin
75010 Paris
Tél. : 01 53 26 52 50
Fax : 01 53 26 52 51
E mail : ism.interpretariat@wanadoo.fr
Site Internet : *www.ism-interpretariat.com*

Ministère de la Défense
Bureau des officiers généraux
14, rue Saint-Dominique
75000 Paris 07 SP
Tél. : 01 80 50 14 00

Ministère de la Justice
Sceau de France
13, place Vendôme
75042 Paris Cedex 01
Tél. : 01 44 77 60 60
Site Internet : *www.justice.gouv.fr*

Ministère de l'Intérieur
Place Beauvau
75008 Paris
Tél. : 01 40 07 60 60
Site Internet : *www.interieur.gouv.fr*

Ministère de l'Intérieur, secrétariat d'État à l'Outre-mer
Service de l'état civil d'outre-mer
27, rue Oudinot
75358 Paris 07 SP
Tél.: 01 53 69 20 00
Site Internet : *www.outre-mer.gouv.fr*

Ministère des Affaires étrangères
Bureau des légalisations
57, boulevard des Invalides
75007 Paris
Tél. : 01 53 69 38 28 ou 38 29
Fax : 01 53 69 38 31
Site Internet : *www.diplomatie.gouv.fr*

Ministère des Affaires étrangères
Maison des Français de l'étranger
48, rue de Javel
75015 Paris
Tél. : 01 43 17 60 79
Fax : 01 43 17 84 67
Courriel : mfe@mfe.org
Sites Internet :*www.mfe.org*

Ministère des Affaires étrangères
Mission de l'adoption internationale
57, boulevard des Invalides
75700 Paris 07 SP
Tél. : 01 53 69 31 72
Fax : 01 53 69 33 64
E-mail : courrier.fae-sai@diplomatie.gouv.fr
Site Internet : *www.adoption.gouv.fr*

Ministère des Affaires étrangères
Service central d'état civil
11, rue de la Maison-Blanche
44941 Nantes Cedex 9
Tél. : 08 26 08 06 04
Fax : 02 51 77 30 30
Site Internet : *www.diplomatie.gouv.fr*

Ministère des Affaires étrangères
Service de la valise diplomatique
13 rue Louveau
92438 Châtillon Cedex
Tél. : 01 43 17 53 53

OFPRA
Office français protection réfugiés apatrides
201, rue Carnot
94136 Fontenay-sous-Bois Cedex
Tél. : 01 58 68 10 10
Site Internet : *www.ofpra.gouv.fr*

Service civil du parquet du TGI de Nantes
19 Quai François-Mitterrand
44921 Nantes Cedex 9
Tél. : 02 51 17 98 78

Service civil du parquet du TGI de Paris
4, boulevard du Palais
75055 Paris Cedex 01
Tél. : 01 44 32 51 51
Fax : 01 44 32 78 56
Site Internet : *www.ca-paris.justice.fr*

Commande des feuilles de registres :
Phil@Poste
Service Client – État Civil
ZI avenue François-Frachon
BP 106 Boulazac
24051 Périgueux Cedex 9
Tél. : 05 53 03 19 87
Fax : 05 53 03 19 85

Autres sites Internet utiles :
www.service-public.fr
www.legifrance.gouv.fr
www.adminet.fr
www.justice.gouv.fr
www.journal-officiel.gouv.fr
www.mariage.gouv.fr
www.senat.fr
www.assemblée-nationale.fr
www.acte-naissance.fr

INDEX

Les chiffres renvoient aux numéros de paragraphe

A

B

C

D

E

F

G

H

I

J

K

L

M

O

P

Q

R

S

T

U

V

Achevé d'imprimer en France
par Dupli-Print à Domont (95)
en octobre 2011
N° d'impression : 184622